Friedrich Reutner

Erfolgsnationen vor dem Abstieg bewahren

Marktwirtschaftliche
REFORMPOLITIK
Schriftenreihe der Aktionsgemeinschaft Soziale Marktwirtschaft N. F.

Herausgegeben von

Rolf Hasse und Joachim Starbatty

Bd. 9: Erfolgsnationen vor dem Abstieg bewahren

Erfolgsnationen vor dem Abstieg bewahren

Die Egologik als Erfolgsfaktor

von Friedrich Reutner

Lucius & Lucius · Stuttgart

Anschrift des Autors:

Prof. Dr. Friedrich Reutner
Philosophenweg 20
69120 Heidelberg

Bibliografische Information der Deutschen Nationalbibliothek
Die Deutsche Nationalbibliothek verzeichnet diese Publikation in der Deutschen National-
bibliografie; detaillierte bibliografische Daten sind im Internet über http://dnb.d-nb.de ab-
rufbar

ISBN 978-3-8282-0440-9

© Lucius & Lucius Verlagsgesellschaft mbH Stuttgart 2008
  Gerokstraße 51 · D-70184 Stuttgart · www.luciusverlag.com

Satz: Sibylle Egger, Stuttgart
Druck und Bindung: Rosch Buch, Scheßlitz

Vorwort

Die Rahmenbedingungen der Demokratie nehmen den Politikern die Chance, langfristig Strukturkrisen, gefährliche Trends sowie Managementfehler zu verhindern, wenn sie politisch überleben wollen. Damit blockieren die Schwächen der Demokratie zunehmend die Kräfte der Sozialen Marktwirtschaft.

Der globale Wettbewerb verschärft die Situation. Er bringt ganze Nationen unter Wettbewerbsdruck und stellt dadurch weit höhere Anforderungen an die intelligente Steuerung der Politik. Glaubt ein Staat machtlos zu sein, so zeigt dies nur, dass er sich nicht auf die Wettbewerbsbedingungen einstellt. Ein Land, dessen Regierung den Zwang zur Wirtschaftlichkeit und Leistungsfähigkeit negiert, verliert wie jedes Unternehmen Know-how, Arbeitsplätze, erntet Armut und fällt im globalen Wettbewerb unwiederbringlich zurück.

Die Wirtschaft und das Know-how der staatlich gesteuerten Niedriglohnländer wachsen rasant. Die Wettbewerbsnationen lernen rasch. Sie verdrängen die Hochlohnländer zunächst auf einfachen, später auf intelligenteren Arbeitsgebieten. Immer mehr Staaten erkennen ihre Stärken und geben mehr Freiheit für die individuellen Kräfte, um dadurch Unternehmen und Know-how ins Land zu locken. Dagegen „verbessern" sich viele alternde Demokratien durch Regulierung, Freiheitsbegrenzung und ständig steigende Transferleistungen. Kompliziertheit, Administration und Reibungsverluste bremsen zunehmend die Leistungsfähigkeit. Jedes gut geführte Unternehmen würde im Gegensatz dazu bei stärkerem Wettbewerb mit Leistungssteigerung antworten.

So sinkt die Fähigkeit der Demokratie, trotz einer treibenden Weltkonjunktur, den Lebensstandard zu erhalten. Die Signale zeigen unter den gegebenen Rahmenbedingungen schon heute ein langfristig weit unterdurchschnittliches Wachstum sowie eine abnehmende Wertschöpfung, zunehmende Arbeitslosigkeit und stagnierende oder sinkende Einkommen, was sich im Zeitverlauf, je nach dem Verhalten der Wettbewerbsnationen, noch beschleunigt. Viele Hochlohnländer leben von der langfristig erarbeiteten Know-how- und Kapitalsubstanz.

Wie bei jeder Krankheit sind Eingriffe umso risikoreicher und schmerzhafter, je später sie vorgenommen werden. Was geschieht, wenn die Einkommen weiter zurückgehen, die Arbeitslosigkeit weiter steigt, der Lebensstandard immer weiter sinkt?

Wie alle Menschen folgen auch Politiker ihrer Egologik, d. h. sie streben verdeckt danach, ihre eigenen Bedürfnisse und Wünsche im Rahmen der Gesetze zu erfüllen, auch wenn sie dies verneinen. Steuern die Rahmenbedingungen die Egologik ungünstig, so führt dies langfristig zu erheblichen negativen Konsequenzen.

Die erfolgreichen Unternehmen haben sich unter dem Zwang des Wettbewerbs auf dieses menschliche Verhalten mit großem Erfolg eingerichtet und immer bessere Steuerungsinstrumente im Laufe der Jahrzehnte geschaffen. Sie setzen Anreize und motivierende Zwänge so, dass die Egologik der Mitarbeiter, insbesondere der führenden Personen, mit den Zielen des Unternehmens harmoniert. Bei der Gestaltung der volkswirtschaftlichen Rahmenbedingungen müssen diese wichtigen Steuerungsmöglichkeiten auch berücksichtigt werden.

Der Verfasser will nachweisen:
Die heutigen Rahmenbedingungen der Demokratie verhindern ein wettbewerbsorientiertes politisches Verhalten und lähmen so die Soziale Marktwirtschaft. Sie machen jedes Wirtschaftssystem langfristig zum Verlierer. Auch die Kritiker der derzeitigen Politik würden sich unter den gegebenen Zwängen im Amt kaum anders verhalten. Ziel der Veränderungen muss es sein, Vorteile und Stärken der Demokratie zu erhalten und Schwächen so gut wie möglich zu beseitigen.
Die Demokratie ist es wert, dass sich alle Entscheidungsträger Gedanken über wettbewerbsfähige Rahmenbedingungen machen.

Inhalt

1	**Globale Bedingungen**	1
1.1	Nationen im Wettbewerb	1
1.2	Die Demokratie zeigt wirtschaftliche Schwächen im globalen Wettbewerb	2
1.3	Wettbewerbsbedingungen sind unbequem	3
1.4	Mobilität bestimmt die Wettbewerbsintensität	4
1.5	Die Wettbewerbsfähigkeit der Unternehmen	5
2	**Die geheimen Verführer**	7
2.1	Lange Inkubationszeiten	7
2.2	Kurzfristige Ergebnisse verdecken den Trend	8
2.3	Die Egologik bestimmt menschliches Handeln	10
2.3.1	Fundamentale Urkräfte wirken im Verborgenen und setzen sich meistens langfristig durch	10
2.3.2	Die Egologik wirkt direkt und indirekt	14
2.3.3	Die Egologik orientiert sich in der Regel an kurzfristigen Vorteilen	16
2.3.4	Eigene Probleme und Ziele stehen im Vordergrund	17
2.4	Anreize und motivierende Zwänge steuern die Egologik	20
2.5	Die Praxis beweist: Wirtschaftlicher Druck führt zur Leistungskraft	22
2.6	Die Hierarchie von Anreizen und Zwängen	23
3	**Die gefährlichen Trends**	25
3.1	Überforderung und steigende Abgaben	25
3.2	Belastung durch Kompliziertheit	27
3.3	Belastung durch Administration und große Verwaltungen	33
3.4	Die Umsetzung von Gesetzen bindet Kapazität	38
3.5	Reibungsverluste und inkonsequente Gewaltenteilung	39
3.6	Nachlassende Einsatzbereitschaft und wachsende Ansprüche	41
3.7	Lernkurven, sinkende Preise und Standortwettbewerb	42

4   Managementfehler als Ursache für Strukturprobleme   45
4.1   Falsche Anreize und unwirtschaftlich orientierte Zwänge   45
4.2   Unwirtschaftliche Zielsetzungen   46
4.3   Ein starkes Wachstumshemmnis:
      Der deutsche Steuerdschungel   50
4.4   Zu wenig effiziente wirtschaftliche Steuerungsinstrumente . . .   54
4.5   Unsachliche Streitkultur und Misstrauen sind
      starke Leistungsbremsen   56
4.6   Konzentration auf die Schwächen senkt die
      Wettbewerbsfähigkeit   56

5   Die Folgen: Strukturprobleme   59
5.1   Investitionen, Spitzenverdiener und Wertschöpfungstreiber
      wandern aus, andere gehen in die Schattenwirtschaft   59
5.2   Die unsozialsten Folgen: Arbeitslosigkeit und Armut   62
5.3   Verschuldung bis zur Unbeweglichkeit auf Kosten
      zukünftiger Generationen   65
5.4   Der wertvernichtende tertiäre Sektor durch innere
      Beschäftigung   69
5.5   Signale des Niedergangs   72
5.6   Zweifel, Ängste und Streit   73
      5.6.1 Zweifel an der Marktwirtschaft   73
      5.6.2 Disharmonie der Interessen der Wertschöpfungstreiber
             mit der Wirtschaftspolitik   75
5.7   Der späte Eingriff quält den Patienten   77

6   Unbeachtete Erfolgsvoraussetzungen   79
6.1   Appelle und Gesetze gegen die Marktkräfte helfen nicht   79
6.2   Die Relation zu den Wettbewerbern ist der Maßstab   80
6.3   Die Gesamtleistung einer Nation ist im Wettbewerb
      entscheidend   83
6.4   Muss ein Hochlohnland langsamer wachsen?   84
6.5   Die Erfolgsformel der Nation   88
6.6   Qualität und Egosteuerung der Führung bestimmen den
      langfristigen Erfolg   89
6.7   Langfristig verfolgte wirtschaftliche Konzepte sind erfolgreicher   91

6.8   Leistungsbereitschaft und ausgeschöpftes Leistungspotential
      sind die Basis für den wirtschaftlichen Langfristerfolg   93

7   Verbesserte Staatsformen und verbleibende Schwächen   97
   7.1   Verbesserte Staatsformen zur Harmonisierung der Egologik . . .   97
   7.2   Verbleibende und entstandene Schwächen in den
         Rahmenbedingungen   99
       7.2.1 Die Schwächen wurden mit der alternden Demokratie
              und dem globalen Markt deutlicher   99
       7.2.2 Zwang zu unwirtschaftlichem Verhalten in der
              Demokratie   100
       7.2.3 Entscheidungsprobleme   103
       7.2.4 Umsetzungs- und Kontrollprobleme   104

8   Rahmenbedingungen der Erfolgsnationen   107
   8.1   Die Ziele der Modifikation   107
   8.2   Signale erkennen, früh gegensteuern!   108
   8.3   Strukturen im Gleichgewicht halten und auf Erfolg ausrichten   110
   8.4   Analysen weisen den Weg: Der beste Wettbewerber zeigt die
         Chancen   113
   8.5   Wirtschaftlich orientierte Anreize und Zwänge, wo immer
         möglich   116
       8.5.1 Merkmale der Effizienzsteuerung   116
       8.5.2 Anreize für Städte und Gemeinden   118
       8.5.3 Anreize für Regierungen und Parlamente   120
              8.5.3.1 Optimierte Anreizsituation   120
              8.5.3.2 Motivierende Zwänge   121
              8.5.3.3 Tantiemen und Prämien   122
              8.5.3.4 Gehaltsanpassung   123
              8.5.3.5 Harmonisierung der langfristigen Interessen . . .   123
   8.6   Die Erfolgsfaktoren der Nation entfalten   124
       8.6.1 Die Erfolgsnation fördert die Leistungsfähigkeit der
              Unternehmen   124
       8.6.2 Leistungsfähige Behörden unterstützen die
              Wettbewerbsfähigkeit   127
       8.6.3 Die Rahmenbedingungen der Politik entscheiden   128

8.7 Die Demokratie entwickeln: Vorteile erhalten,
     Probleme reduzieren 132
     8.7.1 Vorteilhafte Sachentscheidungen für den Souverän 132
     8.7.2 Die „Wirtschaftskommission" als Teil des
            wirtschaftlichen Entscheidungsprozesses 133
     8.7.3 Das Vetorecht 135
     8.7.3 Das Recht auf Vorschläge und Maßnahmenanforderung 136
8.8 Vorteile des Souveräns sichern die Demokratie 137

Literaturverzeichnis 139
Stichwortverzeichnis 143
Prof. Dr. Friedrich Reutner, Lebenslauf 151

1   Globale Bedingungen

1.1   Nationen im Wettbewerb

Der internationale Wettbewerb nahm bereits seit Ende der 50er Jahre mit den europäischen Zusammenschlüssen langsam zu. Europa verband sich mit den Verträgen zur Europäischen Gemeinschaft für Kohle und Stahl von 1951, den Römischen Verträgen zur Gründung von EWG und EURATOM von 1957 und dem Maastricht-Vertrag von 1993 zur Europäischen Union. Die Zahl der Länder und die Intensität der Integration wuchsen und damit auch die Möglichkeiten und der Zwang für die Unternehmen in diesem Raum, ihre Ertragskraft durch Standortverlagerungen zu verbessern. 1957 waren es nur sechs Länder, im Jahre 2007 bereits 27, und ihre Zahl vergrößert sich weiter, die Hemmnisse schwinden. Damit wurde die Freiheit internationaler zu agieren, die Wettbewerbsintensität und Kapitalverflechtung laufend erhöht.

Der Standortwettbewerb gewann an Bedeutung, weil die Risiken der Verlagerung sanken. Die grenzüberschreitende Geschäftätigkeit wuchs über Europa hinaus mit zunehmender Öffnung der Grenzen. Wer seit 1960 in führender Stellung in Großunternehmen tätig war, erlebte, wie immer mehr Auslandsgesellschaften gekauft oder gegründet wurden. Damit intensivierte sich auch der Wettbewerb der Nationen um die besten Standorte. Die wirtschaftliche Verknüpfung verhindert Kriege, denn wer in fremden Ländern investiert hat, möchte keinen Krieg mit diesen Nationen.

Die zunehmende weltweite Erkenntnis der Politik, dass die wirtschaftliche Öffnung große wirtschaftliche Vorteile für die Nation mit sich bringt, führte über den europäischen zum globalen Nahkampf der Unternehmen. Mit dem freien Welthandel kamen zunehmend mehr ausländische Wettbewerber in den Markt.

Eine Aktiengesellschaft erwirtschaftete mit ihren traditionellen lohnintensiven Produkten über viele Jahrzehnte gute Ergebnisse. Mit der Globalisierung kamen starke italienische, spanische und später türkische und brasilianische Wettbewerber auf den Markt. Sie arbeiteten zu niedrigeren Kosten, vor allem bei Löhnen und Gehältern.

Der Vorstand der AG entschied sich zu einer Konzentration auf das Kerngeschäft. Er verkaufte nach und nach die jüngeren Arbeitsgebiete und investierte die freien Mittel in die Rationalisierung der traditionellen Arbeitsgebiete, in denen das Unternehmen hohe Marktanteile im Inland besaß. Auch nach einem Verkauf aller noch rentablen Geschäftsfelder, mit denen eine Chance bestanden hätte, die Zukunft abzusichern, kam das Unternehmen trotz Schuldenabbau nicht aus der Verlustzone. Die bisherigen Stärken – z. B. hoher Marktanteil im Inland und Kostenvorsprung durch Mechanisierung – verloren ihre Bedeutung. Die vermeintliche „Konzentration auf die Stärken" erwies sich

als „Konzentration auf die Schwächen", da die neuen Wettbewerber bessere Standort-
voraussetzungen auf diesem Arbeitsgebiet besaßen. Was in einem abgeschotteten Markt
aufgrund des hohen Marktanteils und des gewachsenen Know-hows Erfolg versprach,
war unter den globalen Bedingungen falsch. Nicht mehr die Wettbewerbsbedingungen
des deutschen Marktes, sondern die des globalen Marktes entschieden. Das Unternehmen kämpfte fast ein Jahrzehnt mit Firmen- und Immobilienverkäufen, Verzicht auf
Ausschüttungen, Entlassungen, Konzessionen der Banken, Kapitalherabsetzungen und
zum Schluss auch nur noch mit etwa 10 % der früheren Beschäftigten ums Überleben.

Die globale Wettbewerbssituation fordert von den Unternehmen wie auch von
den Nationen intelligentere Strategien. Im abgeschotteten Markt konnten die nationalen Regierungen ihre Wirtschaftspolitik weitgehend ohne Rücksicht auf andere
Nationen bestimmen. Die Unternehmen suchten die besten Standorte innerhalb
der nationalen Grenzen. Im globalen Markt beeinflussen die Wettbewerbsbedingungen und wirtschaftlichen Entscheidungen der anderen Länder die Situation
fast so stark wie die der eigenen Regierung.

Die Globalisierung erfordert von der Politik mehr wirtschaftliches Denken und
Beachtung der Wettbewerbsfähigkeit. Negiert eine Regierung die neuen Wettbewerbsbedingungen, sind hohe Arbeitslosigkeit, Einbußen des Lebensstandards
und hohe finanzielle Belastungen die Folge. Wurden die Folgen vor der Öffnung
der Grenzen erkannt? Die Notwendigkeit sozialer Leistungen oder Zukunftsinvestitionen für Infrastruktur und Umweltschutz sind unumstritten. Aber die Entscheidungsträger müssen die Wettbewerbsfähigkeit weit mehr als bisher beachten,
wenn sie die Arbeitsplätze und den Wohlstand erhalten wollen.

Wenn die nationale Führung richtig entscheidet, sichert Globalisierung mit
zunehmender internationaler Arbeitsteilung langfristig den Frieden und höheren
Wohlstand für alle Bürger. Vor allem Nationen mit hohem Einkommen, aber ohne
große eigene Bodenschätze, werden von den Märkten verdrängt oder verlieren
immer mehr Produktionsstätten, wenn sie sich wirtschaftspolitische Schwächen
erlauben. Dann trifft die Arbeitslosigkeit besonders die weniger leistungsfähigen
Menschen schwer.

1.2 Die Demokratie zeigt wirtschaftliche Schwächen im globalen Wettbewerb

Seit der Frühzeit der Menschheit galt mehr oder weniger: Der Fürst stand über
dem Gesetz. Das führte zu Machtmissbrauch und erleichterte die Entscheidungen
über kriegerische Auseinandersetzungen. Die Leidtragenden waren vor allem die
Bürger. Erst die Demokratie schränkte die Gefahren über den Wettbewerb um

die Wähler weitgehend ein. Darin ist das Volk der Träger der Staatsgewalt. Seinen Willen drückt es über Mehrheitsentscheidungen aus, sei es in direkter Form, wie in einigen Kantonen der Schweiz, oder in repräsentativer Form durch gewählte Vertreter wie in den meisten Ländern Europas. Das gewählte Parlament kontrolliert die Regierung.

Die Demokratie brachte für die Bevölkerung große Vorteile. Sie begrenzte das politische Monopol zeitlich und beseitigte kriminelle politische Handlungen der Machthaber. Eingeschränkte Macht infolge der Gewaltenteilung verhinderte weitgehend kriegerische Auseinandersetzungen, staatliche Willkür sowie daraus resultierendes Unrecht und gewährte ein hohes Maß an persönlicher Freiheit. Deshalb ist eines der wichtigsten Ziele, die Demokratie zu erhalten und konsequent auf die Gewaltenteilung zu achten. Frieden und persönliche Freiheit schaffen bessere Voraussetzungen für wirtschaftliche Erfolge und damit für soziale Sicherheit. Das belegt auch der Transformationsindex der Bertelsmann-Stiftung.[1] Damit wird in 116 Ländern der Stand der Demokratisierung und der marktwirtschaftlichen Öffnung sowie die Qualität der Steuerung durch die Politik gemessen. Aber trotzdem gilt auch heute noch die Feststellung von Winston Churchill, dass Demokratie keine besonders gute Staatsform ist, aber die beste, die man kennt. Sind diese Schwächen nicht die Ursache dafür, dass das Erfolgsmodell Demokratie in der Zwischenzeit von vielen Völkern nicht mehr als die erstrebenswerte Staatsform gesehen wird?

In globaler werdenden Märkten erhalten die Schwächen eine zunehmende Bedeutung. Die Frage lautet: Wo liegen die Schwächen und welche Möglichkeiten gibt es, die Vorteile für den Souverän zu erhalten, aber die Nachteile zu beseitigen?

1.3 Wettbewerbsbedingungen sind unbequem

Wettbewerb erlaubt langfristig keine Schwächen und beseitigt Unwirtschaftlichkeit mit eisernem Besen. Er begrenzt den Handlungsfreiraum, ist für die Unternehmensführung unbequem, denn er begrenzt den Gewinn und erzwingt einen ständigen Überlebenskampf. Aber die damit verbundenen Leistungssteigerungen erzeugen steigenden Wohlstand. Unternehmer haben die Pflicht, ihr Unternehmen und die Arbeitsplätze zu erhalten, also Gewinne zu erzielen, d. h., sie müssen sich ständig verbessern, um ihre Existenz abzusichern. Es ist deshalb menschlich verständlich, dass Unternehmen nach Wegen suchen, den Wettbewerb auszuschalten.

---

[1] Vgl. www.bertelsmann-transformation-index.de

Wie unangenehm Wettbewerb für ein Unternehmen und wie vorteilhaft er für die Verbraucher ist, zeigen viele Beispiele aus der Praxis: Nach Beseitigung des gesetzlichen Monopols der Deutschen Telekom kamen ständig neue preiswertere Anbieter auf den Markt. Da der ehemalige Monopolist bei austauschbaren Produkten nur zögerlich seine Preise anpasste, wechselten Millionen Kunden zu anderen Anbietern. Der Aktienkurs der Telekom verfiel, und der Vorstand verlor sein Amt. Die Energiewirtschaft, die über lange Zeit von Monopolen geprägt war, wehrte sich vehement gegen den politischen Druck, durch freien Zugang zu ihren Netzen den Wettbewerb zu erhöhen. Obwohl dies rechtswidrig und auch strafbar ist, versuchten Manager immer wieder, durch Absprachen und Kartelle diesen harten Druck zum Nachteil der Kunden zu reduzieren. Zu Recht verbietet das Gesetz deshalb Kartellabsprachen.

Der zunehmende globale Wettbewerb setzt auch der politischen Machbarkeit engere Grenzen. Wie die Unternehmer, so empfindet auch der Politiker den Wettbewerb als unangenehm. Für ihn ist darüber hinaus die Situation ungewohnt. Er wehrt sich bewusst oder unbewusst, die Realität anzuerkennen, die seine Entscheidungsfreiheit beschränkt. So ist es verständlich, dass die Politik nur unter starken Zwängen z. B. in einer Krise, die durch die Wettbewerbsnachteile entsteht, Korrekturen erwägt. Einige Politiker sprechen von einem wirtschaftspolitisch machtlosen Staat, weil sie die Marktbedingungen nicht akzeptieren und Firmen ihre Fabriken verlegen können oder frei bewegliches Kapital auf ungünstige Bedingungen sensibel reagiert. Solche Produktions- und Finanzverlagerungen an die wirtschaftlichsten Standorte steigern weltweit den Wohlstand, aber senken ihn in Ländern, die nicht wettbewerbsfähig sind.

1.4 Mobilität bestimmt die Wettbewerbsintensität

Wie stark der Wettbewerb Regierungen unter Druck setzt, ist von der Mobilität im globalen Markt abhängig:
- Das Kapital kann in globalen Märkten am leichtesten von Land zu Land transferiert werden.
- Die großen, international präsenten Unternehmen verfügen über beste Voraussetzungen, neue Standorte für günstigere Fertigungsstätten in Ländern mit besseren Bedingungen aufzubauen und Gewinne zu verlagern. Sie besitzen die notwendigen Kenntnisse, um ihr Risiko zu begrenzen.
- Familien mit großen Unternehmen, ausländische Gesellschafter und vom Standort unabhängige Spitzenverdiener, wie Sänger, Schauspieler oder Sportler,

können ihren Wohnsitz relativ leicht an die vorteilhaftesten Standorte verlegen und so erheblich Steuern sparen.

- Die meisten kleineren Unternehmen und Selbständigen besitzen keine Auslandserfahrung. Sie tragen ein hohes Risiko bei einer Standortverlagerung.
- Ein Wechsel wird mit zunehmendem Alter schwerer; auch weil die persönlichen Bindungen im Laufe des Lebens wachsen.
- Viele junge Spitzenkräfte, also die künftigen Leistungsträger, studieren an günstigen, leistungsfähigen Universitäten und wechseln in ein Land mit günstigeren Steuern, größerer Freiheit und besseren Arbeitsbedingungen.

Gerade diejenigen, die als Wertschöpfungstreiber[2] und Steuerzahler für die Gegenwart oder Zukunft eines Hochlohnlandes besonders wichtig sind, können am leichtesten einer Nation im globalen Wettbewerb den Rücken kehren. Ihr Weggang verursacht hohe Einnahmeausfälle, und deutsche Bildungsinvestitionen stärken ausgerechnet die ausländische Konkurrenz – mit entsprechenden Belastungen für die Zukunft. Die Unternehmen werden durch ihre optimierte Standortwahl wettbewerbsfähiger. Sie und mobiles Kapital bringen die Regierungen unter Wettbewerbsdruck.

Keine Politik kann die wirtschaftlichen Zwänge des globalen Wettbewerbs langfristig ausschalten. Die Politik muss die Nation für den Wettbewerb rüsten, sie effizient organisieren und den langfristigen Vorteil der heilsamen Zwänge erkennen, der letztlich über den Wohlstand aller Beteiligten entscheidet.

1.5 Die Wettbewerbsfähigkeit der Unternehmen

Die Wettbewerbsfähigkeit der Unternehmen entscheidet über den Wohlstand der Nation. Deshalb ist es von großer Bedeutung, den Einfluss politischer Maßnahmen auf den Unternehmenserfolg abzuschätzen. Dabei muss man zwischen kurz- und langfristigen Wirkungen unterscheiden. Für große Unternehmen kann man fünf Jahre noch als kurzfristig ansehen. In dieser Zeit hängt der Erfolg vor allem davon ab, wie viele wichtige Produkte der Volkswirtschaft im Weltmarkt einen Wettbewerbsvorsprung besitzen, mit denen man sich gegenüber anderen Anbietern möglichst stark differenziert, welche Produktivität die Wirtschaft aufweist und welche Marktpositionen die eigenen Unternehmen besetzen können. Langfristig sind vor

---

[2] Leistungsträger sind alle Menschen, die am Produktionsprozess teilnehmen. Innerhalb dieser Gruppe steigern einige den Wohlstand in besonderer Weise z. B. durch bessere Organisationen, Verfahren oder Produkte. Diese Wertschöpfungstreiber sind vor allem dynamische Unternehmer und Führungskräfte.

allem die Leistungen aus Forschung und Kreativität, sowie die Qualität des Standorts von Bedeutung.

Technische Vorsprünge und hohe Qualität über lange Zeit, starkes Marketing und interessante sonstige Differenzierungen erzeugen ein hohes Qualitätsimage. Flexibilität, Schnelligkeit und weltweite Vertriebs- und Serviceorganisationen stärken die Position beim Kunden. Das führt zu hohen Marktanteilen, treibt das Wachstum an und ist die Grundlage für Kosten- und Preisführerschaft. Die einmal gewonnenen Stärken im Image können Jahrzehnte Vorteile bieten. Die Bundesrepublik Deutschland besaß in den 60er und 70er Jahren starke Positionen. Dies war die Basis, auf der sich der Wohlstand bildete.

Effizienz der Organisation, Einsatzbereitschaft bzw. Fleiß der Menschen, aber auch Hemmnisse durch Vorschriften oder Korruption bestimmen die Kostenstruktur. Löhne und Gehälter sowie soziale Leistungen sind nur ein Teil der Kostenbelastungen. Die Kosten durch steigende Administration der öffentlichen Hand belasten die Unternehmen. Sie senken die Wettbewerbsfähigkeit und hemmen die wirtschaftliche Dynamik. Dies mindert die produktive Leistung, beeinträchtigt die Leistungskultur und schwächt damit langfristig die Differenzierungskraft. Hemmnisse entstehen vor allem durch zunehmende staatliche und administrative Eingriffe, also durch einen Mangel an Freiheit.[3]

Damit sind Zähler und Nenner einer Erfolgsformel beschrieben, in der sich die Wettbewerbsfähigkeit der Unternehmen (WU) im Wesentlichen darstellen lässt:[4]

$$WU = \frac{\text{kreative Vorteile } + \text{ Marktpositionen}}{\text{Kostenstruktur} + \text{Hemmnisse} + \text{Risiken}}$$

Eine solche Erfolgsformel soll lediglich das positive oder negative langfristige Zusammenspiel der wichtigsten Erfolgsfaktoren übersichtlich darstellen. Die Relation zwischen den Stärken einerseits und Schwächen andererseits muss stimmen, wenn man die Unternehmen leistungsfähig erhalten will. Die Aussage des Bundespräsidenten Köhler – „Wir müssen um so viel besser sein, wie wir teurer sind" – wirft ein Licht auf diesen Zusammenhang. Im Gleichgewichtszustand ergeben sich auf Dauer relativ niedrige Arbeitslosigkeit, nachhaltige Wohlstandsentwicklung und wachsende Bedeutung als Nation auf dem Weltmarkt.

---

[3] Vgl. Porter (1999) und ders. (2000), Hax und Majluf (1991) , Peters und Waterman jun. (2006), Buzzell und Gale (1989) sowie Reutner (1985)
[4] Siehe auch F. Reutner (1992), S. 102

2 Die geheimen Verführer

2.1 Lange Inkubationszeiten

Die Industrie reagierte früher nicht unmittelbar auf zu hohe Belastungen und Verluste in einzelnen Unternehmensbereichen mit Schließungen und Verlagerungen, auch weil sie diese normalerweise durch Erfolge in anderen Gebieten kompensieren konnte. Oft wurde über viele Jahre versucht, Verlustabteilungen zu retten, da Schließungen oder Verlagerungen mit einem hohen Aufwand verbunden waren. Man hoffte auf neue Konzepte.

In einer Gruppe gab es eine Spezialitätengießerei, die hochkorrosionsfeste Maschinenteile für andere Betriebe der Gruppe fertigte. Ihr spezielles Know-how war für die monopolistische Stellung wichtiger Endprodukte von großer Bedeutung. Man glaubte die Gießerei nicht schließen zu können, ohne größere Umsätze bei Endprodukten zu gefährden. Sie wurde deshalb mehr als zehn Jahre subventioniert. Viele Arbeitsplätze mussten in der Maschinenfabrik abgebaut werden. Die Eigentümerfamilie verlor schließlich das Gesamtunternehmen. Kurz vor einer Insolvenz wurde es von einer größeren Gruppe übernommen.

Natürlich gab es auch beim neuen Gesellschafter Mitarbeiter, die gleich wussten, wie die Verluste zu beseitigen waren. Konzepte wurden vorgelegt und erprobt. Fünf Jahre zeigte die Führung Geduld. Dann war die Erkenntnis klar: Keine Einsparung reichte, die hohen Kosten des Standortes zu kompensieren. Die Lohn- und Gehaltskosten machten fast 50 Prozent der Erlöse aus. In einem Niedriglohnland, in dem die Löhne und Gehälter nur etwa 20 Prozent des deutschen Niveaus betrugen und Facharbeiter zu finden waren, gab es erheblich mehr Chancen, die Gesellschaft wirtschaftlich zu führen, selbst wenn die Produktivität fast nur die Hälfte erreichte. Im sechsten Jahr fiel beim neuen Gesellschafter trotz der damit verbundenen hohen Kosten die Entscheidung, ins Ausland zu verlagern.

Welche Schwierigkeiten mit einer Verlegung von Unternehmen verbunden sind, zeigte der weitere Verlauf der Verlagerung der Gießerei:

Etwa 15 Prozent des Umsatzes waren aufzuwenden, um das Personal am alten Standort abzufinden. Während des letzten Jahres kam es zu erheblichen Turbulenzen mit höherem Ausschuss, Lieferschwierigkeiten und Kundenverlusten. Die dadurch entstandenen Kosten im Jahr der Schließung betrugen noch einmal etwa 15 Prozent des Umsatzes. Durch die geringe Motivation der inländischen Mitarbeiter unterliefen bei der Übertragung sehr viele Fehler mit Folgekosten. Hinzu kam, dass die übernehmende Gesellschaft das technische Know-how weit unterschätzte und sie trotz sorgfältiger Einarbeitung unverhältnismäßig lange Ausschuss produzierte. Auch dies führte letztendlich wieder zu Lieferschwierigkeiten, Image- und Kundenverlusten. Erst nach mehr als einem Jahr produzierte die übernehmende Gießerei mit den komplizierten Verfahren fehlerfrei. Dann erwies sich aber die Entscheidung trotz der hohen Übergangskosten als richtig.

Je größer die Relation von Schwächen und Stärken der Standorte in den Wettbewerbsnationen wird, je stärker der Wettbewerbsdruck, je mehr die Rendite bzw. der Shareholder value in den Vordergrund der Betrachtung tritt, je offener die Grenzen sind, und je leichter die Globalisierung eine Verlagerung ermöglicht, umso schneller setzt sich die Erkenntnis in den Unternehmen durch, dass gehandelt werden müsse. Mit zunehmender Erfahrung setzt ein allgemeiner Wettlauf um bessere Standorte ein.

2.2 Kurzfristige Ergebnisse verdecken den Trend

Erfolgreiche selbständige Unternehmer orientieren sich eher langfristig. Das belohnt die Börse bei Familiengesellschaften fast immer mit einem überdurchschnittlichen Kurs. Bei Managern von Publikumsgesellschaften besteht die Gefahr, dass sie sich eher kurzfristig von Hauptversammlung zu Hauptversammlung orientieren, insbesondere wenn ihre Vertragsverlängerung fraglich ist. Der Aufsichtsrat muss stets überprüfen, ob die Führung langfristige Konzepte verfolgt.

Im Wettbewerb der Nationen ist die langfristige Orientierung ebenfalls von großer Bedeutung: Langfristig angelegte, marktorientierte Konzepte und Strukturen schaffen bessere Voraussetzungen für einen steigenden Wohlstand. Geht beispielsweise das Bruttoinlandsprodukt pro Kopf im Vergleich zu Wettbewerbsnationen im Durchschnitt eines Jahrzehnts zurück, verlieren immer mehr Firmen die Weltmarktführung oder werden von Ausländern übernommen, fließen die Investitionen zunehmend in andere Regionen und steigt die Zahl der Konkurse, dann sind das deutliche Alarmzeichen.

Die Schwierigkeit liegt darin, dass sich die konjunkturellen und die strukturellen Krisenmerkmale überlagern und kurzfristigere Einflüsse deutlicher spürbar sind. Ein um ein oder zwei Prozent geringeres Wachstum als bei einer anderen Nation findet beim Wähler kaum Beachtung. Er reagiert erst zu spät, wenn sinkendem Einkomme und hohe Arbeitslosigkeit eintreten.

Marktorientierte politische Maßnahmen zeigen oft erst nach Jahren ihre Wirkung. Wie stark Kosten-, Steuersenkungen oder -erhöhungen eine Verlagerung der Arbeitsplätze bewirken, lässt sich deshalb schwer beantworten. Falls die Unternehmen nicht mit einer nachhaltigen Politik rechnen, bleibt ihre Wirkung gering. Die Ursachen werden den späten Veränderungen nicht mehr zugeordnet, und jede regierende Partei schreibt sich die Erfolge, den Gegnern die Misserfolge zu. Wenn z. B. der erwartete Aufschwung nicht kurzfristig einsetzt, kommt schnell das Argument, dass z. B. steuerliche Erleichterungen keine Arbeitsplätze bringen. Gerade eine Unzuverlässigkeit der Politik ist aber schädlich. Sicher ist: Niedrige Renditen an Produktionsstandorten führen bei gut geführten Unternehmen zu Überlegungen, wie sich die Situation verbessern lässt.

Führen Kostensenkungen zu einem Aufschwung, so setzt sich dieser noch einige Zeit fort, auch wenn bereits neue Belastungen schlechtere Voraussetzungen für das langfristige Wachstum geschaffen haben. Kurzfristig ist z. B. die sozialistische Wirtschaftspolitik faszinierend und kann durchaus für viele ärmere Bürger Vorteile bringen, aber langfristig sind die wirtschaftlichen Folgen immer wieder für die Bevölkerung von großem Nachteil gewesen. Der langfristige Trend zeigt erst spät seine Gefahren. Es gibt jedoch für den erfahrenen Wirtschaftler genügend Signale, die Jahrzehnte vorher auf kommende Probleme hinweisen.

Der durchschnittliche Wähler hat es schwer, die komplexen langfristigen Zusammenhänge zu erkennen. Hinzu kommt, dass die Lobby der Verbände nicht objektiv informiert und sich an ihren eigenen Vorteilen orientiert. So entscheidet er sich für die besser erkennbaren kurzfristigen Vorteile und kann durch sein Wahlverhalten eine Strukturkrise bewirken. Oft erkennt und akzeptiert die Bevölkerung die Notwendigkeit einer Strukturänderung erst nach erkennbaren schmerzlichen Fehlentwicklungen. Folglich kann der politische Entscheidungsträger kaum Sanierungsentscheidungen treffen, bevor sich die schmerzliche Strukturkrise zeigt. In der Zwischenzeit gingen bereits viel Know-how und investiertes Kapital verloren.

Die fundamentalen Probleme können eine Zeitlang durch Maßnahmen wie Verschuldung, Subventionierung oder Währungsbewertungen verdeckt werden. Auf längere Sicht gilt jedoch: Trotz aller gut gemeinten politischen Bemühungen um Korrekturen führt ein negatives Ungleichgewicht stets zu einem Wechselspiel von steigender Abwanderung des Investitionskapitals, des Know-hows und der Leistungsträger, zu wachsender Verschuldung, Arbeitslosigkeit und sinkendem Einkommen. Die Nachteile einer solchen Politik tragen die Jungen und die kommende Generation. Eine Erfolg versprechende Wirtschaftspolitik drängt das kurzfristige Denken zurück und orientiert sich vor allem auch langfristig. In dieser Hinsicht zeigen die Rahmenbedingungen der Demokratie Nachteile.

2.3   Die Egologik bestimmt menschliches Handeln

2.3.1   Fundamentale Urkräfte wirken im Verborgenen und setzen sich meistens langfristig durch

Die Bedürfnisstrukturen der Menschen sind durch die Überlebenskämpfe in der Natur geprägt. Neben anderen Phänomenen[1] beeinflussen vor allem diese fundamentalen Urkräfte das Handeln, wenn auch bei einzelnen Personen mit unterschiedlicher Kraft.[2] „Willst Du den Charakter eines Menschen erkennen, so gib ihm Macht", erkannte schon Abraham Lincoln. Wenn sich zu viel Macht auf Einzelne oder Klans konzentrierte, wurde normalerweise versucht, den Einflussbereich noch weiter zu vergrößern, auch um den Preis ungezählter Menschenleben. Die Macht legalisierte ihr Handeln. Ungezähmte Macht ist also gefährlich wie ein unkontrolliertes Feuer.[3] Man schuf Gesetze und neue Staatsformen, um die Gefahr durch die Macht zu begrenzen. Erst die Gewaltenteilung in Verbindung mit der Kontrolle des Volkes bzw. der Konkurrenz um den Wähler beschränkte entscheidend das kriminelle Handeln der Regierenden.

Hier wird kein erkennbares, durch die Gesetze erfasstes, kriminelles Trieb- oder Bedürfnisverhalten betrachtet. Es bleibt im Rahmen der Gesetze ein Freiraum, der entscheidend den wirtschaftlichen Erfolg oder Misserfolg bestimmt. Die weiteren Überlegungen befassen sich mit der inneren Einstellung der Menschen, die bei günstigen Rahmenbedingungen der Gemeinschaft nützen, aber bei ungünstigen sie schädigen, wie z. B. durch „innere Kündigung", nicht oder schwer nachweisbare Lügen oder Intrigen. Die Verführung der Bürger durch einseitige, falsche oder bewusst gelogene Argumentation bzw. Information war schon immer eine gefährliche politische Waffe, wenn sie nur dem eigenen Vorteil diente, aber letztlich sogar eine gesamte Nation ins Unglück stürzte. Dieses geheime Streben ist kaum messbar oder beweisbar, wird nicht durch Gesetze erfasst oder verhindert. Es folgt der Logik der eigenen Bedürfnisse, der Egologik. Unter günstigen Voraussetzungen führt die Egosteuerung zu Wohlstand und Lebensqualität.

Die Egologik drückt sich auch im Streben nach Gewinn, Macht und Einfluss aus. Dabei können neben ökonomischen bzw. rationalen Gründen auch psychologische eine Rolle spielen. Sie bestimmt die Suche nach den bequemeren bzw. leichteren Problemlösungen, sowie das Streben nach Verwöhnen und Lust ohne Anstrengung. Auch Wertschätzung und Selbstverwirklichung sind für viele Men-

---

[1] Vgl. Heinemann et al (2007), S. 33 und 179
[2] Vgl. Becker (1993)
[3] Vgl. hierzu die Veruntreuung öffentlicher Gelder laut Transparency International Global Corruption Report 2004, S.13

schen Triebkraft für Berufswahl und Leistung. Friedrich Hebbel spottete schon im 19. Jahrhundert: „Die Menschen lassen sich keinen Irrtum nehmen, wenn er ihnen nützt."

Menschen verheimlichen normalerweise die eigentliche Ursache, vor allem, wenn sie keine gesellschaftliche Anerkennung findet. Als diplomatisch bezeichnet man Menschen, die oft nicht sagen, was sie denken. Sie argumentieren bewusst oder unbewusst so, wie es für sie von Vorteil ist; die treibenden Bedürfnisse bleiben im Verborgenen, setzen sich aber langfristig fast immer durch, weil sie ständig gegen einen anders orientierten Willen arbeiten. Oft werden eigene Vorteile verfolgt, aber das Handeln mit gesellschaftlich positiv gesehenen Argumenten begründet. Die Betroffenen betonen z. B. die Gemeinnützigkeit oder ihre Leistung für andere Menschen. Unter dem Vorwand, uneigennützig zu handeln, wird aber fast immer ein eigenes Ziel verfolgt.

Man bevorzugt es, Ideen oder Argumente aufzugreifen, zu bearbeiten oder zu unterstützen, die der Egologik entsprechen bzw. argumentiert gegen Ideen oder Argumente, die gegen die Egologik sprechen. So feiern die Führer im kommunistischen Nordkorea noch wirtschaftliche Erfolge, obwohl große Teile der Bevölkerung an Hunger leiden und sogar Menschen verhungern. Alle Versuche scheiterten, die Menschen zu ändern und politische Systeme zum Erfolg zu führen, die dies nicht beachteten. Die von der Gesellschaft am stärksten anerkannte Bedürfnisstruktur, die den „Mutter-Teresa-Typ" prägt, ist selten und am ehesten in sozialen und kirchlichen Berufen vertreten.

Es gibt jedoch Möglichkeiten, die Egologik durch die Rahmenbedingungen so zu steuern, dass die Kräfte sich zum Vorteil für die Gemeinschaft entfalten.

Wie oft wurde dem Verfasser von Führungskräften gesagt: „Ob die Tantieme vom Gewinn abhängig ist oder nicht, ich werde deswegen mein Verhalten nicht ändern!" Sie brachten viele Argumente für die Beibehaltung ihrer garantierten Prämie und gegen die leistungsabhängige Vergütung vor, obwohl die variable Tantieme weit bessere Verdienstmöglichkeiten bot. Menschen wenden sich gegen alles unbekannte Neue und ziehen das Vertraute vor. Die ausführliche Information war folglich eine wichtige Voraussetzung für das Gelingen.

Nach der Umstellung auf eine merkliche variable Tantieme änderte sich aber im Laufe der Zeit, ohne dass man es eingestand nicht nur das Engagement, sondern auch die Einstellung zum Unternehmen deutlich positiv. Die Interessen der Mitarbeiter wurden weit stärker mit dem Ziel des Unternehmens harmonisiert, neue Wege zu finden, wirtschaftlich zu arbeiten und eine bessere Rendite zu erreichen. Die Mitarbeiter gaben viele geheime Widerstände auf, achteten mehr auf unnötige Preisnachlässe und auf ihre Kosten, weil jeder Gewinneinbruch ihre eigenen Interessen schädigte. Selbst gute Festgehälter, die ohne Zweifel binden, brachten nur für kurze Zeit Leistungsanreize. Das fest

Zugesagte wurde eher als selbstverständlich angesehen, jeder berechtigte Abstrich mit großem Widerstand bekämpft.

Variable Tantiemen oder Prämien konzentrieren die Kräfte auf das Ziel. Sie reduzieren Streitereien und geheime Widerstände bei notwendigen Strukturänderungen. Sie müssen jedoch auf objektiv messbaren Größen basieren, die der Einzelne beeinflussen und berechnen kann. Sie sollten möglichst eng begrenzt an den Ergebnissen des eigenen Zuständigkeitsgebietes oder des Teams abhängen. Dadurch verhindert die Führung das Gefühl demotivierender Ungerechtigkeit durch willkürliche Festlegungen.

Ein Unternehmen gab bei besonderen Leistungen Prämien sowohl an ganze Gruppen als auch an Einzelpersonen. Immer wieder kam es vor, dass Spartenleiter Vergütungen vorschlugen, weil die Mitarbeiter z. B. bei der Lösung eines Projektes „besonders fleißig und einsatzbereit" waren. Die Geschäftsführung erteilte einmal auf einen solchen Vorschlag ihre Genehmigung zur Auszahlung. Als die Entscheidung bekannt wurde, kam es unerwartet zu Protesten anderer Abteilungen. Sie beklagten die Ungerechtigkeit, weil sie glaubten, ebenfalls fleißig und einsatzbereit zu sein. Prämien auf dieser Basis schädigten eher den Zusammenhalt und die Motivation.

Objektive Größen sind u. a. Gewinn, Wertschöpfung, Produktivität, Umsatz oder Gewinn in Prozent vom Umsatz. Da ein Unternehmen sich ständig weiterentwickeln muss, sind dynamische Größen wie Gewinnzuwachs und Umsatzzuwachs besser geeignet. Zunehmende Umsätze und Wertschöpfung sind auf Dauer die Voraussetzung für steigende Gewinne. Nicht selten kommt bei der Bewertung das Gegenargument, dass die Märkte unterschiedlich schwierig sind. Doch trägt jeder Unternehmer letztlich dasselbe Risiko: Die Märkte und Positionen sind zwar unterschiedlich, doch es besteht die Möglichkeit, sich mit Innovationen zu verbessern oder sein Geschäft in andere Segmente zu verlagern.
Ständig finden sich Beispiele dafür, wie Egologik das Verhalten prägt.

Verbraucher kaufen möglichst preiswert, auch wenn sie wissen, dass nationale Arbeitsplätze verloren gehen.
Nachdem die Kriterien für die Bedarfsgemeinschaften bei Hartz IV großzügiger definiert worden waren, zogen junge Erwachsene bei ihren Eltern aus, gründeten einen eigenen Hausstand und ließen sich diesen vom Staat finanzieren. Die Zahl der Leistungsempfänger stieg schon im ersten Jahr um 20 Prozent.
Nachdem sich der Krankenstand in Schweden unerträglich erhöht hatte, änderte die Regierung 1991 die Vorschriften: Der erste Tag blieb seitdem ohne Entgelt, am zweiten und dritten Tag zahlte das Unternehmen 75 Prozent, ab dem vierten Tag bis zum Ende der Woche 90 Prozent. Die Fehlzeitenquote hat sich gegenüber 1990 nahezu halbiert.

Seit 1973 konnten Arbeitnehmer in Deutschland ohne Abzüge vorzeitig in den Ruhestand gehen. In der Folge sank das Renteneintrittsalter schnell, so dass die Regierung 1996 wegen der hohen Belastung der Rentenkassen Abschläge einführen musste.

Seit 1960 sind schätzungsweise 500 Milliarden Dollar nach Afrika geflossen. Die Regierungen waren keine Rechenschaft über die Verwendung schuldig. So lernten sie schnell, dieses Instrument im Sinne ihrer Egologik zu nutzen. Die Rahmenbedingungen förderten die Korruption und Verschwendung. Sie machten es ihnen leichter, wirtschaftsfeindliche Entscheidungen zu treffen. Heute liegt der Lebensstandard in Afrika oft unter dem der späten Kolonialzeit. Viele Afrikakenner fordern deshalb sogar, die Entwicklungshilfe einzustellen.[4]

Ein Vorgesetzter, der nicht erfolgsabhängig bezahlt wird, wählt seine Mitarbeiter weniger nach ihrer Eignung für die Position aus. Er achtet mehr auf Loyalität, Sympathie und welche Gefahr sie für ihn selbst bedeuten.

Wenn ein Vorstand einer Publikumsgesellschaft eine ausländische Gesellschaft übernimmt, die ihre Führung weit höher bezahlt, so treibt das normalerweise das eigene Einkommen. Stehen dann noch die rationalen wirtschaftlichen Gründe für oder gegen die Beteiligung im Vordergrund?

Wird ein Haushaltsstaatssekretär nur daran gemessen, ob die Nettokreditaufnahme zurückgeht, so ist es für ihn persönlich ohne Bedeutung, ob höhere Steuermehreinnahmen oder Einsparungen die Ursache sind.

Ein Staatsmann mit unkontrollierter Macht will verhindern, dass er kritisiert und angegriffen wird und hat folglich kein Interesse an aufgeklärten Bürgern.

Bedürfnisse verändern ihre Intensität in Abhängigkeit vom Befriedigungsgrad. Wird eines von höherer Priorität befriedigt, gewinnen die nachgeordneten an Intensität.[5] Die Egologik verändert ihr Ziel. Wird z. B. der Arbeitsplatz zur Selbstverständlichkeit, so unterschätzt man seine Bedeutung. Die Sorge um den Arbeitsplatz reduzierte die Zahl der Studentenproteste und führte zur Konzentration auf das Studium.[6] Diese Prioritätenänderung führt dazu, dass wohlhabende Menschen unzufrieden sind, wenn sie nachrückende Bedürfnisse nicht befriedigen können. Das verstehen wenig begüterte Menschen meistens nicht.

Da in der Wohlstandsgesellschaft die Existenzsicherung als stärkstes Bedürfnis zum großen Teil befriedigt ist, interessieren in wirtschaftlichen Zusammenhängen vor allem die nachfolgenden Bedürfnisse. Da der Nutzen des Wohlstands mit

---

[4] Vgl. „Hilfe ohne Rechenschaft", FAZ 06.06.07 sowie „Dreht den Diktatoren den Geldhahn zu", FAZ 29.05.07

[5] Vgl. Maslow (2004)

[6] Vgl. „Früher zitierte er Mao, heute das Matthäus-Evangelium", Rhein-Neckar-Zeitung 26./27./28.05.07: Der Grünenchef (Bütikofer) war in den 70er Jahren aktiv in der Studentenbewegung, Mitglied des kommunistischen Bundes Westdeutschland, einer dem Maoismus zugeneigten Kaderorganisation. „Wir hatten keine Zukunftsängste und konnten ohne Druck studieren."

zunehmendem Reichtum abnimmt, suchen wohlhabende Bürger zunehmend ihr
Glück, indem sie ihre Anerkennung und ihr Ansehen steigern. Sie schenken der
Gemeinschaft nicht selten große Beträge. Aber wenn der Staat für sie entscheidet,
ihnen diese Beträge abnimmt und an andere weiterleitet, befriedigt das ihre Egologik nicht und reduziert solidarisches Verhalten.

Die Egologik verhindert, dass kommunistische Systeme mit starker Freiheits-
beschränkung erfolgreich sind oder Solidaritätsaufforderungen den gewünschten
Erfolg zeigen. Als starker Anreiz und Motivationsfaktor aktiviert sie die Einsatzbereitschaft nicht nur über Gewinn, Tantiemen, Prämien, Aufstiegschancen oder
Entfaltungsmöglichkeiten, sondern auch über Freiheit, Macht, Einfluss, Anerkennung und Ansehen. Wo stünde die Menschheit ohne den durch die Egologik an-
getriebenen Ehrgeiz?

Die Egologik erzeugt auch Neid, der einzelne Menschen unterschiedlich stark
prägt. Er ist Antrieb oder auch Bremse der wirtschaftlichen Entwicklung und erzeugt Unzufriedenheit. Kann der Einzelne die eigene Situation nur durch Leistung
verbessern, so treibt er die Einsatzbereitschaft. Ermöglichen die Bedingungen dagegen mit weniger Einsatz persönliche Vorteile auf Kosten Anderer zu erhalten, so
orientieren sich die Kräfte in Richtung auf eine unproduktive Einkommensverbes-
sserung. Dieses Verhalten lässt sich nicht selten in großen Familien mit einer sehr
unterschiedlichem Einkommens- und Vermögenssituation beobachten.

Zwar gibt es keine neidlose Gesellschaft, aber Neid lässt sich über Jahrzehnte
durch den Einfluss der Medien und Verbände „künstlich" steigern. Dieser „ge-
züchtete Neid" bremst langfristig die wirtschaftliche Entwicklung einer Nation.

2.3.2   Die Egologik wirkt direkt und indirekt

Die Intensität der Egologik zeigt eine Rangfolge:

1. Die direkten eigenen Vorteile zeigen den höchsten Anreiz. Sportler rackern
sich ab für ihren Sieg. Selbständige Unternehmer arbeiten mit hoher Zufriedenheit und großem Arbeitseinsatz für ihren Marktanteil und Gewinn. Sie versuchen
manchmal, selbst mit verhassten Konkurrenten verbotene Preisabsprachen zu treffen, um auf Kosten ihrer Kunden den Wettbewerb auszuschalten und den eigenen
Gewinn zu erhöhen.

Der politische Aufstieg erfordert viel Einsatzbereitschaft und Anstrengung. Diese Opfer nimmt der Politiker trotz einer vergleichsweise mäßigen Bezahlung in
Kauf, weil das Ziel Macht und Einfluss als Ausgleich verspricht. Die Egologik
des Machtmenschen strebt nach mehr Einfluss, indem man Entscheidungen auf
sich zieht, z. B. Subventionen vergibt. Wer Vorteile gewährt oder Gelder verteilt,

gewinnt Stimmen und sichert seine berufliche Position. Machtstreben sorgt auch dafür, dass die öffentliche Hand Unternehmen besitzt, die keine hoheitlichen Aufgaben haben.

Die Egologik erzeugt aber auch in Verbindung mit Wettbewerb, eigener Haftung bzw. Risikoübernahme höchste wirtschaftliche Effizienz für die Nation.[7] Sie führt nicht nur dazu, dass ein Anbieter die höchsten erreichbaren Preise nimmt, sondern auch dazu, dass er unter Wettbewerbsbedingungen mit möglichst niedrigen Preisen seinen Umsatz und Gewinn zum Vorteil der Verbraucher steigert. Wettbewerb harmonisiert die Egologik mit den Zielen der Gemeinschaft. Die Bedingungen der Haftung und Risikoübernahme liegen beim selbständigen Unternehmer und 100 %igen Gesellschafter am stärksten vor. Diese Eigenschaft führt aber leicht zum Missbrauch einer erreichten Machtstellung, wenn kein Wettbewerb vorliegt und wirksame Kontrollen bzw. begrenzende Gesetze fehlen.

Jede Eigenkontrolle erweist sich als organisatorischer Fehler. Die Kontrolle muss stets durch unabhängige neutrale Dritte erfolgen, im Unternehmen durch einen Aufsichtsrat, für die Regierung durch das Parlament und das Verfassungsgericht.

2. Danach folgen die indirekten Vorteile durch die zugehörige Gruppe. Familie, Freundschaft, Unternehmen, Verband und Partei stützen eigene Vorteile:
– Die stärksten Bande zeigten sich normalerweise innerhalb der Familie.
– Eine Freundschaft mit den wichtigsten Aufsichtsratsmitgliedern erleichtert es normalerweise den Vorständen vor allem in Publikumsgesellschaften, ihre Position abzusichern und ihr Gehalt günstig zu beeinflussen.
– Im Aufsichtsrat der Dax-Konzerne überwachen Eigentümervertreter und Gewerkschaftler den Vorstand. Manchmal entsteht ein enges Beziehungsnetz, das auch bei Stagnation oder Verlust extreme Gehälter und Tantiemen der Vorstände ermöglicht, die nicht im Interesse der Gesellschafter sind.
– Geschenke vor der Wahl sind ein übliches Verhalten, um sich und der eigenen Partei Vorteile zu verschaffen, obwohl es ein Wählerkauf auf Kosten der Steuerzahler ist.
– Der Staat neigt als Großaktionär dazu, seine Unternehmen im Wettbewerb zu schützen. Hätte er einem Privatunternehmen erlaubt, den Zugang zum Hochgeschwindigkeits-Breitbandnetz über die technische Infrastruktur zu beschränken und Monopolgewinne auf Kosten der Verbraucher zu holen oder der Deutschen Bundesbahn eine Befreiung von der Mehrwertsteuer zu genehmigen?
– Die Landesregierungen versuchen bei der Föderalismusreform, Vorteile für ihr Land zu erstreiten.

---

[7] Vgl. auch Eucken (2004)

- Die Egologik macht auch das Zögern bei den Privatisierungsversuchen und die Argumentation verständlich. Wieso ist die öffentliche Hand an Banken, Versicherungen, Immobiliengesellschaften, Häfen, Flughäfen, Fluggesellschaften, Schlachthöfen, Brauereien, Weingüter, Gärtnereien, Notariaten etc. beteiligt? Benötigt sie diese Unternehmen für ihre hoheitlichen Aufgaben?
- Die Rahmenbedingungen für Untersuchungsausschüsse des Parlamentes sind wenig erfolgversprechend. Sie verursachen zwar Kosten, es ergeben sich aber keine klaren Ergebnisse. Die anklagende Opposition sieht Verfehlungen, die Regierung bestreitet sie. Am Ende hält man die unterschiedlichen Ergebnisse in Berichten fest. Es fehlen neutrale Entscheider, die den Sachverhalt beurteilen.
- Etwa 20.000 Lobbyorganisationen bemühen sich um Vorteile ihrer Mitglieder in der Europäischen Union.
- Nationen kämpfen gegen den Stabilitäts- und Wachstumspakt, wenn sie mit der Einhaltung der Vorschriften Schwierigkeiten haben.
- Da Entscheidungen in den EU-Gremien nicht dem Wettbewerb der Wähler unterliegen und für die Bevölkerung weitgehend undurchschaubar sind, beschenkte sich die Politik mit Agenturen. Sie sind relativ gleichmäßig auf die Länder verteilt und schaffen neue Posten für mit der Politik verbundene Personen. Da gibt es die Europäische Arzneimittelagentur in England, die Chemikalienagentur in Finnland, die Agentur für Flugsicherheit in Deutschland, die Umweltagentur in Dänemark, das Harmonisierungsamt für den Binnenmarkt in Spanien oder die Agentur für Europäische Grundrechte in Österreich. Ganz legal entstehen wirtschaftliche Schäden für den Souverän. Die Organisationen arbeiten sogar noch außerhalb der parlamentarischen Kontrolle.[8]
- In Weltorganisationen feilschen Nationen um eigene Vorteile, z. B. beim Klima- oder Artenschutz.

Sowohl in den Unternehmen als auch in der Politik behindert die direkte und indirekte Egologik stets Strukturänderungen. Die indirekte Egologik beeinflusst die Personen umso stärker, je mehr die zugehörige Gruppe das eigene Schicksal bestimmt. Es ist ein organisatorischer Fehler, wenn ein Verwandter als Revisor den Buchhalter prüft. Wer direkt oder indirekt Interessen vertritt, kann nicht ganz objektiv argumentieren oder urteilen, seine Egologik steuert nicht neutral.

---

[8] Vgl. Capital 5/2007: „Unkontrollierter Behördenwahn", ebenda 11/2007: „Wunderbare Zellteilung" oder FAZ 22.05.2007: „Die Inflation der EU-Behörden"

2.3.3 Die Egologik orientiert sich in der Regel an kurzfristigen Vorteilen

Die meisten Menschen wollen das Leben heute genießen und nicht erst morgen. Die Zukunft ist mit Unsicherheit behaftet, der zukünftige Vorteil ist schwer einzuschätzen. Wegen der Priorität der Logik der kurzfristigen Vorteile interessieren kaum die langfristigen Nachteile, auch weil sie schwerer erkennbar sind. Kurzfristige Vorteile bestimmen weitgehend die Entscheidung.

Wer im Übermaß raucht, trinkt oder isst, weiß, dass er seine Gesundheit gefährdet. Die Brandrodung und Abholzung der Wälder schreitet fort, selbst wenn man weiß, dass danach das Land versteppt. Oft verändert sich eine waldreiche Landschaft in eine feinstaubige Gegend und entzieht den Menschen die Nahrungsgrundlage. Albert Einstein glossierte das kurzfristige Denken mit den Worten: „Holzhacken ist deshalb so beliebt, weil man bei dieser Tätigkeit sofort den Erfolg sieht."

Das Mietrecht in Portugal verbot die Kündigung und Mieterhöhung, so dass die Vermieter kein Interesse zeigten, die Objekte zu renovieren. Als viele Gebäude sich in einem katastrophalen Zustand befanden, musste das Land im Jahre 2006 das Gesetz reformieren, um den weiteren Verfall der Miethäuser zu verhindern. Jeder konnte die Folgen eines nicht marktorientierten Mietrechts eigentlich voraussehen, zumal dieselben Erfahrungen bereits in anderen Ländern vorlagen.

Die Erhöhung der Gewerbesteuer löst kurzfristig die finanziellen Probleme einer Stadt. Die langfristigen Auswirkungen auf die Gewerbeansiedlung betrachten nur wenige Stadträte. Für die Politiker haben die eigenen kurzfristigen Probleme Vorrang, und die Wähler interessieren sich frühestens für die Gewerbesteuer, wenn ein Zusammenhang mit der Arbeitslosigkeit gesehen wird. Somit gab es einen Trend zu steigender Gewerbesteuer.

Wegen der fehlspezifizierten Rahmenbedingungen von heute kommt es oft langfristig zu größerer Ungerechtigkeit. Was kurzfristig gerecht und vorteilhaft erscheinen mag, führt langfristig zu größerer Ungerechtigkeit und Härte, wenn die fundamentalen Kräfte sich durchsetzen.

2.3.4 Eigene Probleme und Ziele stehen im Vordergrund

Die eigenen Vor- und Nachteile stehen bei jedem Menschen im Vordergrund. Für sie zeigt der Betroffene mehr Verständnis, sie beurteilt er milder und Fehler erscheinen dümmer, wenn andere sie begehen. Es entspricht der Egologik, dass das Steuerrecht ein sehr strenges Recht ist. Eine Regierung misst ihren eigenen Problemen die höchste Bedeutung bei und entscheidet daher nicht immer im Sinne des Souveräns. Die Verantwortung für eigene Fehler wird leicht bei anderen gesucht, insbesondere wenn sich damit eigene Nachteile vermeiden lassen. Aus ähnlichen Erkenntnissen überprüften schon die Richter im Römischen Reich vor Christi Geburt bei ihrer Urteilsfindung, wer einen Vorteil durch die Handlungsweise hatte (cui bono). Vorgesetzte suchen die Ursache für persönliche Fehler nicht selten bei ihren Mitarbeitern, vor allem wenn das Eingeständnis unangenehm ist. Erlässt die Verwaltung eines Unternehmens Vorschriften, die zu Problemen führen, so sucht sie die Ursache im ausführenden Bereich. Greift eine gleichrangige Abteilung die andere an, so stellen sich Vorgesetzte normalerweise vor ihre Mitarbeiter. Die Fehler anderer sehen Menschen schnell, nicht dagegen ihre eigenen. Marokkanische und chinesische Volksweisheiten bestätigen das: „Fremde Fehler haben wir im Auge, unsere im Rücken" oder „Nur mit den Augen der anderen kann man seine Fehler gut sehen". Vorteile von Fremden führen meist zu Neidreaktionen. Das alles prägt Entscheidungen.

> Ein Manager gibt 1997 das gesamte Wertpapier- und Barvermögen seiner Familie zur Risikominderung in zwei Vermögensverwaltungen renommierter Banken, da er sich ganz seinem zeitaufwendigen Beruf widmet. Im Börsencrash 2000 verlieren beide Depots über 50 % ihres Wertes. Zwar war ständig gekauft und verkauft worden, aber die zu erwartenden Maßnahmen zur Risikobegrenzung, wie etwa das Stop-Loss-Verfahren, fanden keine Beachtung. Auf die Frage, warum die Verluste nicht verhindert wurden, kamen Entschuldigungen wie: „Die Entwicklung war nicht vorhersehbar" oder „Andere hat es noch härter getroffen". Wäre der Mitarbeiter am Gewinn und Verlust beteiligt gewesen, hätte er sicher anders disponiert.

Die Egologik führt dazu, dass man normalerweise mit eigenem Geld weit sorgfältiger umgeht als mit fremdem. Anreize und Zwänge motivieren vor der Ausgabe des eigenen Geldes, den Nutzen konsequenter abzuschätzen.

Experimente geben einen Eindruck davon, was die richtige Steuerung der Egologik für die Wirtschaftlichkeit bedeutet:

> Man beobachtete beispielsweise die Ausgabenbereitschaft von zehn völlig fremden Ehepaaren, die des Öfteren zum Essen ausgingen. Schließlich bat man die Ehepaare, das Essen gemeinsam einzunehmen. Zunächst bezahlte jedes Paar für sich. Später teilten sie die Gesamtrechnung durch zehn. Das Ergebnis: Nach mehreren Malen war die durchschnittliche Rechnung um mehr als 50 Prozent angestiegen. Diese Kostenerhöhung entstand bereits, obwohl der Kreis der Teilnehmer noch überschaubar war, also eher einer Kontrolle unterlag und jedes Paar immerhin noch 10 % seiner Mehrausgaben zu tragen hatte. Die Egologik orientiert sich noch weniger wirtschaftlich, wenn der Vorteil

nur auf Kosten anderer geht, keine Bestrafung zu erwarten ist und die soziale Kontrolle nicht funktioniert.

Wer eigene Schulden macht, weiß, dass er sie später unter großen Opfern zurückzahlen muss. Das zwingt zur Vorsicht. Wer wegen seines hohen Einkommens und Vermögens Spitzensteuern zahlt, beklagt, was die Bezieher niedriger Einkommen als gerecht empfinden. Wer sich kurzfristig Vorteile durch fremde Verschuldung verschaffen kann, hat einen starken Anreiz zu höheren Ausgaben. Entscheidungen, die zur Unwirtschaftlichkeit führen, werden meist ohne Gegenanreize getroffen, wenn andere sie bezahlen müssen. Dabei ist es nicht so entscheidend, ob diese Unwirtschaftlichkeit im eigenen Tätigkeitsfeld oder bei fremden entsteht. Erst wenn solche Entscheidungen auf die eigenen Vorteile zurückschlagen, wirkt der wirtschaftliche Anreiz.

Die Entscheidungen der eigenen Partei stellen die Mitglieder im Wettbewerb fast immer im besten Licht dar. Andererseits argumentieren Politiker immer wieder ungerechtfertigt unfair gegen Aussagen des politischen Gegners, um Wähler für sich zu gewinnen, auch wenn sie wissen, dass diese Argumentation verfälscht oder gar gelogen ist. Solche Polemik ist nicht im Interesse des Souveräns.

Um ihre Durchschlagskraft zu stärken, üben Parteien einen Gruppenzwang aus. Die Ursache für Fehlentwicklungen suchen sie zunächst bei anderen Parteien oder bei der freien Wirtschaft, auch wenn Gutachten zu anderen Schlussfolgerungen kommen. Hohe Ausgaben anderer werden oft als Verschwendung kritisiert, während es für eigene Ausgaben „gute Gründe" gibt. Um Widerstände der Wähler zu reduzieren, lösten Politiker mit intransparenten Steuern, Gebühren und Abgaben ihre Probleme, anstatt den mühseligen Weg zu gehen, Kosten zu senken. Sie legen selbst kleineren Unternehmen Melde- und Veröffentlichungspflichten auf, bis in die Privatsphäre hinein; es fällt ihnen aber schwer, die eigene Tätigkeit transparent zu machen. Ist die Parlamentsmehrheit den Regierungen parteipolitisch verbunden, so schränkt dies ihre kritische Kontrolle ein. Welcher Kritiker hätte sich schon bei den heutigen Rahmenbedingungen anders verhalten? Die nicht harmonisierte Egologik wirkt als Trendverstärker für wirtschaftliche Fehlentwicklungen.

Wie weit sich Politiker mit ihrer Argumentation von den tatsächlichen Verhältnissen entfernen können, um ihre politische Vorstellung zu untermauern, zeigt sich z. B. dadurch, dass nach einer Kuba-Reise dieses Land als vorbildlich hingestellt wurde. Nachdem es sich aus wirtschaftlicher Not für den Tourismus öffnete, gibt es für Reisende die Chance, sich selbst einen Einblick zu verschaffen. Wer als Tourist dieses Land mit seinen sympathischen Menschen bereist, sieht zunächst fast nur die mit UNESCO-Geldern renovierten, prachtvollen Gebäude der vorigen Jahrhunderte. Die Fremdenführer loben, dass jeder Kubaner seine Kinder kostenlos in Kindergärten und Schulen schicken kann und in den Krankenhäusern kostenlos behandelt wird. Wer Spitzenleistungen erbringt, dem genehmigt der Staat auch eine kostenlose Universitätsausbildung.

Nur wer mehrere Städte besucht, in die Seitenstraßen geht und mit wirtschaftlichem Verständnis die Situation hinterfragt, kann diese Aussage kontrollieren. Nachdem etwa 50 Jahre die einzig wählbare sozialistische Partei das Land prägt, es also keinen Wettbewerb um die Wähler gab, sieht man in den Seitenstraßen fast nur verfallene Gebäude oder Ruinen. Damit die Bürger mit ihrem Arbeitslohn von etwa 15 Dollar im Monat überhaupt überleben können, gibt es noch immer Lebensmittelzuteilungen. Bei der Krankenbehandlung fehlen die wichtigsten Medikamente. Die Arbeitslosigkeit ist hoch, da die verfügbaren Finanzmittel zuerst in den Konsum flossen und zu wenig investiert wurde. Eine Kupfermine wurde stillgelegt, weil die alten Maschinen versagten, aber kein Geld für die Beschaffung neuer zur Verfügung stand. So arbeiten z. B. Diplom-Ingenieure als Fremdenführer, weil sie in ihrem Beruf keine Chance haben und die Trinkgelder ihnen ein vergleichsweise sehr hohes Einkommen sichern. Es gibt keine Möglichkeit unternehmerisch tätig zu werden. Selbst fast jede Gaststätte gehört der öffentlichen Hand. Für die Touristen wurde eine zweite Währung eingeführt, der Peso Convertible, der etwa das 25fache der normalen Währung für den Touristen kostet.

Bei dem Besuch eines Rum-Museums in Havanna konnten die Besucher das Modell einer Rum-Fabrik aus den 40er oder 50er Jahren bewundern. Der Fremdenführer meinte, dass die Fabriken auch heute noch so aussehen. Es fehlten also der Anreiz und die Möglichkeit, sich ständig zu verbessern und zu investieren. Er berichtete weiter, dass immer mehr Rumfabriken geschlossen würden. Auf die Frage, was mit den Mitarbeitern geschehe, sagte er, sie würden entlassen, erhielten aber noch eine Zeit etwa 2/3 ihres Einkommens. Auf weitere Nachfrage meinte er, dass dies etwa umgerechnet 6 Dollar im Monat seien, wovon sie jedoch nicht leben könnten. Aber sie erhielten noch Lebensmittel vom Staat.

Auch wenn man davon ausgeht, dass die anfänglichen Ideen gute Ziele für das Volk verfolgten, so erzwingt doch der wirtschaftliche Misserfolg zunehmende Armut und Opfer in der gesamten Bevölkerung.

2.4 Anreize und motivierende Zwänge steuern die Egologik

In den Unternehmen versucht man, mit einer Kombination von Anreizen und motivierenden Zwängen die Egologik zu steuern und damit die Effizienz zu steigern. Man schafft messbare kleine Einheiten und überwacht sie durch Kennziffern oder Soll-Ist-Vergleiche, gibt Anreize durch möglichst viel Freiheit, variable Einkommen und das Gefühl, fair und ehrlich behandelt zu werden. Zwänge durch Planvorgaben oder Renditedruck bringen nicht die Egologik in gleichem Maße wie die Anreize mit den Zielen in Einklang, doch sie unterdrücken negatives Verhalten.

Natürlich besteht auch in der Industrie die Neigung, immer neue Stäbe für Kostenrechnung, Planung, Werbung, Recht, Marktforschung, Marketing, Controlling etc. zu schaffen. Der Renditedruck über den Wettbewerb bremst aber normalerweise die Kostenexplosion und zwingt zur Konzentration auf das Rentable.

Wegen des fehlenden Wettbewerbsdruckes, der Größe der Entscheidungsgremien und wegen unwirtschaftlicher Zwänge durch Lobbying sind die Verwaltungsapparate der öffentlichen Hand schwieriger wirtschaftlich zu führen. Daher nimmt die Leistungsfähigkeit einer Volkswirtschaft ab, je mehr der Staatsanteil ein Optimum überschreitet. Dieses Optimum wird in jeder anderen Organisation am ehesten realisiert, wenn sich die Verwaltung auf das Wesentliche und die Kernaufgaben beschränkt.

Die Mitarbeiter einer Behörde unterliegen eher inneren Zwängen als dem Druck der „Kunden", da der Wettbewerb fehlt. Dem stärksten Zwang wird tendenziell nachgegeben. Spielt die Wirtschaftlichkeit keine entsprechende Rolle und wächst die Bedeutung des Vorgesetzten mit der Zahl der Mitarbeiter, so wird der Anreiz erhöht, „aus wichtigen Gründen" mehr Personal zu fordern. Mit Rationalisierungsbemühungen würde er in diesem Fall sein Ansehen schwächen oder sich sogar Feinde schaffen.

Die Vergangenheit hat bewiesen, dass auch die Industrie weniger rationalisiert und stark zurückfällt, wenn Verstaatlichung, Schutzzölle oder Schließung der Grenzen den Wettbewerbsdruck abschwächen oder verhindern. Die kommunistischen Staaten des COMECON nahmen eine weitgehende Produktionsaufteilung vor, um rationelle Großbetriebe zu schaffen. Sie schalteten aber den Wettbewerb aus. Der dadurch fehlende Zwang ließ die Anstrengungen, neue Produkte, rationellere Verfahren etc. zu finden, weitgehend erlahmen. Ein Vergleich der Produktivität nach der Wiedervereinigung zeigte, dass die Durchschnittsproduktivität der Ostbetriebe nach Angaben der Deutschen Bundesbank in der zweiten Jahreshälfte 1990 nur bei 26 Prozent der westdeutschen lag. Letztere produzierten je Mitarbeiter fast das Vierfache.[9] Allein dieser Produktivitätsunterschied ermöglichte es, den westdeutschen Arbeitnehmern entsprechend höhere Löhne und Gehälter zu zahlen. Betriebe verhalten sich also unter gleichen wirtschaftlichen Anreizen und Zwängen nicht anders als Behörden.

Nun gibt es hochadministrierte Volkswirtschaften mit geringer Produktivität, die kaum Arbeitslosigkeit zeigen. Sie gleichen diesen Nachteil durch entsprechend

---

[9]   Siehe „Berechnungen der Produktivitätsunterschiede durch die Deutsche Bundesbank", Monatsberichte für Juli 1995

niedrige Löhne und Gehälter aus. In den kommunistischen Ländern ohne unternehmerische Entscheidungsfreiheit fand und findet sich die Arbeitslosigkeit in den Betrieben. Sie ist somit verdeckt. Politische Entscheidungen zwingen die Unternehmen, möglichst viele Mitarbeiter zu beschäftigen.

Anfang der 70er Jahre verkaufte ein Unternehmen im Rahmen einer Sanierung eine ganze Fabrik nach China. Zum Angebot gehörten auch zahlreiche Werkzeuge zur Herstellung von Spritzgussteilen aus Kunststoff. Es gab vollautomatische Werkzeuge, die in einem Vorgang fertige Teile erzeugten, und andere, die für deutsche Maßstäbe sehr unwirtschaftlich waren. Die Teile mussten später in Handarbeit zusammengebaut werden. Vor den Verkaufsverhandlungen war der deutsche Produktionsleiter der Auffassung, dass man mit solchen unwirtschaftlichen Werkzeugen die Kaufinteressenten nur verärgern werde. Man entschied sich trotzdem, das gesamte Paket anzubieten. Es wurde von der chinesischen Delegation ohne Ausnahme gekauft.

Einige Monate später, als die Fabrik in der Nähe von Peking fabrizierte, reiste der Produktionsleiter nach China, um noch einige Abklärungen vorzunehmen und gegebenenfalls Hilfestellung zu leisten. Die chinesische Werksleiterin führte ihn durch den Betrieb und zeigte sich zufrieden. Es fiel dem deutschen Manager auf, dass etwa 1.000 Menschen in einem Betrieb arbeiteten, für den ein deutsches Unternehmen bei gleicher Produktionsmenge kaum mehr als 100 Mitarbeiter benötigte. Er sah viele Menschen zwischen den Maschinen schlafen. Schließlich sprach ihn die Betriebsleiterin verlegen auf die modernen Werkzeuge an und fragte, ob man diese nicht umbauen könne: Sie seien zu automatisch und erfordere zu wenig Arbeitskräfte. Sie wisse nämlich nicht, wie sie ihre vielen Mitarbeiter überhaupt beschäftigen solle.

Auch wenn sich die Rahmenbedingungen in China verändert haben, zeigt das Beispiel, in welchem Ausmaß die Produktivität sinkt, wenn unwirtschaftlich orientierte Zwänge die Führung leiten. Obwohl die Betriebe bereits das Zehnfache an Mitarbeitern beschäftigten, nutzten die Führungskräfte keine Möglichkeit, die äußerst niedrige Produktivität zu steigern, sondern sie dachten nur darüber nach, die Unwirtschaftlichkeit zu erhöhen. Entsprechend niedrig mussten die Einkommen und der Lebensstandard sein.

2.5 Die Praxis beweist: Wirtschaftlicher Druck führt zur Leistungskraft

Unternehmen benötigen zentrale Abteilungen, um in einer komplexen Gruppe mit Leistungskennziffern, Ergebnisrechnungen und Revisionsarbeit die Ausrichtung zu steuern, das Verhalten zu überwachen und Leistungsdruck aufzubauen. Stäbe zeigen aber eine Tendenz zu wachsen, weil sie nicht unmittelbar markt- und ergebnisabhängig sind. In Zeiten, in denen in der Industrie sichere und hohe Renditen erzielt wurden, wie in der Bundesrepublik Deutschland bis etwa 1960, entstanden große und aufwendige Verwaltungen. Der Wettbewerb war im mehr geschlossenen Markt nicht so hart und die Anstrengungen zum Kostenabbau hielten sich in Grenzen. Der Personalanteil für die Verwaltung betrug in manchen Fällen sogar mehr als 20 Prozent. Der wirtschaftliche Zwang der späteren Jahre hat trotz gewachsener Belastung durch gesetzliche Auflagen zu einem starken Personalabbau in den Zentralen geführt.

Der Wettbewerb führte dazu, dass die Führung in jeder Krise alle Abteilungen anpasste, unwirtschaftliche Abteilungen strich oder zusammenlegte, Verlustprodukte beseitigte, die Zahl der Mitarbeiter kürzte, Aufgaben entfallen ließ und Standorte überprüfte. Das steigerte die Effizienz. Nach jeder Krise stellte man fest, dass die Wertschöpfung pro Kopf gestiegen war und die Unternehmen bei gleichem Umsatz mit weniger Mitarbeitern auskamen – bei wachsender Wirtschaft eine gesunde Entwicklung.

Auch die für die Entwicklung eines Hochlohnlandes so wichtige Kreativität ist vom Ausmaß des Drucks abhängig. Not macht erfinderisch. Ein angemessener Druck unterstützt die Kreativität im Hinblick auf Kosteneinsparungen und die Entwicklung neuer Produkte. Sinkt der Druck, so lässt auch das Bestreben nach Rationalisierung nach, wie es für Länder mit niedrigem Lohnniveau typisch ist: Ihre Produktivität liegt niedriger, weil sie die Hochlohnländer auch dann noch unterbieten können, wenn sie großzügiger mit dem Personal umgehen. Der geringere Rationalisierungsdruck führt u. a. auch dazu, dass sich das Rationalisierungs-Know-how weniger entwickelt. Übersteigt der Druck die Kräfte, kommt es zur Resignation und „innerer Kündigung".

2.6 Die Hierarchie von Anreizen und Zwängen

Die Stärke der Existenzbedrohung ist ein Maß für die Bereitschaft und Anstrengung, sich zu erneuern und zu Verbesserungen zu kommen.

Ein großer Konzern ist in fünf Sparten gliedert, an denen jeweils über 20 Tochtergesellschaften hängen. Eine Tochtergesellschaft ist unmittelbar existenzbedroht, wenn sie über längere Zeit keine Rendite erzielt. Die übergeordnete Sparte spürt kaum Druck, Einsparungen in der Zentrale vorzunehmen. Geraten viele ihrer angehängten Firmen in Not, leidet die gesamte Sparte unter Renditeproblemen. Sie ist gezwungen, auch in der eigenen Organisation zu rationalisieren. Der darüber liegende Gesamtkonzern wird aber durch diese Entwicklung normalerweise immer noch nur geringfügig beeinflusst. Treten jedoch Probleme in mehreren Sparten auf, so berührt die Existenzfrage auch die

Konzernverwaltung. Die Stäbe sehen aber auch dann den Grund für die Misere eher in anderen Abteilungen und beginnen erst bei Druck durch die Führung, ihre eigenen Kosten anzupassen.

Es gibt also eine Hierarchie des wirtschaftlich orientierten Drucks. Der Wettbewerb wirkt am stärksten in den unmittelbar marktabhängigen Teilen einer Organisation. Hier gibt es die stärksten Bemühungen zur Verbesserung. Erst mit steigenden Problemen und zeitlicher Verzögerung wird der Anreiz und Zwang in den marktferneren Stellen spürbar. Mit jeder Zentralisierung nimmt der ökonomische Zwang in der oberen Ebene ab. Die Gefahr, dass unwirtschaftlich gehandelt wird, steigt also tendenziell mit zunehmender Größe, Marktferne, Komplexität und entsprechender Abnahme der Zwänge. Diese Erkenntnis hat in den Unternehmen zur Verselbständigung von Arbeitsgebieten und zu kleinsten Holding-Gesellschaften geführt.

Bei der öffentlichen Hand macht sich ein wirtschaftlich orientierter Zwang erst sehr spät bemerkbar. Wenn unter Millionen Betrieben 10.000 Probleme haben, zeigt dies kaum Wirkung. Erst wenn erhebliche Probleme drücken, löst dies Handlungen aus. Auch dann verteidigen Bürokratie und Lobbyisten fast immer noch zäh den Status quo, weil damit persönliche Vorteile verbunden sind.

Die wirtschaftlichen Zwänge werden mit zunehmendem Zusammenschluss von Nationen durch die Hierarchie der Zwänge immer schwächer, die Abhängigkeit vom Wettbewerb um die Wähler kleiner. Solche Nachteile können die Größenvorteile überkompensieren, wenn nicht gegengesteuert wird. Es erfordert für die letzten Stufen der nationalen Hierarchie andere Rahmenbedingungen als heute gegeben, um wirtschaftliches Verhalten anzuregen, da der Druck sich zu spät aufbaut.

3 Die gefährlichen Trends

3.1 Überforderung und steigende Abgaben

Jede Möglichkeit, Entscheidungen auf sich zu ziehen, gibt Macht und Ansehen. Werden durch die Verteilung fremder Gelder ohne Begrenzung der Befugnisse eigene Vorteile erreicht, so kennt die Großzügigkeit kaum Grenzen. Auch Politiker in der Demokratie folgen wie fast alle Menschen dieser Egologik. Mit dem Trend zur Verteilung und dem zunehmenden Eingriff der Politik in immer mehr Entscheidungen der Bürger wächst die Chance der Interessenvertreter, mehr staatliche Leistungen und höhere Ausgaben zugunsten ihrer Klientel zu erhalten. Es gab und gibt unendlich viele Wünsche, für sich oder die eigene Organisation Vorteile auf Kosten anderer zu erlangen, sowie vorgeschobene oder echte Notsituationen. Die Argumentation ist stets entsprechend ausgerichtet, aber nicht objektiv. Die Allzuständigkeit der demokratischen Regierung steigert aber auch ihre Abhängigkeit von einflussreichen Gruppen, schwächt sie, da sie wiedergewählt werden will und reduziert die Verantwortung der Bürger. Folglich entstehen keine optimierten Entscheidungen für die Wettbewerbsfähigkeit, sondern hängen vom Kräftespiel ab.

Politiker gehen nicht das geringste Risiko ein, sondern haben politische Vorteile, wenn sie trotz knapper Kassen Wohltaten verteilen. Beugen sie sich dagegen den großen Interessengruppen nicht, besteht die Gefahr, schon bei der nächsten Wahl ihren Sitz im Parlament oder in der Regierung zu verlieren. Aussagen von Parlamentsmitgliedern über ihre eigene Zunft – „Dass man umso mehr Geld ausgibt, je mehr zur Verfügung steht" – drücken genau dieses Problem aus. Kann man unter den Bedingungen ernsthaft ein anderes Verhalten erwarten? Unter den jetzigen Rahmenbedingungen steuert die Egologik so, dass der Staat immer mehr finanzielle Mittel der Verfügungsgewalt der Bürger und Unternehmen entzieht und nach politischen Vorstellungen verteilt, bis auch die Wähler die Probleme viel zu spät deutlich spüren. Die Egologik erzwingt einen Trend, der langfristig große Nachteile für den Souverän bringt. Wenn sich die Rahmenbedingungen nicht ändern, werden die Transferleistungen ständig die Wettbewerbsfähigkeit überfordern.

Die Fakten bestätigen dies. Die Zwänge ließen schließlich nach Ermittlungen des Ifo-Institutes mehr als 40 % der deutschen Wähler von Transfereinkommen profitieren: Hartz IV, Sozialhilfe, Bafög, Wohngeld, Kindergeld, Eigenheimzulage, Existenzzuschüsse, Kohlesubventionen etc. etc.[1] Rund 700 Mrd. € oder fast 30 % des Bruttoinlandsproduktes beansprucht die öffentliche Hand nach Berechnungen

---

[1] Die große Umverteilung, Die Welt 03.02.07

des Hamburgischen WeltWirtschaftsInstitutes für Sozialleistungen.[2] Das gibt eine
Vorstellung über das Maß des ineffizienten Mitteleinsatzes in der Nation und des
zu erwartenden Widerstandes, falls die Politik Subventionen streichen möchte.

Politiker mussten den Überblick verlieren. Trotzdem reagierten sie nicht. Welche
Regierung konnte es bei der Vielzahl der betroffenen Wähler wagen, solche Fehlentwicklungen zu bereinigen? Jede nennenswerte Korrektur würde zu Stimmenver-
lusten oder gar zur Abwahl führen. Die breite Subventionierung verhinderte auch
zunehmend eine objektive Entscheidung der Wähler. Die Möglichkeit, dem Staat
Lasten zu übertragen, orientierte ihn kurzfristig auf Erhöhung oder Erhalt der Zu-
wendungen, bremste die eigene Vorsorge und stärkte die sozialistische Idee.

Zwischen den gesetzlichen Krankenkassen wurden 2005 ca. 14 Mrd. € bei ständig steigender Tendenz umverteilt. Auch Länder, Städte und Gemeinden zahlten
und erhielten laufend Zuschüsse. Das Volumen stieg ständig und verdoppelte sich
seit 1960. Allein der Länderfinanzausgleich betrug 2006 fast 33 Mrd. €.[3] Obwohl die Politik die Probleme kannte und sich seit Jahren um eine wirtschaftlich
sinnvolle Modernisierung der Bund-Länder-Finanzbeziehungen bemühte, wird
die Egologik, solange es falsche Anreize gibt, Lösungen für eine wettbewerbsfähigere Nation verhindern. Nicht selten tätigten die Subventionsempfänger unter
den Ländern im Vertrauen auf die Regelung höhere Ausgaben pro Kopf als die
Geberländer. Die Rahmenbedingungen müssen, wenn sie die Egologik zum Vorteil des Souveräns steuern sollen, aber genau das Gegenteil anregen, nämlich das
Eigeninteresse der Politik am wirtschaftlichen Einsatz der Finanzmittel.

Um Wähler zu werben, kam das Argument: „Wir sind immer noch ein reiches
Land, folglich können wir uns das noch erlauben". Dabei wird verdrängt, dass
ständige Ausgaben über den Einnahmen die Investitionsmöglichkeiten schmälern,
auf Dauer den Reichtum aufzehren und langfristig in der Armut enden. Welcher
Wähler könnte das wollen?

In schwierigen Zeiten hörte man oft das Argument: „Zurzeit nicht durchsetzbar. Derzeit können wir die Wirtschaft nicht weiter belasten. Der Haushalt lässt
im Moment nicht mehr zu." Damit konzedierte man schon, dass das Thema in
besseren Zeiten wieder aktuell sein könnte. Sprudelten die Steuerquellen, so gab es
sofort eine Lobby, die nun mit Nachdruck an die Forderung erinnerte. „Die hohen
Steuereinnahmen erlauben uns die Ausgaben", hieß es nun. Der Trend zur Belastung erhielt erneuten Auftrieb. So gab es im Jahre 2007 Milliardenforderungen
der Fachminister, obwohl Deutschland seinen Schuldenberg von 1.500 Mrd. €
auch ohne weitere Ausgaben ständig erhöhte. Wie kann es bei einem tendenzi-

---

[2] HWWI, Pressemitteilung, 20.04.06
[3] Siehe z. B. Deutsche Bundesbank, Monatsbericht November 2005: Bruttoinlandsprodukt, Brut-
towertschöpfung und andere gesamtwirtschaftliche Indikatoren, 3. Teil

ell schwächeren Inlandsstandort, also bei tendenziell schwächerer Wertschöpfung, erfolgreich laufen, wenn sich die Ausgaben weiter erhöhen, die Lücke zwischen erarbeitetem Güterberg und dem verbrauchten ständig größer wird?

Da der Staat den Bürgern nur geben konnte, was er anderen nahm, erhöhte er zwangsläufig Steuern, Sozialabgaben und eine Vielzahl von Gebühren. Betrug die Abgabenquote nach Berechnungen des Karl-Bräuer-Instituts im Verhältnis zum Bruttoinlandsprodukt 1960 noch 33,4 %, so waren es 2000 43,3 %. Danach sank sie bis 2005 auf 40 %. Auch der Spitzensteuersatz der Einkommen stieg im Trend, von 41,5 % im Jahre 1960 auf 56,3 % im Jahr 2000. Nach Steuersenkungen betrug er noch 51,5 %.[4]

Es entspricht der Egologik, dass fast jede Regierung Geschenke verteilen möchte und die Ausgabenwünsche immer nur unter den wirtschaftlichen Zwängen vorübergehend bremste. Aber durch die fehlspezifizierten Rahmenbedingungen kreierte jede Regierung immer neue Subventionen, wenn die Konjunktur ein wenig ansprang. Es lässt sich leicht prognostizieren, dass das Transfervolumen die Nation immer mehr belastet und bei einem Höchststand bleibt, auch wenn dies zunehmende Schäden im Wettbewerb anrichtet.

3.2 Belastung durch Kompliziertheit

Der Wettbewerb zwang die Unternehmen durch Vereinfachung und Konzentration, zunehmende Kompliziertheit zu bewältigen.[5] Die Erfahrung besagt und Untersuchungen belegen, dass erfolgreiche Manager und Unternehmer mit verständlichen, kurzen Konzepten, wenig Vorschriften im Detail, mit einfachen Organisationen und Delegation, mit kurzen Abläufen, modularisierten Programmen und Konzentration auf das Wichtige arbeiten. Nur Ziele, die von möglichst allen verstanden werden, lassen sich auch umsetzen. Deshalb sind die Erfolgreichen auch typischerweise auf allen Gebieten die großen Vereinfacher. Darin liegt möglicherweise der Schlüssel zu erstaunlichen Leistungen.[6]

Einfachheit und Kürze senken aber nicht nur die Kosten. Die Erfahrungen in der Industrie beweisen darüber hinaus, dass Reduktion von Kompliziertheit die wichtigsten Erfolgsfaktoren, nämlich Qualität, Zuverlässigkeit, Schnelligkeit und Wirtschaftlichkeit steigern. Kompliziertheit macht das Unternehmen abhängiger von Spezialisten, schwächt also die Führung. Hohe Kompliziertheit wird im Wettbewerb zu einer tödlichen Gefahr, wie zahlreiche Untersuchungen belegen. Sie

---

[4] V. Stern 2000 und Karl-Bräuer-Institut 29.01.07
[5] Vgl. McKinsey (1993) ferner Rommel et al. (2006)
[6] Thomas J. Peters, Robert H. Waterman Jun. (2006)

führt zu Arbeitsüberlastung, ständig wachsenden Personalanforderungen, Verärgerung, Demotivation und Resignation; die Kernaufgaben werden immer schlechter erfüllt. Der Überblick geht für die Führung zunehmend verloren. Deshalb versuchen gut geführte Unternehmen ständig, das Sortiment und die Vorschriften zu straffen, die Lieferantenzahl zu reduzieren, die Organisation zu vereinfachen bzw. sich auf die Kernkompetenzen und Kerntätigkeiten zu konzentrieren. Wer seine Arbeitsgebiete strafft, konzentriert sich auf das Wichtige. Warum ist die öffentliche Hand immer noch an Wirtschaftsbetrieben beteiligt, die keine hoheitlichen Aufgaben erfüllen? Das steigert die Kompliziertheit der öffentlichen Aufgaben und gehört nicht zur Kernkompetenz.

Zur Überkompliziertheit der Fertigungsprogramme kann es kommen, wenn ein Unternehmen jedem Kundenwunsch nachkommt. Spitzenunternehmen richten sich zwar an den Kundenwünschen aus, begrenzen sie aber bei vielteiligen Produkten durch innere Standardisierung der Einzelteile, Verschiebung der Vielfalt (Squeeze point) auf die letzte Stufe der Fertigung und konsequente Ausrichtung des Vertriebs. Ein allgemein bekanntes Beispiel ist die Automobilindustrie. Der Kunde kann in nicht änderbaren Baureihen durch eine Vielzahl von Variationen seine speziellen Wünsche erfüllen.

Bei einem mittleren Maschinenbauer erhöhte sich die Zahl der in der Datenverarbeitung gespeicherten Maschinenteile (Teilestammsätze) im Laufe der Zeit von 15.000 auf 30.000, während sein maßgebender Wettbewerber durch laufende Sortimentsbereinigungen und innere Standardisierung bei 15.000 geblieben war. Die Rendite und die Umsatzentwicklung verliefen nun deutlich schlechter als die des Wettbewerbers. Mit der Vielzahl erhöhten sich nicht nur die Kosten, sondern die Fehlerhäufigkeit stieg, auch die Lieferzeiten, und die Zuverlässigkeit sank. Mit wachsender Teilezahl wurde die gesamte Tätigkeit in der Produktion, im Lager, im Einkauf und im Vertrieb unübersichtlicher, die Bestellmengen bei den Lieferanten kleiner. Diese waren darüber hinaus an den kleineren Bestellmengen weniger interessiert, erhöhten die Preise und verlängerten die Lieferzeiten. Die Anforderung an das Wissen der Disponenten stieg und damit die Abhängigkeit des Unternehmens von ihrem Fachwissen. Die notwendige Programmstraffung war aber bei den Kunden nur sehr schwer durchzusetzen. Die Kunden hatten sich für diesen Lieferanten entschieden, weil die Verkäufer ihnen seit Jahren das Eingehen auf spezielle Kundenwünsche als Vorteil verkauften. Preiserhöhungen, die den Kostennachteil ausgleichen konnten, akzeptierten sie jedoch nicht.

Schon Dwight D. Eisenhower ging für Regierungsgeschäfte davon aus, dass alles, was nicht auf einer Seite zusammengefasst werden könne, entweder nicht durchdacht oder nicht entscheidungsreif sei. Es ist zwangsläufig, dass Regierung und Parlament bei den besonders komplizierten staatlichen Regelungen schnell den Überblick verlieren mit der Folge, dass sie nicht mehr kontrollieren können, was sie kontrollieren sollen. Staatssekretäre und hohe Beamte werden zu heimlichen Herrschern. Trotz dieser Erfahrungen misst bis heute fast jede Regierung ihre Leistung eher an der Zahl der verabschiedeten Gesetze. Es dauerte Jahrzehnte, bis man erkannte, welche Folgen die Kompliziertheit erzeugte, aber noch ist der Trend nicht gebrochen.

Produkte des Staates sind die Gesetze. Überkompliziertheit entsteht nicht nur durch die Vielzahl der Transferleistungen und Abgaben, sondern auch dadurch, dass der Gesetzgeber alles zu regeln sucht, weil er auf die vielen Wünsche der Lobby eingeht. Jeder Minister erhält ständig Anregungen, was er „verbessern" kann. Ein Optimum ist bald überschritten. Kaum einer fragt nach den Folgen. Es entstehen zu viele und zu komplizierte Gesetze, Vorschriften, Richtlinien, Arbeitsteilungen, organisatorische Abläufe etc. Die Freiheit und die Vielfalt, die uns die Demokratie und die globalen Märkte brachten, führten zu einer komplexeren Welt. Das ist ein Fortschritt, auch wenn die Verhältnisse weniger leicht zu durchschauen sind. Produziert der Staat stark detaillierte gesetzliche Regelwerke, um auch Spezialfälle zu erfassen, so beschneidet er wieder die Freiheit, macht die Bürger unmündig und erschwert das Wirtschaften.

Ohne korrigierende Anreize und Zwänge steigt die Kompliziertheit im Laufe der Zeit aus mehreren Gründen:

1. In großen Unternehmen gibt es eine Tendenz zu wuchernden Regelungen, der auch ganze Volkswirtschaften unterliegen, wie es Parkinson bereits beschrieb,
2. den Politikern bleibt bei den gegebenen Rahmenbedingungen kaum etwas anderes übrig, als zu oft dem starken Erwartungsdruck nachzugeben, und es fällt ihnen leicht, wenn es ihre Egologik stützt. Sie regeln folglich durch Gesetze immer mehr Details und schaffen aufgrund der Lobby mit Sonderregelungen immer mehr Kompliziertheit, unter der letztlich alle leiden.
3. die Regelungen sind nicht zuletzt durch Berücksichtigung des Einzelfalls unnötig kompliziert,
4. die innere Standardisierung mit einheitlichen Rechtsgrundsätzen wird nicht beachtet,
5. auch die „Verfeinerungen" der Rechtsprechung tragen zu steigender Kompliziertheit bei.

Zu jedem Gesetz kommen Ausführungsbestimmungen, Kommentare, Urteile und eine üppige Fachliteratur mit Empfehlungen, Warnungen und Beurteilungen. Damit beschäftigen sich die Betroffenen und die Kompliziertheit verunsichert sie. Zweifelsfälle werden in Schulungen diskutiert und beurteilt. Dabei überlagern sich zu allem Überfluss noch die Regelungen der Gemeinden, der Länder, des Bundes und neuerdings der Europäischen Union, und nicht selten gibt es Widersprüche.

Die Rahmenbedingungen müssten zum langfristigen Vorteil des Souveräns genau die gegenteiligen Anreize geben. Hohe Kompliziertheit von Regelungen beklagt man in Deutschland seit Jahrzehnten auf fast allen Gebieten, ob im Steuer-, Umwelt-, Bau-, Wohnungs-, Miet-, Stiftungsrecht, im Gesundheitswesen etc. Die Vielzahl gutgemeinter komplizierter Regelungen überblicken selbst die Spezialisten nicht mehr. Da der Bürger in den meisten Fällen die Gesetze gar nicht mehr kennt, ist selbst bei rechtstreuer Einstellung die Gefahr gegeben, dass er mit ihnen in Konflikt gerät. Die Nation beschäftigt sich mehr und mehr wertvernichtend mit unnötigen Problemen, die die Wettbewerbsfähigkeit und Lebensqualität beeinträchtigen.

Diese Problematik ist sowohl in der EU als auch in Deutschland mittlerweile erkannt. Nahezu alle Parteien wollen einen Bürokratieabbau. Aber immer wieder werden zu komplizierte Gesetze insbesondere im fehlentwickelten Steuerrecht verabschiedet: Sie bürden den Bürgern und den Betrieben zusätzliche Lasten auf. Fast 30 Gesetze regeln das Arbeitsrecht wie das Arbeitsgerichts-, Kündigungsschutz-, Teilzeit-, Mitbestimmungs- oder das Allgemeine Gleichbehandlungsgesetz. Seit Jahrzehnten soll dieser Komplex einheitlich kodifiziert werden. Statt zu vereinfachen, wurde immer wieder geändert und ergänzt.

Auch die Zahl der Gesetze stieg noch weiter an. Die Kräfte, die auf die Politik einwirken und weitere Gesetze durchsetzen, sind offensichtlich stärker. Der Staat reduziert so immer mehr die Freiheit, wobei er den Einzelfall gar nicht berücksichtigen kann und oft mit dem Recht neues Unrecht schafft. Die heutigen Rahmenbedingungen sind die Ursache für die zunehmende Belastung durch Kompliziertheit.

Die Arbeitsgruppe „Bürokratieabbau" zählte alleine für den Bund 894 Behörden und Institutionen, 2.100 Gesetze mit 47.200 Einzelvorschriften in Paragraphenform und 3.100 Rechtsverordnungen mit weiteren 40.000 Einzelvorschriften.[7] Nicht enthalten ist das Regelwerk der EU und der Länder. Das Land Hamburg erarbeitete ein bereinigtes Werk der „Hamburgischen Gesetze und Verordnungen", in dem 1.000 zum Großteil sinnlose oder überflüssige Vorschriften aufgeführt sind.[8] Welcher Parlamentarier oder Ministerialbeamte kann da noch einen Überblick be-

---

[7] Arbeitsbericht vom 15.08.05 der Arbeitsgruppe Bürokratieabbau, ferner Jutta Thormann, Bürokratieabbau – Zum Jagen tragen. IHK Hamburg, Hamburger Wirtschaft Januar 2005 sowie ASU, Berlin: Nachhaltiger Bürokratieabbau in Deutschland. Konzeption für eine Generallösung oder Bundesministerium des Innern. Seit 1999 wurden 89 Stammgesetze und 446 Rechtsverordnungen aufgehoben: „...Auf eine kleine Anfrage der FDP (15/1391) wird die Anzahl der im gleichen Zeitraum erlassenen 'ändernden Verordnungen' mit 1208 und die Zahl neuer Stammverordnungen mit 624 angegeben."
[8] N. Sieveling, „Vorschriften und Auflagen werden entrümpelt", www.welt.de/data/2003/07/11/132209.html

halten? Diese Kompliziertheit schafft viele ungewollte Schlupflöcher für eine gut beratene Klientel. Sollen Gesetze geändert werden, so gibt es Widerstand von allen, die ihre Vorteile verlieren. Die alte Erkenntnis Laotses und Montesquieus, kein Gesetz zu machen, wenn es nicht zwingend notwendig sei, dürfte auf den Erfahrungen beruhen, dass der Bürger besser entscheidet als die sachferne Regierung und bestätigt die Erfahrungen in den Unternehmen.

Die Arbeitsgruppe „Bürokratieabbau" hat festgestellt, dass seit 1998 ca. 1.000 weitere Gesetze und Verordnungen entstanden sind. Das „Allgemeine Gleichbehandlungsgesetz" wird die Reibungskonflikte und den Anreiz zum Missbrauch weiter steigern. Das läuft dem Ziel der Vereinfachung entgegen! Die hier vorgesehene Beweislastumkehr setzt voraus, dass zusätzliches Personal bei den Gesprächen alle relevanten Vorgänge dokumentiert. Das erfordert eine Archivierung der Unterlagen über Monate und Jahre. Zusätzliche Komplikationen belasten das ohnehin unüberschaubare Regelungsgestrüpp des Arbeitsrechtes. Die Bürger hätten erwarten dürfen, dass wirtschaftliche Auswirkungen, insbesondere nach den Bemühungen um Bürokratieabbau und nach den Lissabon-Beschlüssen, bei jedem neuen Gesetz Berücksichtigung finden. Was ist eine politische Willenserklärung wert, wenn neue Gesetze vom Ziel wegführen?

Die EU beschloss im Oktober 2005 als eines ihrer wichtigsten Vorhaben, 222 Gesetze oder Gesetzesteile in großem Umfang zu streichen, zusammenzufassen oder klarer zu formulieren, aber schon bald schien es nicht mehr möglich, diesen Plan zu realisieren.[9] Wie in einem alten Unternehmen mit ausuferndem Programm ist es heute für das Wachstum wichtiger, den Gesetzeswust zu bereinigen und zu vereinfachen, als neue Gesetze zu verabschieden.

Aufgrund der Unüberschaubarkeit entstehen nicht selten Regelungen, die sich gegenseitig aufheben. Die Vielzahl der Arbeitsgruppen lassen sich wegen der Kompliziertheit kaum noch koordinieren. Einerseits wollen Regierungen mehr Arbeitsplätze in der gewerblichen Wirtschaft schaffen und fördern mit einer Vielzahl von Aktivitäten den Umsatz und die Einstellung neuer Mitarbeiter, andererseits schwächen deren Entscheidungen die Wettbewerbsfähigkeit und machen den Unternehmen Schwierigkeiten, Mitarbeiter einzustellen.

Seit 1975 belegt das Fraser Institut „Economic Freedom of the World" (Vancouver): Mit staatlichem Dirigismus lässt sich weder Wettbewerbsstärke noch Wohlstand erzwingen. Im Gegenteil: Er senkt Wohlstand und Lebensqualität. Wie ist es möglich, dass Regierungen trotz ihrer vielen intelligenten Berater nicht in der Lage waren, solche Hemmnisse für die Leistungsfähigkeit zu verhindern? Auch sollte

---

[9] „Bürokratieabbau in Europa kommt nicht voran", FAZ 23.01.07

der gescheiterte Interventionismus und Subventionismus der Weimarer Republik eine Mahnung sein.

Manche Gesetze sind für die Zukunft wichtig oder führen zu neuen industriellen Tätigkeiten, sind also werterhöhend. Dazu gehören beispielsweise die Umweltschutzgesetze. Hier ist es volkswirtschaftlich sinnvoll, den zusätzlichen Aufwand hinzunehmen, weil sie nicht nur wichtig für die Gesundheit und Lebensqualität. Es entstehen auch neue Unternehmen und Arbeitsplätze. Aber der Gesetzgeber muss trotzdem beachten, dass die Vorschriften so gestaltet sind, dass das Ziel unter möglichst einfachen Bedingungen erreicht wird, um die Wettbewerbsfähigkeit dieser neuen Industrie nicht unnötig zu schmälern.

Gesetze, Behörden, Rechtsprechung und Rechtsvollzug bringen Sicherheit, ordnen das Zusammenleben und tragen bei konsequenter Umsetzung zum Nutzen für den Bürger bei. Damit wirken Gesetze zunächst grundsätzlich werterhöhend und steigern die Lebensqualität, auch wenn die Umsetzung mit einem großen Aufwand verbunden ist. Die Regelungen können aber einen Punkt erreichen, an dem der volkswirtschaftliche Werteverzehr die Wertschöpfung überschreitet. Die wesentlichen Gründe sind:

1. Die Vielfalt der Gesetze wird unnötig erhöht,
2. der Detaillierungsgrad geht unnötig weit,
3. dieselben Tatbestände sind in mehreren Gesetzen geregelt,
4. die Vorschriften sind unnötig kompliziert,
5. die Rechtsordnungen einzelner Rechtsgebiete arbeiten mit verschiedenen Begriffen und Auslegungen und
6. die Zahl der durch die Gesetze Betroffenen ist unnötig breit ausgelegt.

Alle Regelungen, die zu einer kräftebindenden, nicht wertschöpfenden oder sogar wertvernichtenden Arbeit führen, verkürzen die verfügbare Zeit für produktive Arbeit, führen zu einem Verzicht auf Wertschöpfung und lenken die Kreativität in eine unwirtschaftliche Richtung. Je detaillierter die Gesetze, desto häufiger sind die Ausnahmen, umso mehr steigt die Kompliziertheit. Führt uns die Administration und zunehmende Regelungsdichte nicht in ähnliche Freiheitsbegrenzungen, wie sie in autoritären Gesellschaftsordnungen bestanden?[10]

Zu oft werden Gerichtsentscheidungen aufgehoben, die selbst über zwei Instanzen eindeutig waren. Das macht auch gut ausgebildete Bürger ratlos. Je höher die Kompliziertheit der Gesetze, umso unsicherer wird der Souverän, umso größer werden die Gesetzeslücken, die gut beratene Bürger nutzen können. Folglich führt eine hohe Kompliziertheit eher zu mehr Ungerechtigkeit, und der Bürger sucht

---

[10] Vgl. dazu auch Friedman (1983)

verstärkt nach eigenen Vorteilen. Das Optimum für jede wirtschaftliche Organisation liegt in einer überschaubaren, verständlich festgelegten Ordnung mit sorgfältig durchdachten Vorschriften, die die Freiheit der Einzelnen nur da einschränkt, wo es für die Gemeinschaft wichtig ist. Die Kunst der Führung liegt darin, alles Wichtige so einfach wie möglich zu regeln.

3.3 Belastung durch Administration und große Verwaltungen

Auch wenn sich unter dem heutigen Druck des Wettbewerbs kaum noch ein ähnliches Beispiel wie das aus den 60er Jahren finden lässt, ist es doch lehrreich:

In einem Unternehmen wurde zwar ein Führungshandbuch als Unternehmensgesetz für die Gesellschaft erstellt, aber die verschiedenen Vorstände gaben im Laufe der Zeit, wenn irgendein Vorfall dazu Anlass gab, immer neue Richtlinien in Aktenvermerken heraus. Entdeckte man einen Diebstahl, so ordneten sie an, was alles zu kontrollieren war und wer die Aufgaben zu übernehmen hatte. Man fragte nicht, ob der Aufwand höher lag als der durchschnittliche Verlust. Aufgrund falscher Reisekostenabrechnungen bestimmte die Führung, dass mehr Nachweise erbracht werden mussten. Kam es zu einer personellen Fehlbesetzung, so ordnete sie im ganzen Haus mehr Personalbeurteilungsgespräche mit entsprechenden Unterlagen und hohem Aufwand an etc. Anstatt einfache und überschaubare Verhaltensrichtlinien vorzugeben, wurde das Unternehmenshandbuch ständig ergänzt, modifiziert und unterschiedlich interpretiert, so dass die Mitarbeiter schließlich nur noch schwer erkannten, was die Führung wollte. Man konzentrierte sich immer weniger auf die Kernaufgaben. Die Beschäftigung mit sich selbst wuchs, die Motivation sank. Das Unternehmen kam im Laufe der Jahrzehnte in die Krise und die Eigentümer verloren es.

Erinnert das Verhalten dieser Unternehmensführung nicht an das Vorgehen bei der heutigen Gesetzgebung?

Jede Zentralisierung geht von der Überlegung aus, dass eine höhere Stelle besser in der Lage ist, über bestimmte Sachverhalte zu entscheiden und den Tatbestand objektiver zu sehen. Gerade das Gegenteil ist normalerweise der Fall, weil marktferne und große Verwaltungen die Abläufe komplizieren und den Entscheidungsprozess verlangsamen. Die Ferne zum Problem kann nicht alle Situationen berücksichtigen.

Eine „Misstrauensorganisation" wird stets als demotivierende Freiheitsbeschneidung bzw. Bevormundung empfunden und führt oft zu „innerer Kündigung". Die Zwänge des Wettbewerbs brachten schon Mitte des 20. Jahrhunderts in den Unternehmen die Erkenntnis, dass eine starke Administration dem Erfolg schadet und Verantwortung delegiert werden muss.[11] Wegen der späten Stufe der Hierarchie der Wettbewerbszwänge wuchs diese Erkenntnis erst 50 Jahre später bei der öffentlichen Hand.

Die Industrie führte zur Leistungssteigerung und Motivation die „Vertrauensorganisation" ein: verselbständigte Teile als eigenständige Unternehmen, Divisionen, Sparten oder Geschäftsfelder und Profit-Center. Das vereinfachte und machte stärker, auch wenn sich die Risiken gering erhöhten. Gut geführte Industriebetriebe vereinfachen ihre Abläufe und arbeiten mit einer möglichst kleinen und effizienten Verwaltung. Sie bekämpfen den Automatismus zunehmender Administration. Eine knappe Personalbesetzung in der Verwaltung erzwingt eine Konzentration auf die wesentlichen Arbeiten. Die ganze praktische Erkenntnis und Weisheit eines langjährig erfolgreichen Mittelständlers zeigt sich in seinem Ausspruch: „Es klappt immer am besten, wenn man einige Leute zu wenig hat."

Manchmal waren früher mehr als 20 % der Mitarbeiter in der Verwaltung oder mehr als 10 % in Holding-Gesellschaften tätig. Heute liegt der Anteil aller Verwaltungsstellen in wirtschaftlich geführten Produktionsunternehmen bei circa fünf bis acht Prozent und in Holdinggesellschaften nicht selten bei weniger als 0,2 Prozent des Gesamtpersonals, was nur durch stärkere Delegation und mehr Freiheit möglich wurde. Wenn sich einst von 21.000 Beschäftigten in den Bonner Ministerien etwa 40 Prozent mit Organisation, Personal und Allgemeiner Verwaltung befassten,[12] so erklärt dies die Ineffizienz und die Neigung zur Blockade kleinster Veränderungen. Eine wertschöpfende Verwaltung schafft mit fast allen Mitarbeitern einen Zusatznutzen. Vor allem die Behörden in den Entwicklungsländern arbeiten aufgrund eines absoluten Obrigkeitsprinzips so ungünstig, dass dies ganze Volkswirtschaften entscheidend behindert.

Die industriellen Erfahrungen zeigen also, dass eine zu große Verwaltung im Unternehmen und in der Nation entscheidende Nachteile für die Wettbewerbsfähigkeit mit sich bringt:

1. Sie belastet mit Kosten,
2. sie schafft eine große Regelungsdichte, was den Wertschöpfungsprozess erschwert und die Freiheit und Motivation senkt,
3. sie lenkt die Kreativität der wertschöpfenden Stellen in Richtung auf die Verteidigung gegen eine lästige Administration,
4. die Orientierung ändert sich: Kundenbeziehungen, Entwicklung neuer Produkte und alles, was langfristig die Wettbewerbsposition absichert, tritt zurück und
5. verkleinert letztlich den verteilbaren „Kuchen"[13].

---

[11] Höhn (1970) ferner Höhn und Böhme (1979)
[12] www.spiegel.de/static/spon1996/magazin/deut02.html
[13] Vgl. auch Buchanan (1984)

Nun ist die öffentliche Hand aus wirtschaftlicher Sicht letztlich nichts anderes als die Verwaltung oder eine Holding einer Nation, und es macht Sinn, ihren Anteil am gesamten produzierenden Gewerbe zu messen, auch wenn die Aufgaben vielfach nicht vergleichbar sind. Auch die Väter des Grundgesetzes legten fest, dass die öffentliche Hand zur Wirtschaftlichkeit verpflichtet ist. Aber die Erfahrung mit Vorschriften in den Unternehmen zeigt, dass sie nur eine schwache Wirkung entfalten, wenn sie nicht durch die Egologik gestützt werden.

Man könnte argumentieren, dass Indien trotz aufgeblähter Verwaltung, Bürokratie und Korruption hohe Wachstumsraten vorlegt. Aber es erkauft dieses Wachstum für ein intelligentes Volk mit niedrigsten Löhnen, um die Nachteile einer hemmenden und kostenträchtigen Verwaltung auszugleichen. Mit steigenden Löhnen würde das Wachstum gebremst, wenn die Regierung diese Hemmnisse nicht beseitigt.

Wachsende Organisationen lassen sich leicht teilen, aber nur schwer wieder straffen. Mit den Schnittstellen einer zergliederten Verwaltung steigt die Kompliziertheit, entstehen Reibungsverluste, steigen die Kosten, und der Ablauf wird langsamer. Solche komplizierten Organisationen behindern sich selbst und ihre „Kunden".

Nachdem ein Geschäft für Wohnzubehör ausgezogen ist, soll ein Delikatessen- und Weingeschäft eröffnet werden. Der neue Unternehmer spricht zunächst mit dem Stadtmarketing, das einen Termin für die Präsentation der Geschäftsidee vereinbart. Die Idee kommt sehr gut an, da sie ideal zu dem Standort passt. Der informierte Oberbürgermeister ist ebenfalls angetan und unterstützt die Gründung. So findet ein nächstes Gespräch mit dem Ordnungsamt statt, das eine Nutzungsänderung für erforderlich hält. Das Amt für Bauordnung verlangt für die Nutzungsänderung in dem sehr alten Gebäude einen kostenpflichtigen Lageplan, den das Amt für Vermessung erstellt. Nach über drei Monaten kann der Firmengründer den Antrag abgeben. Wegen des Verkaufs von Olivenöl, das er im Geschäft abfüllen will, schaltet sich das Kreisveterinäramt ein, das innerhalb weniger Tage die Genehmigung erteilt mit der Auflage, dass der Produktweg lückenlos dokumentiert werden muss. Die Änderung der Markisenbeschriftung des Vorgängers für das neue Geschäft erfordert eine Nutzungsänderung. Dazu ist ein formloses Schreiben mit Aufzählung der Maßnahmen und Produkte erforderlich.

Für den Weinverkauf möchte der Unternehmer ein besonderes Marketingkonzept mit Weinverkostungen durchführen. Das bereitet Schwierigkeiten, da keine gaststättenrechtliche Genehmigung vorliegt. Die nach zwei Monaten erfolgte Entscheidung begrenzt die Marketingaktivitäten. Sie sieht vor, dass maximal zehnmal im Jahr solche Weinverkostungen erfolgen dürfen und jede gebührenpflichtig zu beantragen ist. Vor dem Geschäft soll eine Werbetafel aufgestellt werden. Dafür ist ebenfalls beim Amt für Bauordnung eine Nutzungsänderung erforderlich, die es gegen eine laufende Gebühr genehmigt. Schließlich erteilt das Gesundheitsamt eine Bescheinigung nach dem Infektionsschutzgesetz und gibt eine Belehrung wegen des Vertriebs von Lebensmitteln.

Obwohl sich alle Behördenvertreter bemühten zu helfen, dauerte es sechs Monate, bis der Jungunternehmer erkannte, das Geschäft eröffnen konnte. In dieser Zeit hat er nicht selten daran gedacht, seinen Plan aufzugeben.

Wer ein Denkmal saniert, kämpft mit ähnlichen Problemen: Neben dem Denkmalamt muss er mit dem Ordnungsamt, Bauordnungsamt, Gewerbeaufsichtsamt, dem Amt für Stadterneuerung, der Feuerwehr etc. verhandeln, die oft gegensätzliche Anforderungen stellen. Die Hemmnisse liegen in der komplizierten Organisation, den unterschiedlichen Zielen der Abteilungen und der zu hohen Zahl genehmigungspflichtiger Vorgänge. In gut geführten Unternehmen gibt es den Grundsatz: „One face to the customer". Ein einziger Gesprächspartner klärt intern alles für den Kunden. Warum kann nicht auch bei der öffentlichen Hand eine maßgebende Person oder Abteilung, die alle für den Außenstehenden komplizierten Schritte kennt, für den Bürger alle Abklärungen übernehmen?

Es gibt verschiedene Gründe für das Wachstum von Verwaltungen: Steigende Transferleistungen, neue Gesetze und zunehmende Kompliziertheit, nicht zuletzt durch die EU-Maschinerie, brachten weitere Aufgaben für die Behörden und erforderten mehr Mitarbeiter. Zusätzlich wirkte die bereits von Parkinson in den 50er Jahren des vorigen Jahrhunderts beschriebene Automatik zur Selbstbeschäftigung, wenn wirtschaftliche Anreize, Zwänge oder Ziele fehlen. Gibt es auch noch zu große Gremien und zu starke Rücksichtnahme auf Lobbyisten, so wuchern die unproduktiven Abteilungen, selbst wenn die Vorschriften zur Wirtschaftlichkeit auffordern. Es scheint nach industrieller Erfahrung undenkbar, dass der Verwaltungsrat der Bundesanstalt für Arbeit mit 51 Mitgliedern noch wirtschaftlich sinnvoll entscheiden konnte. Im Jahre 2002 wurde er auf 21 Mitglieder verkleinert. Auch diese Größe ist unter Wettbewerbsbedingungen wenig geeignet.

Wertvernichtende Administration wird z. B. geschaffen, wenn man per Gesetz die Zahl der notwendigen Abrechnungen erheblich erhöht. Aus einem jährlichen Zahlungs- und Verbuchungsvorgang für den einzelnen Bürger werden unter Umständen mehrere hundert gemacht.

Vielfach diskutieren Politiker die Frage, ob es nicht besser wäre, Autobahnen wegen der Gerechtigkeit zu privatisieren, wie dies bereits in einigen Ländern geschehen ist. Die Unterhaltung und Pflege der Straßen und Autobahnen ist eigentlich eine typisch hoheitliche Aufgabe. Der Autobahnbetreiber erhält eine monopolistische Stellung. Dadurch sieht der Staat sich wiederum genötigt, die Preise zu kontrollieren. Die Gesamtzahl der Mitarbeiter, die sich bei der staatlichen Lösung mit dem Abkassieren und der Verwaltung von Gebühren befasst, bildet eine wertvernichtende Administration, weil ihre Arbeit keinen Zusatznutzen bringt. Auch die damit verbundenen Investitionen für Zahlstellen und zuführende Straßen sind im Sinne einer Wertschöpfung volkswirtschaftlich fehlinvestiert, weil sie bei Autobahnen ohne Gebühr entfallen könnten. Zusätzlich belasten der Zeitverlust sowie der Ärger der Reisenden und das Abrechnen der Zahlungen in den Betrieben. Milliarden Belege werden produziert.

In Deutschland ist die öffentliche Hand durch Gesetz zur Wirtschaftlichkeit verpflichtet, aber es zeigen sich dieselben Erfahrungen, die man mit nicht wettbewerbsabhängigen Abteilungen von Großbetrieben machte: Mit Vorschriften lässt sich nur eine begrenzte Wirkung erzielen, wenn sie der Egologik widersprechen. Die fundamentalen Kräfte arbeiten dagegen. Die Kreativität wird bei Anordnungen eher dazu benutzt, im kritischen Fall zu beweisen, dass man nicht anders handeln konnte und den Entscheider keine Schuld an der Fehlentwicklung trifft. Der Einzelne arbeitet normalerweise viel intensiver an der Lösung von Problemen, wenn sein eigenes Einkommen davon abhängt.

Aufgrund fehlender Finanzen kommt es in Deutschland oft zu der Anweisung, dass kein Personal eingestellt werden darf oder sogar abgebaut werden muss. Trotzdem bürdet die Politik nicht selten durch neue Gesetze den Behörden und Vorschriften zusätzliche Aufgaben auf. Die Mitarbeiter der öffentlichen Hand kommen durch diesen Widerspruch unter starken Druck. Sie können in diesem Fall das Problem nur auf Kosten der Bürger lösen, indem sie die Bearbeitungszeiten verlängern oder Arbeiten auf die Bürger und die Wirtschaft verlagern. Diese Zwänge führen nur begrenzt zu einer wirklich wirtschaftlichen Orientierung.

Bei Rahmenbedingungen, in denen die Egologik unwirtschaftlich ausgerichtet ist, es keine Existenzgefährdung gibt und nicht einmal eine Strafe zu erwarten ist, sehen die Betroffenen normalerweise selbst bei nachweisbarer hoher Unwirtschaftlichkeit keine Notwendigkeit zu rationalisieren bzw. die Ausgaben zu senken. Gewinnt darüber hinaus die Stellung eines leitenden Mitarbeiters mit zunehmender Unwirtschaftlichkeit noch an Bedeutung, so ist der Anreiz der Egologik, sich unwirtschaftlich zu verhalten, zwangsläufig groß. Die Unwirtschaftlichkeit ist systemimmanent. Abhilfemaßnahmen, zum Beispiel über die Budgetierung der Ausgaben, verhindern den Trend kaum, sie verzögern ihn nur. Die Kontrolle durch die Wähler wirkt nur sehr begrenzt, da sie normalerweise die Zusammenhänge nicht durchschauen können.

3.4   Die Umsetzung von Gesetzen bindet Kapazität

Die Umsetzung eines neuen oder geänderten Gesetzes belastet die Volkswirtschaft vierfach:

1. Der betroffene Bürger muss sich mit neuen Gesetzen oder Gesetzesänderungen vertraut machen,
2. diese notwendige Zeit für die erste Information und Auslegung geht für produktive Aufgaben verloren (Produktivitätsverzicht),
3. es entsteht Aufwand für die Erfüllung der laufenden gesetzlichen Aufgaben,
4. damit ist ebenfalls ein Produktivitätsverzicht verbunden.

In jedem Fall sind die Manager in den Unternehmen verpflichtet, bei allen wichtigen Entscheidungen die Gesetzeslage zu diskutieren und zu beachten. Sie müssen sich durch Berater auf dem Laufenden halten. Wer über mehrere Jahrzehnte einen Mittelständler oder ein kleineres Unternehmen führte, musste erfahren, wie zunehmende Eingriffe die Aktivität bremsen. Sehr große Unternehmen bewältigen diese Schwierigkeit, indem stets Spezialisten in den Sitzungen anwesend sind.

Dem Kleinunternehmer und Mittelständler ohne Spezialisten fällt es besonders schwer, alle ihn betreffenden Gesetze laufend zu beachten, sich ständig eine Übersicht durch Nachlesen zu verschaffen sowie sich im Hinblick auf die Gesetzes- und Rechtsprechungsänderungen weiterzubilden. Würde er so handeln, hätte er für seine eigentlichen unternehmerischen Aufgaben dann kaum noch Zeit. Folglich lebt er mit dem Risiko, ungewollt Vorschriften zu verletzen. Auch Berater, die nicht bei allen Entscheidungen anwesend sein können, nützen nichts, wenn die Entscheider nicht erkennen, dass es ein Gesetz oder eine Vorschrift gibt, die den Sachverhalt berührt. Vor Gericht gilt der Grundsatz: Unwissen schützt nicht vor Strafe.

Die Routinearbeiten nehmen im Mittelstand den weitaus größten Teil der Tagesarbeit ein: Gespräche mit Kunden, Mitarbeitern, Behörden, Betriebsrat, Schlichtung von Streitigkeiten, Motivation der Mitarbeiter, eingehende Post und Korrespondenz lesen, ausgehende Post diktieren oder selbst schreiben, Reisen, Verbandsarbeit etc.. Unterstellen wir einmal, dass die Führung für diese Routinen etwa 90 % der Tageszeit benötigt, so bleiben ihr nur 10 % ihrer Zeit, sich mit Konzepten und Zukunftsaufgaben zu befassen. Unterstellen wir weiter, dass ein neues Gesetz bei dem Betroffenen zwischen 0,1 und fünf Prozent der freien Zeit beansprucht, wenn er sich pflichtgemäß mit dem Gesetz befasst. Liegt der Durchschnitt auch nur bei etwa einem Prozentpunkt, dann erkennt man, wie die steigende Zahl der Gesetze zunehmend belastet, sehr schnell seine flexible Zeit ausschöpft und sogar die Routinezeit beansprucht. Dann würde der Unternehmer ab einer bestimmten Zahl von Gesetzen keiner konzeptionellen Tätigkeit mehr nachgehen können. Erst im Streitfalle erkennt er sein fehlerhaftes Verhalten. Je mehr er gezwungen wird, sich mit den detaillierten Vorschriften zu beschäftigen, umso mehr leidet sein Geschäft.

Der DIHK schätzte z. B., dass allein die Statistik- und Dokumentationspflichten in den Unternehmen im Jahre 2006 Kosten von etwa 80 Mrd. € verursachten. Noch mehr dürfte der Produktivitätsverzicht belasten. Vielfach wird der Rahmen durch den Gesetzgeber unnötig breit gesteckt, so dass sich zu viele Personen und Firmen damit auseinandersetzen müssen. Der Aufwand steigt jeweils mit der Zahl der Betroffenen.

Die Probleme für die Wettbewerbsfähigkeit blieben über Jahrzehnte unbeachtet. In Deutschland wurde inzwischen ein Normenkontrollrat (NKR) geschaffen, der seit Dezember 2006 nach dem Vorbild der erfolgreichen niederländischen Regelung die Kosten vor der Verabschiedung neuer Gesetze schätzt, wie den laufenden Aufwand der öffentlichen Hand, des produzierenden Gewerbes, der Dienstleistungsbetriebe sowie der Verbände. Er ermittelt die Häufigkeit und die Zeit des bürokratischen Aufwandes und multipliziert das Ergebnis mit den durchschnittlichen Lohnkosten. Seine Arbeit eröffnet Chancen für die Verbesserung der Wettbewerbsfähigkeit. Es wird sich zeigen, inwieweit die Bundesregierung bei den gegebenen Rahmenbedingungen den Empfehlungen folgt. Leider überprüft der NKR nur Gesetzentwürfe, die die Regierung einbringt,[14] aber nicht die der Fraktionen und bestehende Gesetze. Die Kontrollaufgabe müssten aus Gründen der Egologik neutrale Mitarbeiter übernehmen, aber nicht diejenigen, die die Gesetzesvorlagen vorbereiten und damit ihre „eigenen Kinder" beurteilen. Die vorbereitenden Beamten sollten im Rat gehört werden (Argumentationsrecht), aber kein Stimmrecht haben.

3.5 Reibungsverluste und inkonsequente Gewaltenteilung

Empfindet eine breite betroffene Bevölkerungsschicht die Gesetze als unüberschaubar, so ruft dies unfruchtbare Diskussionen, Unsicherheit und Widerstand hervor. Es entstehen Reibungsverluste, und im Laufe der Zeit vergrößert sich die innere Administration. Die Vorschriften oder die Gesetze sind schwerer durchsetzbar. Anstatt sie zurückzunehmen oder zu modifizieren, verschärft manche Regierung die Strafen und Kontrollen. Sie erlässt Ausführungsbestimmungen oder schafft neue Organisationen, um die Durchführung zu kontrollieren. Viele Bürger suchen nach Wegen, um dem Druck auszuweichen. So wird Kreativität

---

[14] Vgl. Focus 5/2007, S.27, „Bürokratie. Kastrierter Hund"

fehlgelenkt. Der Staat ergreift weitere Maßnahmen, um den Ausweichprozess abzufangen. Wieder reagiert der Bürger, und die Reibungskonflikte und inneren Widerstände schwächen mehr und mehr die Volkswirtschaft. Die Ursachen werden jedoch meist nicht beseitigt. In einem solchen Umfeld werden Kreativität und Arbeitskraft wertvernichtend verschwendet, die Lebensqualität der Bürger sinkt.[15] Es entsteht mehr und mehr ein sozial-bürokratischer Interventionismus, verbunden mit zunehmender „innerer Kündigung". Diese Bedingungen mindern die Chance eines Hochlohnlandes, sich erfolgreich im globalen Wettbewerb zu behaupten.

Es steigert die Reibungskonflikte und das Misstrauen, wenn Urteile höchster Gerichte von Ministerien nur sehr zögerlich beachtet werden, wie dies vor allem im Steuerrecht immer wieder geschieht. Unliebsame Entscheidungen korrigieren Ministerien durch eine Gesetzesänderung (Nichtanwendungsgesetze) oder durch Nichtanwendungserlasse, die die Behörden anweisen, die richterliche Entscheidung nur auf den speziellen Fall anzuwenden. Das zeigt: Für den zuständigen Minister stehen die eigenen Probleme bzw. die ihres Berufes im Vordergrund. Der Artikel 20 des Grundgesetzes[16] wird verletzt.

Nach den Sonderbedarfs-Bundesergänzungszuweisungen dürfen Solidarpaktgelder nur für Aufbaumaßnahmen, also für Investitionen, verwendet werden. Sie werden aber seit Jahren für Löhne und Gehälter und den Schuldendienst verwendet. Vielfach wurde die Goldene Regel des Grundgesetzes nach Artikel 115[17] verletzt, und auch der Stabilitätspakt wurde nicht eingehalten.

Sind nicht an die vom Souverän gewählten Vertreter, die mit viel Macht ausgestattet wurden, besonders hohe Anforderungen zu stellen? Steht der „Fürst" immer noch über dem Gesetz? Wie weit dürfen solche Gesetzesübertretungen ungestraft gehen? Der Volksmund sagt zu Recht: Wehret den Anfängen. – Wie unmenschlich hart richteten noch 1355 die venezianischen Gerichte, als sie den auf Lebenszeit gewählten Dogen Marino Faliero wegen Vergehens gegen die Verfassung enthaup-

---

[15] Reutner (1991) S. 202ff. und 236ff.

[16] Alle Staatsgewalt geht vom Volke aus. (2) Sie wird vom Volke in Wahlen und Abstimmungen und durch besondere Organe der Gesetzgebung, der vollziehenden Gewalt und der Rechtsprechung ausgeübt.(3) Die Gesetzgebung ist an die verfassungsmäßige Ordnung, die vollziehende Gewalt und die Rechtsprechung sind an Gesetz und Recht gebunden.(4) Gegen jeden, der es unternimmt, diese Ordnung zu beseitigen, haben alle Deutschen das Recht zum Widerstand, wenn andere Abhilfe nicht möglich ist.

[17] 15(Kreditbeschaffung) (1) Die Aufnahme von Krediten sowie die Übernahme von Bürgschaften, Garantien oder sonstigen Gewährleistungen, die zu Ausgaben in künftigen Rechnungsjahren führen können (R), bedürfen einer der Höhe nach bestimmten oder bestimmbaren Ermächtigung durch Bundesgesetz.
2aDie Einnahmen aus Krediten dürfen die Summe der im Haushaltsplan veranschlagten Ausgaben für Investitionen nicht überschreiten;
2bAusnahmen sind nur zulässig zur Abwehr einer Störung des gesamtwirtschaftlichen Gleichgewichts.

ten ließen.[18] Es steht jeder Regierung frei, auf eine Gesetzesänderung hinzuwirken, aber solange ein Gesetz besteht, muss es für jeden gelten.

Jede Organisation mit zu vielen Interventionen, zu viel Kompliziertheit und Reibungsverlusten beschäftigt zu viele Menschen mit unproduktiver „innerer" Administration und muss am Ende wirtschaftlich verlieren. Die belasteten Bürger leiden. Wirtschaftlich sind vor allem kleinere und mittlere Unternehmer betroffen. Bei ihnen legen sich die Kosten auf eine kleinere Basis um. Wehe dem, der eigene wirtschaftliche Aktivitäten entfaltet, z.B. investiert, eine Firma gründet oder Arbeitsplätze schafft. Er ist überrascht, wie viele Hemmnisse es gibt und wie viele Vorschriften zu beachten sind.

3.6 Nachlassende Einsatzbereitschaft und wachsende Ansprüche

Die meisten Menschen sind auf Leistung programmiert.[19] Leistung und Lust sind eng verbunden. Freizeit ohne Leistung führt zu Frust. Das lässt sich vor allem an der arbeitslosen Jugend beobachten. Administration und Misstrauensorganisation strapazieren den Leistungswillen.

Mitarbeiter erfolgreicher Unternehmen sind meistens stolz auf ihren Arbeitgeber: „Wir gehören zu den Spitzenfirmen" oder „Auf unsere Leistung können wir stolz sein". Diese Einstellungen fördern die Motivation, beinhalten aber Gefahren, wenn Stolz auf die eigene Leistung zur Selbstüberschätzung führt. Erfolgreiche Organisationen zeigen den Trend, dass Lernbereitschaft und Wachsamkeit erlahmen, wenn die Führung nicht ständig gegensteuert und ständig anspornende Anregungen gibt. Der Rat der Kunden verliert an Bedeutung. Das ständige Streben nach Verbesserung tritt zurück. Viele Spitzenunternehmen verloren deshalb ihre starke Position. Motivierte Spitzenkräfte ringen laufend um bessere Lösungen. Geht etwas nicht, so experimentieren sie weiter. Erst diese Hartnäckigkeit führt zu Innovationen und Erfolg. „Ohne Fleiß kein Preis", sagt der Volksmund zu Recht.

Kinder, deren Eltern alles grundsätzlich bezahlen, lernen trotz Ermahnungen normalerweise nicht, sparsam zu sein. Ihre Kreativität wird vom produktiven Leistungsbeitrag abgelenkt und orientiert sich darauf, möglichst noch mehr Unterstützung zu erhalten. Wenn die Gemeinschaft für vieles aufkommt, wirkt das ähnlich anregend auf Erwachsene. Das Erreichte und Zugesicherte wird zur Selbstverständlichkeit. So ist es kein Wunder, wenn die Forderungen wachsen. Da

---

[18] Vgl. Wikipedia.de/Marino_Faliero
[19] Vgl. Felix von Cube (2006)

sich in der Wohlstandsgesellschaft die Bedürfnisstruktur verändert, unterschätzen die Menschen nach längeren guten Zeiten, mit welchen Anstrengungen frühere Generationen diese vorteilhaften Positionen erkämpften. Wenn der Genuss gegenüber der Pflicht dominiert, geht die Wirtschaftskraft verloren. So ermittelte das Markt- und Meinungsforschungsinstitut Gallup im Jahr 2002, dass nur 15 % der deutschen Arbeitnehmer als engagiert einzustufen sind, 69 % machen Dienst nach Vorschrift und 16 % haben innerlich gekündigt. Den gesamtwirtschaftlichen Schaden schätzte Gallup auf über 220 Mrd. Euro.

Die Neigung zum Neid bestärkt die wachsenden Forderungen an die Regierungen nach Umverteilung.[20] Schon Wilhelm von Humboldt erkannte, dass die meisten Leute sich selbst bloß durch übertriebene Forderungen an das Schicksal unzufrieden machen.[21] Die Neigung zur Bequemlichkeit verstärkt den Trend, das Erreichte zu genießen. „High-Life" zählt mehr als „High-Tech". Dies alles arbeitet mehr oder weniger stark gegen Motivation, Leistungsorientierung und Wettbewerbsfähigkeit. Ohne einen motivierenden Druck nimmt die Leistungskultur mit wachsendem Wohlstand ab.

Von Unternehmerfamilien wird nicht ganz zu Unrecht gesagt: Die erste Generation baut auf, die zweite erhält und die dritte verliert. Es ist auch keine neue Erfahrung, dass einst sehr große, erfolgreiche Publikumsgesellschaften, wie beispielsweise die AEG mit einst 180.000 Mitarbeitern, nach und nach im Wettbewerb Positionen verlieren und schließlich in Liquidation gehen. Ganze Volkswirtschaften verloren ihren Wohlstand. Große Weltreiche wuchsen heran und gingen im Laufe der Jahrhunderte unter. Jeder Abstieg ist ein schmerzhafter Prozess.

In Zukunft verlaufen solche Niedergänge schneller, aber glücklicherweise weniger durch Kriege. Die „Eroberung" verlagert sich vielleicht auf die Einwanderung, aber sicher auf das wirtschaftliche Gebiet. Leistungsprobleme, Unwirtschaftlichkeit, Verschwendung und Disziplinlosigkeit etc. werden im globalen Markt mit wirtschaftlichem Niedergang, Arbeitslosigkeit, sinkendem Wohlstand und sinkender sozialer Leistung bestraft.

3.7   Lernkurven, sinkende Preise und Standortwettbewerb

Die Erfahrungen der Industrie mit differenzierten Produkten zeigen, dass die Kundengewinne umso größer, die durchsetzbaren Preise umso höher sind, je stärker sich die Produkte durch innovativen Kundennutzen von denen der Wettbewer-

---

[20] Vgl. Schoeck (1992) und (1990)
[21] Briefe an eine Freundin, 5.5.1832 und Humboldt (1995)

ber absetzen.[22] Wirtschaftswachstum über Innovationen steigert also die erreichbaren Preise und schafft die Voraussetzung für höhere soziale Leistungen und den Erhalt von teureren Arbeitsplätzen. Dabei zwingt ein gewisser Kostendruck die Wirtschaft zur Entwicklung besserer und günstigerer Produkte und Verfahren. Das sichert Arbeitsplätze auch bei steigenden Belastungen.

Alle Produkte und Techniken haben ihre Zeit, sie haben eine Lebenskurve. Ein einmal erreichter Vorsprung im Produkt oder in der Verfahrenstechnik geht verloren, weil die Wettbewerber alles daran setzen, etwas Gleichwertiges oder Besseres zu bieten. Gute Ideen werden übernommen, und erfolgreiche Produkte werden nachgeahmt. Das treibt den Fortschritt zum Vorteil aller Verbraucher voran, lässt aber auch den hohen Preis der Produkte mit zunehmendem Alter verfallen, was wiederum die Fähigkeit einschränkt, hohe Einkommen zu zahlen.

Ein drastisches Beispiel zeigt die Lebenskurve in der Computerindustrie.

Wurden 2003 für PCs noch durchschnittlich 1014 € erzielt, so waren es 2006 noch 651 € trotz höherer Leistungsfähigkeit. Für Notebooks erzielte man 2003 noch 1530 € und 2006 noch 978 €. Die Prognosen gehen von weiter sinkenden Preisen aus. Man braucht kein Prophet zu sein, um zu erkennen, dass Unternehmen, die nicht hart rationalisieren und die Produkte verbessern, auf der Strecke bleiben.[23]

Die weltweit wachsende Kommunikation und die Internationalisierung der Unternehmen mit Produktionsstandorten in Niedriglohnländern sorgen zusätzlich für einen schnelleren Know-how-Transfer und damit für eine zunehmende Tendenz zur Nivellierung der Vorteile und der Preise. Wenn ein Hochlohnland nicht ständig seinen Innovationsvorsprung erneuert, kommt es darauf an, noch kostengünstiger zu produzieren. So entsteht Druck, Arbeitsplätze abzubauen. Hochlohnländer müssen ständig Leistungen für die Produktentwicklung und Rationalisierung fördern, wenn sie sich im Wettbewerb verteidigen wollen. Jedes Hemmnis bremst die wirtschaftliche Entwicklung und lässt die Nation im globalen Marathonlauf zurückfallen.

---

[22] Porter (2000), S. 34
[23] Vgl. dazu Forum für Wissenschaft, Industrie und Wirtschaft (06.11.03): „Deutscher PC-Markt. Absatzplus kontra Preisverfall. Innovationsreport", sowie Abendblatt (08.03.06): „Preisverfall bei PC".

4 Managementfehler als Ursache für Strukturprobleme

4.1 Falsche Anreize und unwirtschaftlich orientierte Zwänge

Erfolgreiche Unternehmen motivieren ihre Mitarbeiter zu hohem Arbeitseinsatz, indem sie delegieren und weitgehende Entscheidungsfreiheit gewähren. Erst wenn die Ziele und Vorgaben nicht beachtet werden, erhöhen sie die Kontrollen. Sie geben Entfaltungsmöglichkeit, messen das Ergebnis an den Zielen, sorgen für gemeinsames Ringen um klare Ziele und Problemstellungen, vermeiden persönliche Angriffe und Bürokratie. Sie betonen das Positive, fördern Wettbewerbe, Leistungsvergleiche und ehrende Herausstellung der „Sieger", geben Prämien, entwickeln Belohnungssysteme, befördern nach Leistung und errichten eine flexible Organisation. Eine Atmosphäre der Glaubwürdigkeit und des gegenseitigen Respekts sind weitere Merkmale ihrer Unternehmen.

Die später noch zu behandelnden internationalen Studien beispielsweise des World Economic Forum bestätigen die Erfahrung der Firmen auch für die Nation. Die Wettbewerbsfähigkeit wird gestärkt, wenn die Bürger möglichst viel Freiheit erhalten, der Staat Leistungen anerkennt, möglichst unbürokratisch seine Abläufe regelt, Vertrauen schafft und die Leistungsträger nicht zu hoch belastet. Seine Mitarbeiter sollte er mit ähnlichen Instrumenten wie die Unternehmen zur Leistung anreizen und die Grundwerte eines starken, aber freiheitsorientierten Staates konsequent verteidigen.

Die Unternehmen hatten schon in den 70er bis 80er Jahren ihre Firmenpensionen angepasst, weil sie erkannten, dass diese nicht finanzierbar seien. Die Politik hat unter dem Druck der Lobby über lange Zeit stark kostenerhöhende Anreize gesetzt, wie die Frühverrentung ohne Abzug, obwohl jedem klar sein musste, wie sehr dies die Volkswirtschaft auf Dauer belastete und der Wettbewerbsfähigkeit schadete. Warum gelingt es trotz vieler Berater nicht, solche Fehlentwicklungen früh zu erkennen und zu verhindern?

Demokratische Nationen haben es generell schwerer als Unternehmen, in den Behörden Leistungsanreize zu entwickeln. Die gewollte Meinungs- und Entscheidungsfreiheit in den Gremien der Demokratie erschwert eine klare Ausrichtung. Große gesellschaftliche Gruppen bekämpfen Abhilfemaßnahmen mit unterschiedlicher Zielsetzung im Sinne ihrer Egologik. Da die öffentliche Hand in der Hierarchie der wirtschaftlichen Zwänge auch noch an letzter Stelle steht, also der wirtschaftliche Existenzdruck fehlt, entwickelten sich keine Steuerungsinstrumente für den Wettbewerb. Unter diesen Voraussetzungen ist unwirtschaftliches Verhalten mit Vorschriften nicht zu verhindern.

Die Transferzahlungen des Bundes an die Neuen Bundesländer setzen falsche Anreize. Sie wurden – mit Ausnahme von Sachsen – nicht wie gesetzlich vorgesehen für strukturelle Verbesserungen verwendet. Für jeden Bürger haben Gesetzesübertretungen oder Vertragsverletzungen Konsequenzen. Ohne solche Sanktionen lassen die politischen Entscheidungsträger die Gelder im Rahmen ihrer Möglichkeiten eher in Projekte fließen, die ihrer Egologik entsprechen.

4.2 Unwirtschaftliche Zielsetzungen

Woran sollen sich Menschen orientieren, wenn es keine Ziele gibt? Wer realistische Ziele verfolgt, ist motiviert und zu hohen Leistungen fähig und erreicht diese normalerweise auch. Beweise dafür erbringen Menschen beim Sport und bei ihren Hobbys. Könnte eine Fußballmannschaft oder ein Ruderteam ohne gemeinsame Ziele erfolgreich sein? Die Weltmeisterschaft 2006 in Deutschland zeigte deutlich, wie wichtig neben den Spitzenfußballern vor allem die gute Teamarbeit für ein gemeinsames Ziel war. In Unternehmen, Vereinen und auch in der Volkswirtschaft trägt der Konsens über die gemeinsamen Ziele, also die Harmonisierung der Interessen, zum Erfolg bei.

Verständliche Ziele vereinfachen die komplizierten Zusammenhänge, verhindern Fehlstrukturen und motivieren zu wirtschaftlichem Verhalten. Wenn es in einem Unternehmen beispielsweise gelingt, große Teile der Belegschaft und vor allem die Führungscrew für die Ziele zu begeistern, erhöht sich die Erfolgswahrscheinlichkeit. Ständige Demotivation senkt dagegen die Erfolgswahrscheinlichkeit und die Lebensqualität. Sie verändert schließlich die innere Einstellung. Gemeinsame Ziele reduzieren die Komplexität der Praxis, Machtkämpfe wegen unterschiedlicher strategischer Ausrichtung und versachlichen die Diskussion. Das hilft bei der Umsetzung und vereinfacht das Führen.

Jack Welch, dem der Superlativ „Manager des Jahrhunderts" verliehen wurde, formulierte in Thesen die strategischen Ziele für den Konzern General Electric (GE) und modifizierte sie im Laufe der Jahrzehnte nur geringfügig.[1] Sie waren das Grundgesetz für einen der erfolgreichsten Konzerne in der zweiten Hälfte des letzten Jahrhunderts:

Wettbewerbsposition
GE soll sich zum wettbewerbsstärksten Unternehmen entwickeln und auf allen Märkten den ersten oder zweiten Rang einnehmen.

---

[1] Siehe u. a. Welch (2007) sowie Slater (2002) und Slater (2000)

Globalisierung
Je größer die geographische Geschäftsbasis, desto geringer ist die Abhängigkeit von nationalen Konjunkturzyklen.

Mitarbeiterorientierung
Motivierte und qualifizierte Angestellte und Arbeiter sind die erste Voraussetzung, um am Markt zu bestehen.

Innovationskultur
In einem sich schnell verändernden Wettbewerbsumfeld müssen auch kurzfristig neue Produkte auf den Markt geworfen werden.

Kostenmanagement
Permanente Produktivitätssteigerungen, Struktur- und Prozessoptimierung gelten als normales Managementpensum und nicht nur als Kriseninstrument.

Kundenorientierung
Nicht nur der Marketingvorstand, sondern jeder Mitarbeiter im Unternehmen ist für den Kunden verantwortlich.

Organisation
Die Balance halten zwischen der Schlagkraft und Flexibilität kleiner selbständiger Einheiten und dem Risiko, dass die Zentrifugalkräfte einzelner unternehmerisch handelnder Bereiche den gesamten Konzern auseinanderreißen.

Eine an den Erfolgsfaktoren orientierte „strategische Leitlinie" eines erfolgreichen großen Mittelständlers enthielt folgende Grundsätze[2]:

1. Kundennutzenorientierung,
2. Konzentration auf die Stärken,
3. Marktführung in den Zielgeschäftsfeldern,
4. attraktiv absetzen von den Wettbewerbern,
5. wirtschaftlicher Einsatz der Mittel,
6. Dezentralisierung von Verantwortung,
7. helfen, Erfolg zu haben,
8. Belohnung von Erfolg,
9. Gutes Betriebsklima.

Ein Beispiel macht deutlich, wie effizient oder ineffizient Organisationen sein können, wenn verschiedene Ziele verfolgt werden.

Zwei Behörden werden gegründet. Der eine Leiter sieht sich als Dienstleister der Bürger und denkt wirtschaftlich. Er erstellt eine kurze Richtlinie in Thesenform, die den Mitarbeitern die Richtung vorgibt, und legt fest, wie sie sich zu verhalten haben. Jeder neue Mitarbeiter ist schnell informiert und kann aufgrund der kurzen Darstellung

---

[2] Vgl. Reutner (1991) sowie (1995), S.215

der Abteilungsziele leichter beurteilen, wie er den Einzelfall einzuordnen hat. Es bleibt ein hoher, motivierender Freiheitsgrad. Der Vorgesetzte informiert sich laufend, ob die Mitarbeiter seine vorgegebenen Ziele verfolgen. Schwierige Sonderfälle werden im Gespräch geklärt. Der Abteilungsleiter hat das Ziel, dass seine Mitarbeiter dem Bürger als seine „Kunden" die notwendige Zeit widmen können und es so wenig innere Administration wie möglich gibt. Um Reklamationen kümmert er sich persönlich, was die Mitarbeiter zu freundlicher Behandlung und sorgfältiger Arbeit anreizt. Die freiheitlichen Rahmenbedingungen führen zu reibungsloser Zusammenarbeit mit den Bürgern und Freude an der Arbeit.

Der zweite Behördenleiter verfügt über Mitarbeiter von gleicher Qualifikation. Er will sicher gehen, dass den Mitarbeitern keine Fehler unterlaufen. Zunächst erstellt er Arbeitsplatzbeschreibungen. Die erste Version umfasst 140 Seiten. Da die Ausarbeitung sehr viele Details erfasst, müssen alle Arbeitsplatzbeschreibungen diskutiert werden. Viele Sonderfälle passen nicht in die Vorschrift. So geht rund ein Viertel der Zeit in den ersten sechs Monaten für diese Bearbeitung verloren. Der Leiter bemüht sich, weitere fünf Mitarbeiter zu erhalten, damit sein Amt die Anforderungen der Bürger entsprechend bearbeiten kann. Nachdem das Werk von knapp 300 Seiten angewachsen ist, muss es auf dem Laufenden gehalten, ständig überarbeitet und angepasst werden. Also bemüht er sich, einen weiteren Mitarbeiter einzustellen, der für organisatorische Fragen zuständig ist. Da es nach Abschluss der Arbeiten zu einer Unterauslastung der Mitarbeiter kommt, bleibt für diese fünf Mitarbeiter mehr Zeit, Kontakte zu den anderen Mitarbeitern zu pflegen. Bei den Gesprächen blockieren sie auch deren Arbeitszeit.

Der Organisator überlegt, wie er die Details besser regeln kann. Er entwirft eine Raum-, Möbel-, Fahrzeug-, Verhaltensordnung usw. Schließlich hat das Handbuch mehr als 500 Seiten. Die 26 Mitarbeiter der Abteilung müssen sich damit befassen und die wesentlichen Inhalte der Regelungen kennen. Das Studium der Texte sowie die Diskussionen beanspruchen wiederum ein Drittel ihrer Arbeitszeit. Der Abteilungsleiter fordert acht neue Mitarbeiter an, da die Bürger sich über eine schleppende Bearbeitung beklagen, was dringend verhindert werden muss. Da die vorgesetzte Behörde sich sperrt, neue Mitarbeiter zu genehmigen, richtet sich die Kreativität der Abteilung darauf aus, dieses Ziel doch noch zu erreichen. Man stellt einen Mitarbeiter ab, der die Entscheidungsträger „bearbeitet". Da sich Bürger an oberster Stelle beklagen, genehmigt diese schließlich vier zusätzliche Stellen.

Die Mitarbeiter der Behörde beginnen sich nun nach außen zu orientieren, finden weitere Tatbestände, die zu genehmigen sind, d.h. das Arbeitsgebiet der Behörde vergrößert sich. Neue Fragebogen entstehen, die sie von den „Kunden" ausfüllen lassen. So übertragen sie auch noch die innere Administration auf die Wirtschaft und die Bürger. Die Bearbeitung der Fragebogen erfordert wieder zusätzliche Arbeitskräfte, da die Bürger die Hilfe der Behörde bei der Ausfüllung benötigen. Die Entscheidung des Amtes wird immer langsamer, die Motivation sinkt. Das Feuer der Begeisterung löscht die Behörde bei den Mitarbeitern und den Bürgern mit Formularen. Die damit verbundenen Telefonate, Briefe, Besprechungen sind für die Behördenmitarbeiter unerfreulich und anstrengend. Die Behörde beschäftigt schließlich 50 % mehr Mitarbeiter als die andere. Trotzdem fühlen sich die Mitarbeiter hier höher belastet, sind demotiviert und der Krankenstand steigt. Solange Vergleichsgrößen nicht die behördliche Unwirtschaftlichkeit aufdecken, fehlen die notwendigen Erkenntnisse, und es gibt kaum Anlässe zur Restrukturierung.

Dass die Effizienz und Lebensqualität im ersten Fall weit höher liegt, wird in der heutigen Organisationsstruktur der öffentlichen Hand nur eine geringe Rolle spielen. Dagegen riskiert der erste Behördenleiter u. U. seine Position, wenn ein Problem auftritt und ihm vorgehalten wird, keine genauen schriftlichen Arbeitsanweisungen erstellt zu haben.

Historisch gewachsen ist die Ansicht: „Der Staat soll nicht wirtschaftlich, sondern korrekt arbeiten". Das muss aber kein Gegensatz sein. Fehlleitende Vorgaben für die öffentliche Verwaltung fördern Regelungswut. Sind solche Dogmen wie – „Wir sind kein Wirtschaftsbetrieb", „Eine soziale Gemeinschaft lässt sich nicht mit wirtschaftlichen Zielen messen" oder „Die Behörden sollen zuverlässig arbeiten und nicht kreativ sein" – geeignet für den globalen Wettbewerb? Praxisbeispiele bewiesen, dass Spitzenfirmen in extrem kurzer Zeit hohe Qualität mit niedrigen Kosten produzieren können. Warum sollte eine soziale Gemeinschaft nicht wirtschaftlich ausgerichtet werden, wenn dies für die Bürger von Vorteil ist? Klare wirtschaftliche Ziele steigern die Leistungseffizienz aufgrund der gemeinsamen Orientierung und erhöhen die Zufriedenheit, weil sie das Gefühl geben, etwas erreicht zu haben.

Nach einer langen Periode fehlgelenkter politischer Ziele, alle Menschen gleichzumachen, anstatt ihnen gleiche Chancen zu geben, setzt nach schlechter Erfahrung langsam ein Umdenkprozess ein. Die Exzellenzinitiative der Universitäten veränderte, bei allen Problemen der Bewertung, bei manchem Hochschullehrer die innere Einstellung zum Wettbewerb. Schon bald sahen der Rektor und Prorektor der Universität Heidelberg die Folgen der neuen Zielsetzung: „Es hat sich vor allem der spirit an der Universität geändert, die Bereitschaft, sich noch stärker dem internationalen Wettbewerb zu stellen. Die Bereitschaft, auch Unbequemlichkeiten bei der Umstrukturierung in Kauf zu nehmen und dabei zugleich aktiv mitzuwirken."[3]

Realistische, aber fordernde wirtschaftliche Ziele, die vor Fehlstrukturen und Managementfehlern schützen, müssen im globalen Wettbewerb einen höheren Stellenwert erhalten, weil der wirtschaftliche Erfolg entscheidend für das soziale Leistungspotential, die Lebensqualität, den Wohlstand und die Akzeptanz von Staats- und Wirtschaftsformen beim Souverän ist.

---

[3] Rektor Peter Hommelhoff und Prorektor Jochen Tröger über die Umsetzung von Strategieprojekten und den aktuellen Exzellenzwettbewerb, Unispiegel, 1/2007

4.3 Ein starkes Wachstumshemmnis: Der deutsche Steuerdschungel

Neben den wirtschaftlichen Hemmnissen durch das Arbeits-, Bau-, Umweltrecht, die Regulierung im Gesundheitswesen etc. ist insbesondere das Steuerrecht eine Bremse für die Wirtschaftsentwicklung. Das Eintreiben von Steuern ist ein wertschöpfender Vorgang und ein leistungssteigernder Prozess, solange er die Kernkompetenzen der öffentlichen Hand finanziert, wie Rechtsetzung und -sprechung sowie Rechtsvollzug, internationale Angelegenheiten, innere Sicherheit, Verteidigung, Sicherung der Währung, aber es mindert die Wettbewerbsfähigkeit, wenn es Leistungen unproduktiv bindet oder zu unwirtschaftlichen Investitionen anregt. Dabei sollte der Staat das Optimum zwischen den beiden Zielen „so zuverlässig und so gerecht wie möglich" und „so schnell, einfach und wirtschaftlich wie möglich" suchen.

Das deutsche Steuerrecht belastet Bevölkerung und Unternehmen in mehrfacher Hinsicht:

1. Steuergesetze betreffen alle Unternehmen und den größten Teil der Bevölkerung, alle Leistungsträger und vor allem die Wertschöpfungstreiber. Durch die große Zahl der Betroffenen wirken komplizierte, unlogische und als ungerecht empfundene Regelungen, die breite Bevölkerungsschichten unproduktiv beschäftigen, besonders bremsend.

2. Dass der Überblick verloren ging,[4] zeigt sich deutlich darin, dass selbst schon über die Zahl der Steuergesetze Unklarheit herrscht. Das Bundesfinanzministerium zählt 211 Stammgesetze auf, wobei in den letzten vier Jahren 84 dazukamen. Es werden zwischen 23.000 und 96.000 Verwaltungsanweisungen genannt, die sich nach der Arbeitsgemeinschaft Selbständiger Unternehmer jährlich um 600 bis 800 erhöhen. Zirka 16.000 jährliche Entscheidungen der Finanzgerichte und eine Unzahl von Fachbeiträgen ergänzen das unüberschaubare Dickicht. Die Schätzung, dass ca. 70 % der Steuerliteratur der Welt in deutscher Sprache verfasst ist, wundert nicht.[5] Warum ist es nicht möglich, dass sich der Bund, die Länder und Gemeinden auf wenige Steuer- und Gebührenarten beschränken? – Mit jeder entfallenden Steuerart entfallen nicht nur das oder die entsprechenden Gesetze, sondern auch die zugehörigen Richtlinien, Verwaltungsanweisungen, Gerichtsentscheidungen und Fachbeiträge. Diese Konzentration auf das Wesentliche würde die Kompliziertheit deutlich reduzieren.

---

[4] Vgl. FAZ (14.04.07): „Der Steuergesetzgeber hat den Überblick verloren"
[5] Vgl. u. a. R. Momberg: „Nachhaltiger Bürokratieabbau in Deutschland. Konzeption für eine Generallösung", ASU, Berlin (www. ASU.de) sowie Focus-Money (24.08.05): „Erfolg mit Profis", ferner J. Wesseloh: brand eins Magazin 10/2003

3. Unverhältnismäßig viele Änderungen belasten zusätzlich die Bürger, Unternehmen und Finanzbehörden. Von Ende 2002 bis 2006 wurden das Umsatzsteuergesetz 122 Mal, das Körperschaftsteuergesetz 45 Mal und das Einkommensteuergesetz in weniger als zwei Jahren 400 Mal geändert. Welcher Unternehmer kann da noch sicher disponieren?

4. Die steuerliche Rechtsordnung leidet unter dem Ziel der Einzelfallregelung, wurde immer unsystematischer und steht zum Teil in unangemessener Spannung zu anderen Rechtsgebieten. So sind die Begriffe und die unterschiedlichen Auslegungen auch für den geübten Juristen schwer verständlich.

5. Steuern und Abgaben gehören im internationalen Wettbewerb zu den sehr wichtigen Faktoren der Standortpolitik.

6. Die Steuergesetze sind stärker als andere Gesetze emotional belastet, wenn sie als ungerecht empfunden werden.

7. Wie sehr der steuerliche Standortwettbewerb über zukünftige Arbeitsplätze entscheidet, beweist Irland, das als das ehemalige Armenhaus Europas heute zu den reichsten Nationen der EU gehört.

Das deutsche Steuerrecht ist heute selbst für die erfahrendsten Steuerfachleute nahezu undurchschaubar.[6] Nur Teams von Spezialisten können komplizierte Probleme noch kompetent beurteilen. Der Steuerpflichtige muss mit seiner Unterschrift unter die Steuererklärung etwas versichern, was weder er noch in komplizierten Fällen der Steuerberater mit gutem Gewissen bestätigen kann.

In den 70er Jahren erklärte schon Bundeskanzler Helmut Schmidt, dass er seine eigene Steuererklärung nicht verstehe; doch die Kompliziertheit stieg ständig. Neben vielen anderen übten Verfassungsrichter, Hochschullehrer, der Präsident des Bundesfinanzhofs und Chefs von Finanzämtern Kritik an den Steuergesetzen, weil die Kompliziertheit zu einem Höchstmaß an Ungerechtigkeit führe. Wenn selbst wirtschaftswissenschaftlich oder juristisch ausgebildete Bürger, die nicht Spezialisten im Steuerrecht sind, die Zusammenhänge nicht mehr übersehen und sogar Steuerfachleute Gefahr laufen, Fehler zu machen, so drängt sich die Frage auf, ob das noch im Rahmen einer demokratischen Verfassung liegt?

Es steigert die Unsicherheit und den Aufwand, wenn geänderte Steuergesetze rückwirkend in Kraft gesetzt oder Urteile höchster Gerichte von Ministerien nicht veröffentlicht oder nur sehr zögerlich beachtet werden.[7] Wenn nun der Bürger die Steuerberatungskosten nicht mehr absetzen kann und er für verbindliche Auskünfte bezahlen muss, so wird das Opfer und nicht der Täter bestraft.

---

[6] Vgl. u. a. Kirchhof (2006) sowie ders. (2004) und (2005)
[7] Vgl. Schriftenreihe des Bundesbeauftragten für Wirtschaftlichkeit und Verwaltung, Band 13: Probleme beim Vollzug der Steuergesetze

Wer nur sein Gehalt oder seinen Lohn empfängt, versteht nicht, wie sehr die Kompliziertheit des Steuersystems die wirtschaftliche Tätigkeit bremst. Das Privileg der steuerfreien Kostenpauschale der Parlamentarier ist – wie jedes andere Vorrecht – insofern fatal, als sie die durch Kompliziertheit verursachte Administration ihrer Entscheidungen und die Höhe der Steuern selbst kaum kennen lernen. Entsprechend der Egologik verteidigt die Politik ihre Vorteile mit juristischen Gutachten vor dem Verfassungsgericht. Je komplizierter der Staat die Abwicklung durch unübersichtliche Gesetze regelt, je umfangreicher die Umleitung der Gelder wird, desto mehr Menschen müssen sich mit wertvernichtender Tätigkeit beschäftigen, diese Kraft geht für die Wertschöpfung verloren. Die Grenze von der wertschöpfenden Steuer zur wertvernichtenden ist für ein Hochlohnland seit Jahrzehnten überschritten.

Mit welchen Nachteilen Unternehmen eines Hochsteuerlandes auf lange Sicht zu kämpfen haben, zeigt das nachfolgende Beispiel:

> Ein deutscher Mittelständler steht in den 90er Jahren mit einem ausländischen Wettbewerber in harter Konkurrenz. Das deutsche Unternehmen bleibt im Inland, bietet die intelligenteren Lösungen an, aber aufgrund der höheren Löhne und Sozialabgaben erzielen beide etwa den gleichen Gewinn vor Steuern von etwa 20 Millionen DM. Dem deutschen Unternehmen bleiben etwa 50 % für seine Ausschüttung und Reservebildung, dem Ausländer etwa 70 %. In jedem Jahr bleiben bei gleicher Ausschüttung dem Ausländer etwa 4 Millionen mehr für die Stärkung des Eigenkapitals oder die Expansion. Innerhalb von 10 Jahren vergrößert der Ausländer sein Kapital auf das Dreifache und nutzt diesen Vorteil auch, um technisch durch Akquisition aufzuholen. Das deutsche Unternehmen fällt zurück.

Die jährlichen Veröffentlichungen des Bundes der Steuerzahler und der Rechnungshöfe sprechen für sich. Vor allem die Wertschöpfungstreiber, die den bei weitem größten Teil der Steuereinnahmen bestreiten, setzen wichtige Teile ihrer Kreativität dafür ein, die Kompliziertheit der Vorschriften zu nutzen oder zu unterlaufen, anstatt sich zum Vorteil der Allgemeinheit mit der Verbesserung der wirtschaftlichen Situation zu beschäftigen. Dazu müssen sie viel lesen und teure Experten beschäftigen. Wer einen so hohen finanziellen Aufwand finanzieren kann oder nicht scheut, findet Lücken oder sucht für immer mehr Teile seiner Produktion, letztlich auch für sich und seine Familie neue Standorte. Zu viele deutsche Vermögens- und Einkommensmillionäre zahlen in Deutschland keine Steuern mehr. Die großen Unternehmen erhalten ihre Wettbewerbsfähigkeit, indem sie ihre größeren Möglichkeiten ausschöpfen, dem Steuerdruck auszuweichen. Damit ergibt sich ein deutlich erkennbares Gerechtigkeitsproblem. Veröffentlichungen über diese Problematik verstärken bei den übrigen Bürgern das Gefühl der Ungerechtigkeit. Dies motiviert diejenigen, die keine Möglichkeiten sehen, die Kompliziertheit für sich zu nutzen, sich selbst ein Stück „Gerechtigkeit" zu verschaffen. Wer keine Skrupel hat, arbeitet „schwarz" oder sucht andere illegale Wege der Steuerersparnis. So sinken mittelfristig die staatlichen Einnahmen im Verhältnis zum Potential. Für die Wettbewerbsfähigkeit gehen wertvolle Arbeitsleistung und Kreativität verloren. Der Staat lässt sich neue Eingriffe einfallen, und der Steuerzahler sucht, entsprechend seiner Egologik, nach immer neuen Wegen, um dem als ungerecht empfundenen Druck auszuweichen. Die Disharmonie der Interessen und der Anreiz zu illegalem Handeln steigen. Misslingt dem Bürger beispielsweise das Ausweichen, so zieht er sich nach einer „inneren Kündigung" auf seinen verbleibenden privaten Freiheitsraum zurück.

Wie sensibel internationale Konzerne mittlerweile auf die Kompliziertheit des deutschen Steuerrechts und die Höhe der Steuersätze reagieren, zeigt eine Umfrage der KPMG bei Finanzvorständen und Steuerleitern von mehr als 200 Unternehmen aus Europa, Amerika und Asien. Wegen der Höhe der Steuern und der Planungsunsicherheit planten 2005 noch 55 % eine Verlagerung von Geschäftsaktivitäten, 2006 waren es sogar schon 62 %. Trotz vieler guter Voraussetzungen sehen nur 7 % ihren Investitionsschwerpunkt in Deutschland. Die Folgen für den Arbeitsmarkt und den Wohlstand von Ländern mit intransparenten Steuersystemen und hohen Abgaben sind offensichtlich. Ein so wichtiges Signal müsste eigentlich höchste Anstrengungen auslösen, um den Teufelskreis von Abwanderung und Arbeitslosigkeit zu beseitigen.
Es gibt viele Unternehmen und Beispiele, die belegen, dass niedrige Steuern das Wachstum erheblich anregen können. Auch dies belegte eine Studie der KPMG aus dem Jahre 2006: Länder mit starkem Wirtschaftswachstum, wie Irland, Norwegen oder Dänemark, erheben niedrige Unternehmenssteuern.

Die Flat-Rate gibt es in vielen Ländern: in Hong Kong seit 1947, in Estland, Lettland und Litauen seit 1994, in Russland seit 2001. Die Slowakei konnte durch Einführung einer Flat-Tax von 19 % im Jahre 2004 in Verbindung mit dem Abbau der Bürokratie und weiteren Maßnahmen viele Investoren ins Land locken. Nach einer chronischen Stagnation gehörte das Land mit Wachstumsraten von über 6 % bald zu den erfolgreichsten Ländern. Die sinkenden deutschen Steuersätze – die letzte Stufe der Steuersenkung trat 2005 in Kraft – waren wohl eine wesentliche Ursache dafür, dass es ab 2006 zu höheren Steuereinnahmen kam. Unabhängig von sonstigen politischen Schwächen der Vereinigten Staaten von Amerika zeigten die Steuersenkungen ab 2003, dass sie sich weitgehend selbst finanzierten, wenn sie die Bedingungen des Marktes verbessern. Aber fast immer befürchtet die Politik eine Gerechtigkeitsdebatte starker Lobbygruppen und die fehlende Geduld der Wähler, da positive Ergebnisse sich erst später zeigen. Nach jeder Wahl besteht darüber hinaus die Gefahr, dass die nächste Regierung selbst Erfolgskonzepte verändert.

Wenn Deutschland nach Untersuchungen des World Economic Forum im Jahre 2005 bezüglich der Transparenz der Steuersysteme unter 104 Ländern den letzten Platz besetzt, so wäre es wichtig zu klären, wie dieser Wettbewerbsnachteil zustande kam und warum er nun über Jahrzehnte besteht. Zu komplizierte deutsche Steuergesetze, zu hohe Steuern – verbunden mit dem Gefühl der Verschwendung bei der öffentlichen Hand – stören die Harmonie der Interessen mit Wertschöpfungstreibern und fördern die Auswanderung von Spitzenverdienern und die Verlagerung von Investitionen. Zu viele Bürger reagieren mit Steuerhinterziehung durch Schwarzarbeit, Geldtransfer in Steueroasen, Auswanderung etc. Liegt die Schuld allein beim Souverän oder versagt nicht auch der Gesetzgeber, wie nicht wenige Wirtschaftsfachleute und Wissenschaftler glauben?

Warum verhinderte die Kontrolle durch viele intelligente Parlamentarier, denen auch noch hochqualifizierte Berater zur Seite stehen, den wirtschaftlichen Schaden nicht? Offensichtlich lassen die heutigen Rahmenbedingungen der Demokratie keine effiziente Kontrolle zu.

4.4   Zu wenig effiziente wirtschaftliche Steuerungsinstrumente

Kennziffern, Bilanzen, Gewinn- und Verlust-, Kapitalrückfluss- sowie Investitionsrechnungen sind wichtige Steuerungsinstrumente für die Unternehmen. Zeigen Abteilungen Verluste, so werden sie umstrukturiert oder gar geschlossen, um die freien Mittel rentabler zu verwenden. Investitionen, mit denen sich keine angemessene Verzinsung erreichen lässt, unterbleiben. Solche Kontrollrechnungen helfen der Führung, die begrenzten Finanzmittel mit klaren Prioritäten wirtschaftlich einzusetzen. Funktionieren diese Instrumente nicht oder werden sie von der Führung nicht angemessen beachtet, kommt es zu schnell sinkender Leistungskraft.

Auch wenn Behörden und Ministerien keine Unternehmen sind, so darf der Souverän erwarten, dass sie ihre Leistungen effizient erbringen. Dazu fehlen meistens noch die Instrumente. Die Kameralistik, die im 17. und 18. Jahrhundert eingeführt wurde, und damals ein Fortschritt war, gibt Anreize zur Verschwendung. Sie schafft zwar Ordnung in den Finanzen, sagt aber nichts über das Vermögen, die Pensionsverpflichtungen, die Schulden, das eingesetzte Kapital, die laufenden Kosten, die Deckungsbeiträge, die Wirtschaftlichkeit von Investitionen und Prozessen aus. Seit Jahrzehnten ist bekannt, dass sie die Mitarbeiter der öffentlichen Hand dazu antreibt, die Budgets voll auszuschöpfen und höhere Budgetvorgaben als benötigt zu machen. Der Finanzwissenschaftler Rürup schätzte schon Anfang der 90er Jahre, dass durch die Budgetierungspraxis allein beim Bundeshaushalt jährliche Mehrausgaben von etwa 100 Milliarden DM entstehen.[8] Für Bund, Länder und Kommunen insgesamt dürften sie mehr als das Doppelte betragen. Ohne wirtschaftliche Ziele und geeignete Instrumente fehlt auch eine wirtschaftliche Orientierung für die Leistungsträger. Führt unwirtschaftliches Handeln nicht zu persönlichen Konsequenzen oder wird die Verantwortung von großen Gremien getragen, so wirken selbst die Steuerungsinstrumente nur begrenzt. Es bestätigte sich die Erfahrung in den Unternehmen, dass über Kontrollen oder Vorschriften wenig zu erreichen ist, wenn sie sich gegen die Egologik richten.

Politiker kennen inzwischen diese Fehlanreize und bemühen sich um Verbesserungen, aber das Beharrungsvermögen ist groß. Widerstände, hoher Aufwand und Lernprozesse erschweren eine Umstellung. Die IHK Rhein-Neckar wollte Mitte der 90er Jahre eine kaufmännische Buchführung für sich einführen, und einige Städte und Gemeinde verfolgten dasselbe Ziel.[9] Im Jahre 2003 beschloss die Länderministerkonferenz, bis 2011 die „Doppik" auch auf kommunaler Ebene anzuwenden. Als erstes Bundesland hat Hamburg sowie als erste Großstädte haben Salzgitter und Nürnberg eine Bilanz erstellt und Vermögen, Pensionsverpflichtungen und Schulden bewertet.

Auch andere Industrienationen stellten bereits auf ein ressourcenorientiertes Rechnungswesen um. Die Abschätzung der Folgekosten von Gesetzen nach dem Standardkostenmodell kann dazu beitragen, Bürokratiekosten für Unternehmen, Bürger und Verwaltung nachhaltig abzubauen und die volkswirtschaftlichen Kosten in Grenzen zu halten. Regelmäßige Berichte mit Budgets, Kosten und Leistungen geben z. B. den Gemeinde- und Stadträten eine wesentlich bessere Entscheidungsgrundlage, ob Leistungen zu den errechneten Kosten genehmigt werden sollten. Da aber entsprechende Rahmenvorgaben durch den Gesetzgeber fehlen, gestalten die einzelnen Stellen ihre Berichtssysteme wenig vergleichbar, was die so wichtigen Leistungsvergleiche, etwa über Portale im Internet, sehr erschwert oder unmöglich macht. Gerade über die Möglichkeit, mit Hochleistungsportalen automatisiert Berichtssysteme der Behörden auszuwerten und auf Knopfdruck vergleichbar machen zu können, wurde bisher noch viel zu wenig nachgedacht.[9]

---

[8] Auf Anhieb lassen sich 100 Milliarden sparen.., Impulse 1/1995, S.92
[9] Vgl. von Lucke (2008), S. 168 f .und 283 ff.

4.5   Unsachliche Streitkultur und Misstrauen sind starke Leistungsbremsen

Sachliche, ehrliche, wirtschaftlich orientierte Diskussionen helfen bei der Erarbeitung Erfolg versprechender Konzeptionen für den globalen Wettbewerb. Bloße Streitereien senken dagegen stets die Motivation und Leistung vor allem dann, wenn sie ins Persönliche gehen. Jeder Unternehmer kennt die Folgen von Streitereien. Auswirkungen von Streitereien sind sinkende Motivation und geringere Zufriedenheit. Die Auseinandersetzungen lenken von produktiven Aufgaben ab. Man beschäftigt sich eher wertvernichtend. Unsachlicher Streit ist erfolgsfeindlich und stärkt die Wettbewerber, da die eigene Leistungsstärke abnimmt. Auseinandersetzungen unter den Gesellschaftern sind eine wichtige Ursache für Unternehmenskrisen sowie dafür, dass Familien ihre Unternehmen oder große Teile ihres Vermögens verlieren. Sachliche Diskussionen führen zu besseren Lösungen. Reibungskonflikte belasten den Einzelnen und lenken von wertschöpfender Tätigkeit ab, und der Schwellenwert für Fairness und Anstand sinkt langfristig. Kreative Kräfte verschleißen sich. Sie richten sich stärker auf das Ziel einer wertvernichtenden Administration aus.

In der Volkswirtschaft tragen Politiker, Verbandsfunktionäre und Gewerkschaftler aufgrund ihrer Entscheidungen und Vorbildfunktion dazu bei, wie sich die Leistungskultur entwickelt. Wegen der Publikumswirksamkeit verursachen öffentlich wahrgenommene, durch die Egologik hervorgerufene Streitereien, nachgewiesene Unkorrektheiten oder Lügen weit größeren langfristigen Schaden als die Vergehen vieler tausend Kleinkrimineller. Allerdings sind solche Schäden kaum messbar und bis heute selbst bei einem möglichen Nachweis nicht strafbar. Liegt hierin nicht eine Schwäche der Demokratie?

4.6   Konzentration auf die Schwächen senkt die Wettbewerbsfähigkeit

Schon Arthur Schopenhauer sah im Wechsel das einzig Beständige. Spitzenunternehmen erhalten ihre Leistungsfähigkeit durch permanente Strukturänderungen in Richtung höherer Leistungsfähigkeit. Sie legen Ziele und Prioritäten fest. Sie sagen, was in welcher Reihenfolge gefördert wird oder was man zurückstellt. Sie stoßen laufend unrentable Produkte oder Arbeitsgebiete ab und konzentrieren sich auf die rentablen Zukunftsmärkte. Verluste würden den Zukunftsgebieten die notwendigen Finanzen entziehen. Diese Mittel werden für Investitionen in Zukunftsgebiete gebraucht. Nationen müssen wie Unternehmen ständig ihre Stärken weiterentwickeln und ihre Positionen verteidigen.

Wer im Wettbewerb stillsteht, wer nicht kreativ investiert und desinvestiert, wird schnell überrollt, wenn der Wettbewerber die Probleme intelligenter löst. Wer seine Kräfte und Mittel nicht auf das konzentriert, was den größten Erfolg in der Zukunft verspricht, vergibt Chancen, verliert Positionen und Arbeitsplätze.

Ein großer Mittelständler war einst ein führender Hersteller von Kanalisationsrohren und chemischem Apparatebau aus Steinzeug. Mit der Substitution des Werkstoffes durch Kunststoffe und korrosionsfeste Metalllegierungen geriet das Unternehmen zunehmend in Gefahr. Man hatte schon seit längerem moderne Einstoffkeramiken und Produkte aus Kunststoffen entwickelt. Erst mit weiteren Produkten und klaren Prioritäten für Zukunftsgebiete, denen man die knappen Finanzmittel und Spitzenkräfte bevorzugt zuteilte, wuchsen sie im Laufe der Jahre zu starken Umsatzträgern heran und sicherten die Rentabilität und schufen neue Arbeitsplätze. Die meisten wenig innovativen Steinzeughersteller gingen in Konkurs oder gaben ihr Unternehmen an den Marktführer ab, der sich noch am längsten im schrumpfenden Markt halten konnte.

Mit Subventionen unterstützen Regierungen in vielen Fällen strukturschwache Arbeitsgebiete und Regionen. Seit 1960 riet Müller-Armack und seit 1983 der Sachverständigenrat zur Begutachtung der gesamtwirtschaftlichen Entwicklung, die Subventionen für den unwirtschaftlichen Steinkohlebergbau zurückzufahren. Bis heute wird noch subventioniert. Insgesamt sind mehr als 135 Mrd. € in dieses nicht wirtschaftliche Arbeitsgebiet geflossen. Die Mittel mussten die leistungsstarken Unternehmen aufbringen, was wiederum deren Entwicklung im Wettbewerb schwächte, oder sie wurden durch Verschuldung finanziert. Die fehlenden Finanzmittel und Personen standen den Zukunftsgeschäftsfeldern nicht zur Verfügung. Das verbesserte für andere Nationen die Chance aufzuholen. Die Notwendigkeit von Übergangsfristen zur Abfederung sozialer Härten soll nicht bestritten werden, aber die Wettbewerbseinflüsse sind weit mehr zu berücksichtigen.

Jede Geldumlenkung über den Staat entzieht den wertschöpfenden Teilen der Volkswirtschaft finanzielle Mittel zum Vorteil einzelner subventionierter Gruppen. Dieser Entzug schwächt die Wettbewerbskraft leistungsfähiger Unternehmen und Personen. Die Nation konzentriert sich auf die Schwächen und nicht auf die für die Zukunft wichtigen Stärken. Hinzu kommt, dass ein Teil der Mittel durch die Kosten des Umlenkungsprozesses wertvernichtend versickert und der Einsatz der Subventionen fast immer wenig Effizienz zeigt.

5 Die Folgen: Strukturprobleme

5.1 Investitionen, Spitzenverdiener und Wertschöpfungs-treiber wandern aus, andere gehen in die Schattenwirtschaft

Firmen halten sich wettbewerbsfähig, indem sie Standorte mit besseren Chancen nutzen. Die Unternehmer entscheiden nach ihrer Einschätzung, wo sie am ehesten im globalen Wettbewerb aufgrund der Standortfaktoren ihre Erfolgsfaktoren zur Entfaltung bringen können. Die Voraussetzungen sind je nach einzelnen Branchen verschieden. Neben der Leistungsfähigkeit und Einsatzbereitschaft der Mitarbeiter, den Lohnkosten, Steuern, Abgaben, der Infrastruktur, Größe und Kaufkraft des Marktes sowie der Nähe zum Kunden spielen für die Unternehmen nicht zuletzt die staatlichen Hemmnisse infolge gesetzlicher Auflagen oder Bürokratie eine wichtige Rolle.

Das wichtigste Signal für Fehlentwicklungen einer Nation, z. B. für kommende Arbeitslosigkeit, sind der Rückgang ausländischer Investitionen und die Abwanderung von Inländern. Mit Strafmaßnahmen lässt sich der Trend nur verzögern. Ausländische Hersteller mieden über Jahrzehnte den deutschen Standort. Kam es in Europa zu größeren Firmenzusammenschlüssen, wählte kaum ein ausländischer Investor Deutschland als Sitz für seine Zentrale. Einmalige Subventionen sind kein Mittel, Produktionsstätten dauerhaft zu binden.

Werden Unternehmen durch Standortnachteile geschwächt, so sind sie eher ein Übernahmekandidat durch ausländische Wettbewerber. Die neuen Eigentümer verfügen über das Know-how, das im Laufe der Zusammenarbeit die ausländischen Unternehmen befruchtet und an die besten Standorte abwandert. Der Wettbewerbsvorteil des Übernommenen geht im Laufe der Jahrzehnte verloren. Die vorgelagerte Industrie siedelt sich vorzugsweise auf Dauer da an, wo die wichtigsten Kunden sitzen. In der engen Zusammenarbeit gibt es die stärksten Impulse für die Innovation. Das ist beispielsweise für den Maschinenbau langfristig von Bedeutung.

Verlagerungen ins Ausland sind riskanter als Investitionen im Inland. Andere Gesetzgebung, Rechtsprechung, mangelnde Kontakte, eingearbeitete Mitarbeiter, fremde Sprache, Lebensgewohnheiten, Sitten und Gebräuche etc. sind gegen die Standortvorteile abzuwägen. Die Gefahr kopiert zu werden und das Betrugsrisiko steigen, da die Zusammenhänge schwerer zu durchschauen sind. Wer sich nicht gut vorbereitet und kein ausgereiftes Konzept verfolgt, scheitert in der Regel. So gibt es immer wieder Meldungen, dass vor allem kleinere und mittlere Unternehmen reumütig zurückkehren. Entscheidend für die Nation ist der Saldo ab- und

zufließender Investitionen sowie die damit verbundenen Arbeitsplatzverluste und
-gewinne. Hier ist Deutschland seit Jahrzehnten auf der Verliererseite.

Die ersten Investitionen im Ausland dienen normalerweise der Markterschlie-
ßung. So lernt man ein Land kennen und senkt das Risiko für weitere Investitionen.

> Zunächst setzt das Unternehmen eine Vertretung oder einen Länderbeauftragten ein.
> Entwickeln sich die Umsätze gut, gründet es eine Vertriebsfirma und baut langsam
> eine Vertriebsorganisation auf. Falls der Markt mit zunehmender Erfahrung die Erwar-
> tungen erfüllt und die Bedingungen für eine Fertigung interessant sind, werden zuerst
> die lohnintensiven einfacheren Arbeiten verlagert. Erst in der letzten Phase – nach ge-
> nauer Kenntnis der Märkte sowie erfolgreicher Arbeit – wandern bei entsprechenden
> ausländischen Standortvorteilen auch Produkte mit dem Kern-Know-how ab.

Der Standortbarometer im A. T. Globalisierungsindex 2006 weist für Deutschland unter den 62 wichtigsten Volkswirtschaften der Welt bei den Auslandsinvestitionen nur Platz 45 aus. Während ausländische Investitionen weltweit um 6 %
stiegen, gingen sie in Deutschland bis 2006 zurück.

Die Innovationskraft ist die Basis für den Erfolg eines Unternehmens. Für die
Nation ist aber darüber hinaus entscheidend, wo mit diesen Innovationen Arbeitsplätze entstehen. Das richtet sich wieder nach den Stärken und Schwächen der
Standorte. Wenn deutsche patentierte Ideen eher zu Investitionen und Arbeits-
plätzen im Ausland führen, ist das ein volkswirtschaftlicher Verlust. Setzt sich der
Trend niedriger inländischer Investitionstätigkeit über Jahrzehnte fort, so bilden
die wichtigen Zukunftsprodukte zu wenig strategische Positionen im eigenen
Land. Für die Nation gehen die Arbeitsplätze nahezu unwiederbringlich verloren,
weil abgewandertes, bedeutendes Know-how für die Zukunft sich nur am neuen
Standort weiterentwickelt.

Nicht selten klagen Außenstehende dann über sehr schlechtes Management.
Managementfehler gibt es überall, aber die Anfälligkeit der Unternehmen steigt
mit zunehmender Belastung. In einem schwierigen Umfeld sind Unternehmen
krisenanfälliger. Wenn viele deutsche Unternehmen, die einst Marktführer in Europa oder in der Welt waren, zurückgefallen sind, so ist das ein weiteres Signal
für ungünstige Rahmenbedingungen. Der größte Markt Europas verfügt über die
beste Chance, auch die größten Unternehmen zu haben. Das ist aber auf vielen
Gebieten nicht mehr der Fall. Beispiele sind die Pharmaindustrie und die deutschen Banken. Deutschland war einst die Apotheke der Welt. Heute ist die Pharmaindustrie nicht einmal in der EU führend. Die größte deutsche Bank ist weit
zurückgeschlagen.

Wenn ein Vergleich ein- und ausgewanderter hochqualifizierter Kräfte ein Verhältnis 1 zu 50 zeigt, dann ist das ein weiteres deutliches Signal. Durch die Abwanderung von Wissenschaftlern geht Potential für den technologischen Vorsprung in der Zukunft verloren. Dass sich viele Künstler und Spitzensportler im Ausland angesiedelt haben, ist bekannt. Wer viel geschäftlich reist, staunt, wie viele Eigentümer großer Unternehmen bereits Deutschland verlassen haben. Nicht nur der derzeitige steuerliche Aderlass ist erheblich. Warum wurde nicht geschätzt, welche Einnahmen dem Fiskus durch alle Abwanderungen der Steuerzahler jährlich verloren gehen?

Die nächste Generation der Auswanderer wird ihre deutschen Gesellschaften mit weitaus geringerer Bindung an die Heimat sehen und somit wie alle ausländischen Gesellschafter die Standort- und Beschäftigungsfrage bei Verlagerungsdiskussionen mit weniger Hemmungen beurteilen. Inländische Eigentümer nehmen mehr Rücksicht auf die Arbeitsplätze. Am Beispiel der verkauften Handy-Sparte von Siemens an BenQ zeigt sich, wie viel mehr sich nationale Unternehmen den Mitarbeitern gegenüber verpflichtet fühlen. Obwohl BenQ der Eigentümer des Unternehmens war, unterstützte Siemens nach der Schließung der BenQ-Tochter die Mitarbeiter des vorher verkauften Unternehmens.

Die unbedeutend scheinenden jährlichen Veränderungen der Investitionsrelationen, die auch noch von konjunkturellen Schwankungen und Einflüssen der Steuergesetzgebung überlagert wurden, fanden als Signale zu wenig Aufmerksamkeit.

Die Schattenwirtschaft lag 1975 noch bei 5,8 % des Bruttoinlandsproduktes. Sie wuchs in den folgenden Jahrzehnten zu einem Massenphänomen an. Dominik H. Enste und Friedrich Schneider von der Linzer Universität errechneten für Deutschland mit verschiedenen Methoden, die zu ähnlichen Ergebnissen kamen, dass der Anteil der Arbeit, mit der Steuern und Sozialabgaben hinterzogen werden, bei über 16 % oder rund 350 Mrd. € liegt. Die Verfasser sehen vor allem eine Ursache in der Höhe der Steuern.[1]

Die Abwanderung von Investitionen und reichen Bürgern und die zunehmende Schattenwirtschaft senkt das Steueraufkommen erheblich. Die Volkswirtschaft kommt in einen Teufelskreis: Die fehlenden Einnahmen erzwingen schädigende Steuererhöhungen. Wie ist es möglich, dass die erkennbaren Trends in einer Nation mit hohem Wissensstand nicht zu einem erfolgreichen Konzept führten?

---

1 Vgl. Enste und Schneider (2006).

5.2   Die unsozialsten Folgen: Arbeitslosigkeit und Armut

Zwischen 1960 und 1974 betrug die Zahl der Arbeitslosen meist weniger als
500.000. Doch dann stieg sie von Konjunkturzyklus zu Konjunkturzyklus. 1975
überschritt sie erstmals eine, 1982 zwei, 1993 drei, 2000 vier und schließlich
Anfang 2005 sogar fünf Millionen. Ist mit der konjunkturellen Erholung in den
Jahren 2006 und 2007 dieser unglückliche Trend gebrochen? Mit der Arbeitslosigkeit nahmen Armut und Hoffnungslosigkeit zu. Der „Generationenvertrag" als
Grundlage der dynamischen Rente geriet schon seit den 70er Jahren in Gefahr. In
immer kürzeren Abständen wurden Leistungen gekürzt (Nullrunden, Erhöhung
des Rentenalters etc.) und neue Geldquellen für die öffentliche Hand erschlossen.

Steigende Löhne, kürzere Arbeitszeiten, höhere Sozialbelastungen reduzieren vor
allem Arbeitsplätze für schlecht Qualifizierte und in lohnintensiven Fertigungen,
in denen also viele Mitarbeiter im Verhältnis zum Umsatz beschäftigt werden. Um
rentabel zu bleiben, konzentrieren sich die Unternehmen auf drei Möglichkeiten:
1. Mechanisierung und Automatisierung,
2. Verlagerung von Fertigung in Niedriglohnländer und
3. Konzentration auf Produkte mit hoher Wertschöpfung und Hochpreisnischen.

Immer gehen im Inland Arbeitsplätze verloren. Branchen, denen es nicht gelingt,
genügend zu mechanisieren und zu automatisieren, verschwinden im Inland, wie
die Textil-, Lederwaren- oder die keramische Industrie. In diesem Strukturanpas-
sungsprozess verliert die Volkswirtschaft Produktivvermögen und gewachsenes
Know-how. Solange dies nur Unternehmen mit hohen Personalkosten betrifft, die
mit Niedriglohnländern im Wettbewerb stehen, ist dies ein normaler Prozess, den
gesunde Volkswirtschaften mit steigenden Löhnen und Gehältern durch den Aufbau höherwertiger Arbeitsplätze verkraften.

Je mehr Investitionen in ein Land fließen, umso mehr Know-how entwickelt
sich dort, umso größer ist sein Wachstum und umso mehr Arbeitsplätze entstehen.
Wenn die Nation weniger Zukunftsindustrien aufbaut, die Wettbewerbsländer
aufholen und das Know-how in Niedriglohnländern durch Produktionsverlagerungen wächst, wird der Vorsprung der Hochlohnländer ständig kleiner. Lässt sich
bei hoher Differenzierung z. B. durch technischen Vorsprung oder Markenimage
noch ein Preisvorsprung von ca. 20 % erzielen, so sinkt er mit abnehmendem
technischem Vorsprung, was sich wiederum entscheidend auf den Rationalisierungsdruck, den Druck zur Verlagerung, die Zahl der Arbeitsplätze und den Lebensstandard auswirkt. Das sind Signale für wachsende Zukunftsprobleme.

Solange es fast nur Standortverlagerungen innerhalb des eigenen Landes gab,
hing die Zahl der Arbeitsplätze einerseits von der Nachfrage nach Erwerbspersonen

im Zuge des Wachstums der Unternehmen und andererseits vom Personalabbau durch Rationalisierung und Mechanisierung ab. Heute bringt das Wachstum der deutschen Unternehmen umso weniger Arbeit, je mehr sie die Produktion wegen ungünstiger Standortbedingungen ins Ausland verlagern. Wegen des steigenden Zukaufs von Teilen aus dem Ausland muss das Wachstum höher sein, um denselben Beschäftigungszuwachs zu erreichen. Früher brachten hohe Gewinne Sicherheit für die Arbeitsplätze. Deshalb wird oft gefragt, wie kann es bei steigenden Gewinnen der Konzerne zu Entlassungen kommen? Heute entscheidet der globale Standort, so wie früher der regionale Standort innerhalb Deutschlands entschied. Da wo höhere Gewinne nach Abzug der Steuern erzielt werden, sind die Arbeitsplätze sicherer. Früher war die Innovationskraft einer Nation gleichbedeutend mit Wachstum. Hier besitzt Deutschland nach wie vor eine wichtige Stärke. Kreativität und gute Ausbildung nützen einer Nation aber wenig, wenn die Investitionen für die Fertigungsstätten der innovativen Produkte im Ausland erfolgen. Den Investitionen folgen auf Dauer auch die guten Mitarbeiter. Auch die Einstellung der Politik und der Lobby zu den Unternehmen und Innovationen können die Investitionsentscheidungen beeinflussen.

Arbeitslosigkeit und die damit steigende Armut sind wohl das unsozialste Ergebnis einer gut gemeinten Politik. Verständlicherweise versuchte die Politik zu helfen. Sie steuerte mit vielen Vorschriften dagegen und baute ein Netz von Sozialleistungen auf. Die damit verbundene zunehmende Komplizierung der Arbeitswelt wirkte aber wiederum abschreckend. Wenn politische Maßnahmen die Arbeitslosigkeit zeitweise zurückdrängten, so könnte man glauben, dass der negative Trend gebrochen sei. Weil sie aber nicht die volkswirtschaftlichen Fehlstrukturen beseitigten, setzte sich der Trend immer wieder durch. Mit kreditfinanzierten Programmen versuchte der Staat, Arbeitsplätze zu erhalten oder aufzubauen, verschob aber dadurch die Lasten nur in die Zukunft. Subventionen zur Erhaltung unwirtschaftlicher Arbeitsplätze, verkürzte Arbeitszeiten, vorzeitige Pensionierung oder die Verpflichtung zur Lehrlingsübernahme brachten keine dauerhafte Lösung des Problems. Die Maßnahmen halfen kaum mehr als Aspirin im Falle eines schmerzhaften Gehirntumors, da man damit nur auf die Symptome reagierte, während die Krankheit fortschritt. Die Industrie exportierte weiter Arbeitsplätze und Know-how statt Produkte. Schließlich musste auch die öffentliche Hand sparen und Personal abbauen.

Die geringe Eignung der arbeitspolitischen Instrumente bestätigt auch eine Untersuchung der Universität St. Gallen: „We find that, on average all programmes fail to improve their participants` chances of finding regular, unsubsidised employment."[2] Die volkswirtschaftlichen Kosten stiegen sogar noch. Der langfristige

---

[2] Lechner und Wunsch: Discussion Paper Series. No. 6306

Prozess der strukturellen Arbeitslosigkeit wurde nicht unterbrochen. Wenn die Arbeitsagentur trotz hoher Arbeitslosigkeit über 800.000 offene Stellen meldet und noch mit einer hohen Dunkelziffer gerechnet wird, so liegt das an der falschen Ausbildungsstruktur oder dem zu geringen Anreiz, eine Arbeit aufzunehmen.

Eine Gemeinde brachte schwer vermittelbare Arbeitslose in sozialversicherungspflichtige gemeinnützige Stellen. Sie verdrängte also nach eigenen Angaben keine reguläre Beschäftigung. Für den Staat und die Sozialversicherung soll die Bürgerarbeit nicht wesentlich teurer sein als das Arbeitslosengeld, für die meisten Geförderten bringt sie eine höhere Lebensqualität. Eine solche Regelung berücksichtigt die Egologik weit besser, weil denjenigen, die mehr an Schwarzarbeit und nicht so sehr an regulärer Arbeit interessiert sind, die Zeit für die Schwarzarbeit weitgehend genommen wird. Obwohl solche Maßnahmen dieser Gemeinde begrüßenswert und richtig sind, wird aber nur ein Mangel verwaltet.

Eine nicht am Gleichgewicht orientierte Politik trifft zukünftige Generationen umso härter, weil bei gesunkenem Wohlstand und Know-how auch noch der Schuldenabbau belastet. Schon Erhard mahnte, den Kuchen erst zu verteilen, wenn er gebacken sei. Der Versuch, soziale Probleme ohne Beachtung des Gleichgewichtes und der Wertschöpfung zu lösen, führt in globalen Märkten letztlich zu noch größeren sozialen Problemen. War das nicht vorauszusehen?

Welche ungeheuren Lasten eine Nation verkraften muss, zeigen Eugen Spitznagel und Hans-Uwe Bach in ihrer Untersuchung. Für das Jahr 2002 errechneten sie zu den jahresdurchschnittlich 4,06 Millionen Arbeitslosen noch 1,8 Mio. Personen als stille Reserve durch Entmutigungs- und Verdrängungseffekte infolge der schlechten Arbeitsmarktlage. Hinzu kamen 0,7 Mio. als stille Reserve in arbeitsmarkt- und sozialpolitischen Maßnahmen sowie noch einmal 250.000 durch Arbeitsbeschaffungs- (ABM), Strukturanpassungsmaßnahmen und Kurzarbeit. Die Arbeitslosigkeit verursachte beim Fiskus 2002 Ausgaben und Mindereinnahmen in Höhe von 232 Mrd. Euro, weil Arbeitslose kein Einkommen beziehen und somit keine Steuern und Abgaben entrichten. Dabei wurde nur die registrierte Arbeitslosigkeit berücksichtigt und nicht die stille Reserve.[3]

Oft kommt von Politikern das richtige Argument, dass der Staat keine Arbeitsplätze schaffen könne. Die logische Folge ist dann aber: Je höher die Staatsquote liegt, je höher also der Teil der Volkwirtschaft ist, der keine Arbeitsplätze schaffen kann, umso mehr Mittel entzieht man dem Teil der Volkswirtschaft, der die Arbeitsplätze schafft. Dennoch entscheidet die Politik wie jede Führung in einem Großkonzern indirekt darüber, ob die Unternehmen produktive Arbeitsplätze aufbauen.

---

[3] Bach und Spitznagel (2003)

Für ein Hochlohnland mit wenigen Bodenschätzen ist der Know-how-Vorsprung langfristig wichtig für den Arbeitsmarkt. Motiviert die Regierung zu Innovationen, fördert sie Hightech-Arbeitsplätze in den Zukunftsindustrien. Ersetzen Hightech-Produkte den Umsatz alternder Industriezweige, so entstehen Arbeitsplätze für besser Ausgebildete. Deshalb ist das entsprechend mitwachsende Bildungsniveau vor allem für ein Hochlohnland wichtig. Die Ausbildungsstruktur der benötigten Arbeitnehmer muss diesem Bedarf folgen. Einwanderung vor Niedrigqualifizierten erhöht dann den Sockel der Arbeitslosigkeit und senkt durch die steigenden volkswirtschaftlichen Kosten die Wettbewerbsfähigkeit. Wenn auch noch eine ständig wachsende Zahl von gut ausgebildeten Menschen aus Hochlohnländern im Ausland Chancen sieht, so verschlechtert dies das Personalangebot weiter.

Verliert eine Nation zu schnell Arbeitsplätze, so lässt sich ein Gleichgewicht am ehesten kurz- oder mittelfristig über ein sinkendes Kostenniveau erreichen.[4] Das ist aber in der Demokratie nicht durchsetzbar. Ist die Wirtschaftspolitik dazu nicht in der Lage, wächst der Druck zu Rationalisierung und Verlagerung noch rascher. Der Abbau von Arbeitsplätzen ist stärker als der Aufbau durch Expansion an anderer Stelle oder durch höherwertige Industrien. Ein Gegensteuern in Form von Subventionen kann diesen Trend nur zeitweise verbergen.

Arbeit ist also vorwiegend in Volkswirtschaften mit ungünstigen Standortbedingungen knapp. Dann gleichen die Stärken aufgrund der hohen Produktivität, des Ausbildungsniveaus, des Know-hows, der Infrastruktur etc. nicht die Schwächen infolge des Kostenniveaus und kostentreibender Hemmnisse aus. Weiterhin gilt grundsätzlich: Jede Kostenerhöhung im unproduktiven Bereich der Volkswirtschaft senkt die Wettbewerbsfähigkeit des produktiven Bereichs.

5.3 Verschuldung bis zur Unbeweglichkeit auf Kosten zukünftiger Generationen

Ein Familienvater, der langfristig und an seine Kinder denkt, beherzigt den Grundsatz, weniger auszugeben, als er verdient. Das ist eine simple, aber absolut sichere Methode, das Risiko zu minimieren und für schwierige Zeiten vorzusorgen. Egoistisch handelt, wer trotz seiner Möglichkeit nicht für seine eigene Zukunft und spätere Generationen sorgt. Diese Neigung wächst verständlicherweise, wenn beispielsweise mit einer kollektiv finanzierten, sicheren Versorgung gerechnet werden kann. Dann wollen die Menschen das Leben jetzt genießen und erwarten, dass spätere Probleme erspart bleiben.

---

[4] Vgl. F. Reutner (1991)

Auch der Staat kann nur ausgeben, was er einnimmt, oder er muss sich verschulden. Trotz einer Vielzahl neuer und steigender Gebühren, höherer Sozialabgaben und tendenziell steigender Steuern, stieg die gesamtstaatliche Verschuldung seit Anfang der 70er Jahre um mehr als das 30fache.[5] Wie stark Verschuldungsauf- und -abbau auf das verfügbare Einkommen einwirken und welche Probleme bei hoher Verschuldung auf eine Volkswirtschaft zukommen, lässt sich am Beispiel der Einkommensentwicklung einer Familie deutlich machen.

Das verfügbare Einkommen beträgt 6.000 € monatlich. Durch Kreditaufnahme wird der Lebensstandard auf 9.000 € monatlich angehoben. Nach 10 Jahren zählt die Schuld 372.000 €. Bei 5 % Zinsen wird die Kreditaufnahme von 3.000 € schon zu mehr als zur Hälfte durch Zinsbelastung verbraucht. Bei einer weiteren Verschuldung sinkt das verfügbare Einkommen wieder auf 6.000 €. Gewährt die Bank schließlich keine weiteren Kredite, so sinkt das verfügbare Einkommen wegen des Zinsendienstes auf 3.000 €. Verlangt sie auch noch eine Tilgung von z. B. 2.000 € monatlich, so bleiben noch 1.000 € für den privaten Verbrauch. Die großen Probleme eines Entschuldungsprozesses werden für zukünftige Generationen deutlich.

Solide wirtschaftende Unternehmer fangen finanzielle Belastungen in schwierigeren Zeiten mit Reserven auf. Kredite werden im Übergang nur akzeptiert, falls sich eine Expansion rechnet. Es ist ihnen wichtig, nicht in Abhängigkeit zu geraten. Banken akzeptieren für erstrangige Schuldner noch ein Kreditvolumen, das das etwa 4–6fache Betriebsergebnis vor Zinsen, Abschreibungen und Steuern (EBITA) beträgt. Verständlicher, wenn auch weniger professionell, ist die einfache alte Faustregel, dass die gesamte Verschuldung drei Monatsumsätze bei durchschnittlicher Rendite nicht überschreiten sollte. Die Qualifikation eines Landes für die Europäische Währungsunion wird von einem maximalen Verschuldungsstand von 60 Prozent des Bruttoinlandsprodukts abhängig gemacht – eine Anforderung, die von vielen Ländern kaum zu erreichen ist. Aber selbst dieser Wert entspricht schon einem Umsatz von 7,2 Monaten.

Öffentliche Unternehmen, die nach ähnlichen Prinzipien wie die öffentliche Hand geführt werden, sprengen im Hinblick auf die Fremdmittel oft jeden Rahmen, der in der freien Wirtschaft denkbar ist.

Das Kreditvolumen der Deutschen Bundesbahn betrug bei Umwandlung zur Deutschen Bahn AG trotz der Verluste fast 70 Milliarden DM oder weit über zwei Jahresumsätze. Dabei hatte der Staat über viele Jahre fast 300 Milliarden DM an Subventionen und Zuschüssen aufgewendet, um das Unternehmen zahlungsfähig zu erhalten. Der Monopolist Telekom wies in der Bilanz des Jahres 1994 Umsatzerlöse von 61 Milliarden DM

---

[5] RWI(2007)

und eine Gesamtverbindlichkeit von fast zwei Jahresumsätzen aus. Die Zinsen wären selbst in guten Jahren kaum zu erwirtschaften gewesen. Die französischen Eisenbahnen SNCF hatten 1996 über 200 Milliarden Franc Schulden bei einem Umsatz von weniger als 60 Milliarden Franc, also eine Verschuldung von mehr als 3,5 Jahresumsätzen. Selbst bei den erfolgreichsten Privatunternehmen wäre die Insolvenz in dieser Situation sicher. Die Zahl der Beispiele ließe sich fast beliebig erweitern.

Die wenigen Beispiele lassen erkennen, dass die heutigen Rahmenbedingungen der öffentlichen Hand wenig geeignet sind, ein Unternehmen wirtschaftlich zu führen. Unternehmen, deren Existenz der Staat mit Subventionen erhält, schaden der Wettbewerbsfähigkeit der Nation.

Wirtschaftliche Probleme, z. B. tatsächlich eingetretene Wohlstandsverluste, lassen sich sowohl im privaten Bereich als auch in der Volkswirtschaft durch Verschuldung verschleiern. In der Nation gelingt dies über Jahrzehnte. Die Rahmenbedingungen ermuntern Politiker, Zukunftsprobleme in ihrer aktiven Zeit zu wenig zu beachten, denn für Schulden, die eine Regierung hinterlässt, wird sie von den Wählern nicht verurteilt und für Sparsamkeit dankt ihr kaum jemand. So schwer es ist, eigenes Geld zu verdienen, so leicht gibt man fremdes Geld aus. Wenn Anreize und Bedrohungen dies nicht bremsen, entspricht es der Egologik, dass die Verschuldung wächst. Auch ein guter Zweck ändert nichts an den späteren Folgen. Die Nachteile einer solchen Politik tragen die Jungen und die kommende Generation. Es ist kein Verdienst, sondern ein Versagen der Führung, wenn der Lebensstandard aufgrund staatlicher Kreditaufnahme steigt oder gehalten wird.

Politiker verstecken manchmal die Verschuldung vor dem Souverän in belastbaren Nebenhaushalten. Sie können beispielsweise die Kosten der Arbeitslosigkeit auf das Rentensystem verlagern, oder Gemeinden belasten die Tochtergesellschaften. Damit verschleiern sie die tatsächliche Situation und verschieben die Korrekturmaßnahmen in die Zukunft. Hat der Souverän kein Recht auf eine offene Information?

Eine reduzierte Schuldenaufnahme in der Konjunktur wird schon als Erfolg dargestellt, obwohl die Verschuldung sich weiter erhöht. Wann aber sollten Schulden abgebaut werden, wenn nicht in Zeiten des Wachstums? Dies fordert auch der Stabilitätspakt. Die Zwänge, denen die Politiker ausgesetzt sind, führen – unbeschadet der mutigen Bemühungen einzelner – aufgrund der Rahmenbedingungen und der Egologik immer wieder zur Kreditaufnahme bis hin zur Unbeweglichkeit.

Den Bundesländern bleibt wegen des faktischen Haftungsverbunds immer noch der leichtere Weg, den Notstand selbst zu erzeugen und dann die Hilfe des Bundes und der anderen Länder zu erzwingen. 2005 waren elf, 2006 noch zwei Länderhaushalte verfassungswidrig, ohne dass das Konsequenzen gehabt hätte. Auch wenn es im konjunkturellen Aufschwung zu verfassungsgemäßen Haushalten kommt, die Schuldenspirale dreht sich langfristig bei den gegebenen Rahmenbedingungen weiter. Erstmals seit dem Verfassungsgerichtsurteil von 2006 soll ein höherer politischer Zwang entstehen: Hochverschuldete Länder können nur dann Hilfen erwarten, wenn sie eigene Anstrengungen unternommen haben, diesen Zustand zu beseitigen. Es wird sich zeigen, inwieweit dies reicht, gegen die Kräfte der Egologik die Verschuldung zu bremsen. Immer noch fehlen Anreize und Zwänge für die Regierungen, nicht den Zustand der subventionsfähigen Notlage herbeizuführen. Welcher persönliche Nachteil entsteht schon für Politiker, wenn sie die Verschuldung weitertreiben?

Die Probleme wurden erkannt,[6] aber ein Verschuldungsabbau ist für die Politiker in der Demokratie sehr schwierig. Wie wirkt sich die Entscheidung auf das Wahlverhalten aus? Welche Lobby kann der eigenen Partei besonders schaden? Wen kann man noch belasten ohne die Wirtschaftsleistung und langfristig die soziale Fähigkeit noch mehr zu senken?

Der Stabilitätspakt war bereits ein großer Fortschritt, um eine weitere Eskalation zu vermeiden. Es war jedoch ein Fehler in den Vereinbarungen, dass die Betroffenen selbst über den „Strafvollzug" entscheiden. Da die Egologik keine Berücksichtigung fand, blieben erfolgreiche Versuche nicht aus, vertragswidrig die Verfahrensverschärfung zu verhindern und die Regelung zu entschärfen. Manche Politiker wollen das Verschuldungsverbot im deutschen Grundgesetz verankern und fordern, bei guter Konjunktur eine Ausgleichsrücklage anzulegen. Dies darf jedoch die notwendige Flexibilität der Politik nicht zu sehr einschränken. Die Wähler der Schweiz entschieden 2001, dass die Einnahmen und Ausgaben über einen Konjunkturzyklus ausgeglichen sein müssen. Auch die Wirtschaftsweisen und der Bundesrechnungshof forderten strengere Verschuldungsregeln. Der Landesrechnungshof von Baden-Württemberg erhob in einer Denkschrift Mitte 2006 die Forderung, dem Land die Aufnahme neuer Kredite durch Änderung der Landesverfassung grundsätzlich zu verbieten. Das Land dürfte danach nur noch in definierten Katastrophenfällen mit der Zustimmung der Zweidrittelmehrheit des Parlamentes Kredite aufnehmen. – Für den Souverän würde bei einem Verschuldungsverbot deutlicher sichtbar, dass die Regierung Ausgaben einplant, die nicht durch Einnahmen gedeckt sind.

1952 bis 1956 gab es noch einen „Juliusturm" als Rücklage der öffentlichen Hand. Typischerweise führte dies sehr bald zu neuen Forderungen. In der Demokratie ist nie gelungen, eine langfristige Reserve aufzubauen. Staatsformen, die nicht in dem Maße von der Lobby beeinflusst werden, wie China oder Singapur, bauten hohe Währungsreserven auf. In China war bis 2007 die gigantische Summe

---

[6] Vgl. u. a. Biedenkopf. (2006)

von einer Billion Dollar überschritten, was allerdings auch mit der – im Übrigen falschen – Wechselkurspolitik der Chinesen zusammenhängt und die Frage nach dem wirtschaftlichen Sinn aufwirft. Die Erfahrung zeigt immer wieder: Fehlende Anreize und Zwänge für Politiker sind ein grundsätzlicher Mangel in den heutigen Rahmenbedingungen, wenn es um einen wirtschaftlichen Umgang mit Finanzmitteln geht.

5.4 Der wertvernichtende tertiäre Sektor durch innere Beschäftigung

Die produzierenden Unternehmen sind die Basis des Wohlstandes; ohne sie gäbe es die meisten Dienstleistungen nicht. Aber in jeder wohlhabenden Volkswirtschaft wächst der Anteil des tertiären Sektors. Man nimmt mit zunehmendem verfügbarem Einkommen mehr Leistungen von Gaststätten, Hotels oder Ärzten in Anspruch. Die Industrie lagert bei Rentabilitätsdruck eigene Dienstleistungen wie die Gebäudereinigung, Werbung oder Datenverarbeitung aus. Das alles wirkt wertschöpfend und steigert die Lebensqualität. Aber der tertiäre Sektor wächst auch mehr oder weniger stark, je nachdem welche Transferleistungen der Staat erbringt, wie viele Details er regelt und wie kompliziert seine Vorschriften sind.

Jeder qualifizierte Unternehmer kennt die Gefahr einer inneren Überadministration. Sie entsteht vor allem durch steigende Regelungsdichte, Kompliziertheit der Vorschriften und die dadurch bedingten Reibungsverluste. Mit der wertvernichtenden oder unproduktiven Überadministration werden nicht nur viele produktiv Beschäftigte unmittelbar in unproduktive Tätigkeiten gedrängt, also von ihrer wertschöpfenden Aufgabe abgehalten, die unmittelbar administrativ Beschäftigten verlangen auch Mitarbeit und Unterstützung von denjenigen, die für die wertschöpfende Arbeit verbleiben. Beachtet die Unternehmensführung eine solche Fehlentwicklung nicht, führt das zu schwerwiegenden Konsequenzen für die Wettbewerbsfähigkeit. Die laufende Selektion im Markt hinterlässt nur die Leistungsfähigen.

Eine ständig steigende Kompliziertheit und eine wachsende Administration schaffen anfangs sogar zusätzliche Arbeitsplätze. Dadurch entstehen neue Arbeitsplätze in den Unternehmen, bei der öffentlichen Hand, bei Juristen, Steuerberatern, in Verbänden etc. Je detaillierter die Regelungen werden, umso mehr steigen die Kosten und Hemmnisse, und umso größer wird der Zwang der Wirtschaft und der betroffenen Bürger, Zeit aufzuwenden, sich zu wehren oder zu schützen. Wirtschaftsverbände haben u. a. die Aufgabe, bei Gesetzgebung und Behördenentscheidungen Vorteile für die eigenen Mitglieder zu erreichen. Sie tragen aber als Lobby wenig zu den wertschöpfenden Tätigkeiten bei. Neben den Unternehmen bauten auch Arbeitnehmer-, Sozial-, Beamten-, Umweltschutz-, Künstlerverbände, Verbraucherorganisationen, Stiftungs- und Forschungsvereinigungen, um nur einige zu nennen, mittlerweile ebenfalls eine große Administration auf. Mitarbeiter der Mitglieder und der Verbände selbst verlieren durch überflüssige Verbandstätigkeit viel Zeit und verursachen erhebliche Kosten. Großbetriebe unterhalten Spezialabteilungen für den Kampf um Subventionen und zur Auslegung der Gesetze. Subventionsberater überreden Mittelständler, Ansprüche anzumelden. Immer geht es darum, für die Mitglieder oder Auftraggeber Transferleistungen zu erhalten. Abgesehen von den Kosten, entziehen diese Tätigkeiten produktives Arbeitspotential.

In Brüssel stehen den Beamten schätzungsweise ebenso viele Lobbyisten gegenüber, und Schulen für die Ausbildung von Lobbyisten sind bereits entstanden. Verbände werden gegründet und ausgebaut, damit die eigenen Interessen vor der Verabschiedung weiterer Vorschriften berücksichtigt werden. Die Volkswirtschaft beginnt sich mehr und mehr nach innen zu beschäftigen. Diese Form des tertiären Sektors wächst, ist aber nicht wertschöpfend, sondern aufgrund innerer Administration wertvernichtend, zumal er nicht bloß eigene Finanzmittel verschlingt, sondern auch den wertschöpfenden Tätigkeiten Kapazität entzieht. Die Wettbewerbsfähigkeit der Nation sinkt.

Wertvernichtende Dienstleistungsunternehmen entstehen auch, um dem betroffenen Bürger bei der Bearbeitung komplizierter Vorschriften zu helfen. So verdoppelte sich nahezu die Zahl der zugelassenen Rechtsanwälte in den letzten zehn Jahren. Mit einer überschlägigen Rechnung lässt sich die volkswirtschaftliche Belastung durch aufgeblähte Berufsgruppen infolge der Kompliziertheit abschätzen. Die Zahlen wollen keinen Anspruch auf Genauigkeit erheben, aber das Verständnis fördern.

Unterstellt wird, dass die innere Administration wesentlich geringer ist und die Zahl der Anwälte in Deutschland so hoch wäre wie im Jahre 1994, also 70.000 Anwälte weniger als im Jahre 2006. Wenn diese zusätzlichen Anwälte für die Erwirtschaftung aller Kosten und eines Einkommens im Durchschnitt einen Tagessatz von 1.000 € in Rechnung stellten, so ergäben sich bei 200 Arbeitstagen Einnahmen von 200.000 € je Anwalt und damit eine zusätzliche Belastung der Volkswirtschaft von 14 Milliarden €. Bei der Struktur von 1974 wären sogar 90.000 Anwälte entbehrlich; der Aufwand wäre um 18 Milliarden niedriger. Die Zahl der Wirtschaftsprüfer und Steuerberater liegt noch über der der Rechtsanwälte und ist etwa im gleichen Verhältnis gestiegen, so dass sich die Kompliziertheitsbelastung auf etwa 28 bzw. 36 Milliarden erhöht. Die tatsächliche Belastung dürfte sich noch einmal verdoppeln, da jeder Anwalt seine Gesprächspartner in der Wirtschaft hat, die mit ihm diskutieren und sich mit solchen Themen untereinander beschäftigen. Schließlich ist noch nicht berücksichtigt, dass die nicht wertschöpfenden Beschäftigungen Kapazitäten für produktive Tätigkeiten entziehen und dadurch das Wachstum hemmen. Eine Entlastung der Nation um 100 Mrd. wäre vermutlich alleine durch Reduzierung dieser inneren Administration möglich.

Es gibt keine sorgfältig ausgearbeiteten Schätzungen über die Folgen von Reibungskonflikten und einer unwirtschaftlichen inneren Überadministration für die Wettbewerbsfähigkeit, das Wachstum und den Lebensstandard. Hilfsweise kann eine Überschlagsrechnung einen Eindruck von den Chancen für eine Verbesserung vermitteln. Diese erhebt keinen Anspruch auf Genauigkeit, sondern soll nur dem besseren Verständnis der Zusammenhänge dienen.

Es wird unterstellt, dass in drei Nationen mit gleichem Leistungsniveau und Know-how unterschiedlich viel und die Rahmenbedingungen unterschiedlich kompliziert geregelt werden, die Regierungen also die Wirtschaft mehr oder weniger stark mit Administration belasten. Der Anteil der unmittelbar mit Überadministration Beschäftigten am gesamten Arbeitsmarkt soll 10, 15 oder sogar 20 % betragen. Da diese Mitarbeiter auch entsprechende Aufwendungen der Bürger erzwingen und die Überadministration das kreative Potential blockiert, kann man unterstellen, dass sich der Anteil der unmittelbar und mittelbar Beschäftigten und damit der Wertschöpfungsentzug auf 20, 30 bzw. 40 % steigert. Der wertschöpfende Anteil bei der arbeitenden Bevölkerung sinkt entsprechend auf 80, 70 und 60 %. Liegt das Pro-Kopf-Einkommen in einer Nation ohne Überadministration bei 30.000 €, so sinkt das Einkommen in den anderen Nationen auf 24.000 €, 21.000 € bzw. 18.000 €.

Bei diesen Überlegungen wurde der Einfluss der Überadministration auf die Motivation und den Stress unbeachtet gelassen und unterstellt, dass die Motivation gleich bleibt. Das stimmt aber langfristig nicht. Die Erfahrung zeigt, dass die Motivation und damit die Einsatzbereitschaft als einer der wichtigsten langfristigen Erfolgsfaktoren mit zunehmender Regulierung sinken, was sich auf die Wettbewerbsfähigkeit und die Zahl der Arbeitsplätze auswirkt.

Wer auf mehr als 30 Jahre Tätigkeit in einer Unternehmensführung zurückblickt, musste erleben, dass Verhandlungen, die früher Stunden dauerten, sich heute nicht selten über Tage und manchmal über Wochen hinziehen, weil komplizierte Fragen zum Steuer-, Wettbewerbs-, Arbeits-, Umwelt-, Sozial-, Außenwirtschafts- oder Baurecht etc. zu klären sind. Oft wird vertagt, weil vorher Spezialisten die komplizierte Rechtssituation beurteilen müssen. Nicht selten scheitern die Verhandlungen nach Wochen und Monaten daran, dass die Steuergesetze keine sichere Entscheidung zulassen. Aufwendige Gestaltungen werden notwendig, um das Ziel zu erreichen. Der wertschöpfende Prozess wird unproduktiv verlängert und verteuert; dabei lehrt die betriebliche Erfahrung, die Durchlaufzeiten in den Unternehmen zu kürzen, um die Wettbewerbsfähigkeit zu verbessern (Zeitwettbewerb).[7] Das schwächt die Leistungskraft der Unternehmen und steigert die Neigung, auf andere Standorte auszuweichen.

---

[7] Vgl. z. B. Stalk und Hout (1992) oder Voigt (2001)

Nicht jede Expansion der Dienstleistungen ist also ein Merkmal einer gesund wachsenden Volkswirtschaft: Die Struktur der wertschöpfenden und wertvernichtenden Tätigkeiten entscheidet. Dienstleistungen müssen einen Beitrag zur Lebensqualität bringen. Überadministration schafft wertvernichtende Arbeitsplätze und verschiebt die Struktur dann immer mehr von wertschöpfender zu wertvernichtender innerer Beschäftigung. Die Reibungskonflikte nehmen zu, belasten die Wettbewerbsfähigkeit der freien Wirtschaft und führen dort zu einem Arbeitsplatzabbau. Der Anstieg des deutschen Wohlstandes wäre nach 1945 mit der heutigen Struktur nicht erreicht worden.

5.5 Signale des Niedergangs

Die Märkte sind unterschiedlich schwierig. Abgesehen von großen Unterschieden zwischen den Branchen, gibt es in jeder Branche gute und schlechte Unternehmen. Die einen verlieren im gleichen Markt immer mehr Marktanteile und Arbeitsplätze, andere halten die Zahl ihrer Mitarbeiter etwa auf gleichem Niveau, und in einer dritten Gruppe entstehen von Jahr zu Jahr mehr Arbeitsplätze. Wer nicht die Fertigungsmethoden an die Kostenstruktur eines Landes anpasst und durch neue interessante Produkte oder höhere Produktivität in der Fertigung, Verwaltung, im Vertrieb etc. den Umsatz stärker als die Wettbewerber steigert bzw. sich nicht in Zukunftsmärkten positioniert, verliert im Laufe der Jahrzehnte Marktanteile und Arbeitsplätze.

Aber die Rahmenbedingungen einer Nation können das unternehmerische Handeln erleichtern oder erschweren. Die Wettbewerbsfähigkeit bzw. Konkursanfälligkeit nationaler Unternehmen wird entscheidend von den nationalen Rahmenbedingungen bestimmt. Die Zahl der Unternehmensinsolvenzen, die Arbeitslosigkeit sowie stagnierende bzw. fallende Einkommen sind starke Signale für die Schwierigkeit, unternehmerisch tätig zu sein. Auch gutgemeinte Kraftakte der Gewerkschaften, die in Jahren der Konjunktur zu überdurchschnittlichen Steigerungen der Einkommen führen, ändern die fundamentalen Bedingungen nicht, sondern verschärfen das Problem. Die Insolvenzen überschritten in Deutschland 1974 erstmals die 5.000, 1982 die 10.000, 1995 die 20.000, 2001 die 30.000 und erreichten 2003 mit über 39.000 einen Höhepunkt.[8] Sie schwanken seitdem mit der Konjunktur auf hohem Niveau. Dies ist ein deutliches Signal für die in den letzten Jahrzehnten gewachsenen Probleme. Subventionen verzögern zwar den Abbau der Arbeitsplätze, lösen aber das Problem nicht. Im Gegenteil: Die Kapital-

---

[8] Statistisches Bundesamt Deutschland, Lange Reihen: Insolvenzen

umlenkung und die höhere Belastung noch gesunder Betriebe bringen auch diese in Schwierigkeiten. Eine Subvention durch Verschuldung verschiebt das Problem nur auf die zukünftigen Generationen. Weit erfolgreicher arbeitet eine Nation, wenn der Ab- und Aufbau im Gleichgewicht verlaufen.

5.6 Zweifel, Ängste und Streit

5.6.1 Zweifel an der Marktwirtschaft

Das intelligent praktizierte marktwirtschaftliche System mit sozialen Elementen zeigt hohe Stabilität und sorgt am besten durch Delegation der Entscheidungen für ein optimiertes Wachstum und eine höchstmögliche Wohlstandsmehrung. Es verträgt politische Eingriffe, die zum Beispiel soziale Härten vermeiden wollen, auch wenn diese die Leistungsfähigkeit in Grenzen beeinträchtigen. Wächst der unwirtschaftliche Teil der Volkswirtschaft, bremsen die zahlreichen Eingriffe die Aktivitäten der freien Wirtschaft; sind die aufgebürdeten Lasten zu hoch, entstehen Strukturprobleme. Auch wenn die Bruttoeinkommen der Bürger noch steigen, müssen die realen Nettoeinnahmen im Trend stagnieren oder sinken und schließlich verspüren immer mehr Beruftätige den Druck auf die Einkommen und können nicht mehr von ihrer Tätigkeit leben. Diesen schleichenden Prozess erkennt der Bürger erst richtig, wenn die Statistik dies nach vielen Jahren belegt. Das stärkt die Zweifel an der Leistungsfähigkeit des praktizierten Wirtschaftssystems, erhöht die Gefahr von Auseinandersetzungen und stärkt die protektionistischen Bestrebungen. Würde ein nicht die internationalen Spannungen wachsen lassen? Sollte man z. B. Branchen mit wichtigem Know-how für die Zukunft vor Übernahmen und Know-how-Abfluss schützen? Die wirtschaftlichen Verflechtungen sind bereits weit fortgeschritten. Protektionismus holt die verlorenen Investitionen, Arbeitsplätze und das Know-how nicht zurück. Besser wäre es unter den Bedingungen des globalen Marktes noch rechtzeitig ein wettbewerbsfähiger Standort zu werden.

Nun werben Politiker mit dem Slogan „Freiheit durch Sozialismus". Mehr Regulierung und Verstaatlichung seien für alle Bürger von Nutzen. Wieso steigt die Freiheit, wenn durch Regulierung dem Bürger immer mehr Handlungen vorgeschrieben werden? Ohne Zweifel macht Armut unfrei, aber wo konnten sozialistische Wirtschaftssysteme wirklich den Armen helfen? Ihre Zahl stieg sogar gewaltig an. Nur der Neid wird eher befriedigt, weil bis auf die hohen Politiker alle in Armut leben. Was kurzfristig richtig erschien, hat langfristig über die sinkende Wettbewerbsfähigkeit der Nation stets zu einem sinkenden Lebensstandard und zur Armut geführt. Das gesellschaftliche Ziel und Versprechen muss lauten, dass jeder bei gleicher Tüchtigkeit in die Position des Beneideten kommen kann.[9]

Vor den Gefahren durch eine Überlastung der Marktwirtschaft warnten Ludwig Erhard und Alfred Müller-Armack, die Schöpfer der Sozialen Marktwirtschaft, bereits in den 50er Jahren. Keiner kann mehr an Sicherheit gewinnen, als wir uns durch Leistung erworben haben.[10] Tatsächlich sank das Vertrauen in die Marktwirtschaft von Jahr zu Jahr. Während das Vertrauen in die Demokratie noch gegeben ist,[11] kommt es zu Zweifeln an der Marktwirtschaft.[12] Im Jahre 2006 glaubten nur noch 24 %, dass Deutschland eine Soziale Marktwirtschaft habe und über 60 % aller Deutschen zweifelten daran, dass das Wirtschaftssystem sozial sei.[13] Eine vergleichbare Entwicklung lässt sich in schwierigen Phasen in jedem Unternehmen beobachten.[14] Wenn der Umsatz und die Rendite verfallen, Einkommen stagnieren und Personal abgebaut werden muss, sinkt mit der bedrückenden Stimmung auch das Vertrauen in das Konzept der Führung.

Was passiert, wenn durch die Schwächen der Demokratie die Probleme weiter wirken, wenn die Nation wirtschaftlich immer weiter zurückfällt, Einkommen lange stagnieren oder sinken und trotzdem die Arbeitslosigkeit mit Schwankungen langsam weiter steigt? Wenn Länder z. B. mit staatlich gelenkten Wirtschaftssystemen, die sicher kein Vorbild sein können, zunehmenden Wohlstand erreichen, wachsen damit schließlich nicht auch die Zweifel der Bürger an der Demokratie?

Mit der Forderung nach anderen Wirtschafts- und Staatsformen und einer Beendigung der Globalisierung ist die Frage nach besseren Lösungen noch nicht beantwortet. Die Demokratie und die Soziale Marktwirtschaft bewiesen über lange Zeit ihre hohen Vorteile durch Leistungsfähigkeit, ein relativ hohes Maß an Gerechtigkeit und sozialem Ausgleich. Auch eine noch so leistungsfähige Organisation lässt sich aber nicht unbegrenzt belasten. Ludwig Erhard und Alfred Müller-Armack würden im heutigen Wirtschaftssystem ihre Soziale Marktwirtschaft nicht wiedererkennen. Die heutige Wirtschaftsordnung dürften sie eher als interventionistische Marktwirtschaft bezeichnen.

---

[9] Vgl. Schoeck (1992) und (1990)
[10] Erhard (2000), S. 250, aber auch Hayek (2007)
[11] Allensbacher Berichte Nr. 18, 2006: 10 % sind sehr zufrieden, 59 % einigermaßen zufrieden, 24 % nicht zufrieden und 7 % unentschieden
[12] Vgl. Frank Wiebe, Der ungeliebte Kapitalismus. In: Handelsblatt 4.9.07, S.9
[13] Renate Köcher (2006)
[14] Vgl. Friedrich Reutner (1991)

5.6.2 Disharmonie der Interessen der Wertschöpfungstreiber mit der Wirtschaftspolitik

Wenn bereits ein nennenswerter Teil der Mitarbeiter eines Unternehmens „innerlich gekündigt" hat, sind das starke negative Signale für fehlende Harmonie der Interessen und sinkende Lebensqualität. Die viel beklagte Frühpensionierung von Beamten und Beamtinnen, die meist mit Dienstunfähigkeit begründet wird, weist auf Motivationsprobleme hin. Eine Kienbaum-Studie belegt, dass sogar bis zu 40 Prozent der Mitarbeiter des höheren öffentlichen Dienstes unter der inneren Kündigung leiden. Diese Signale fordern auf, über unsere Rahmenbedingungen nachzudenken. Sind die Flut der Vorschriften und die Einengung des Freiheitsraums daran schuld?

Ein mittelständisches Großunternehmen versuchte, die Motivation und die persönliche Verpflichtung des Einzelnen dadurch zu steigern, dass man regelmäßig zu Strategietagungen zusammenkam. Ein Kreis von Mitarbeitern erarbeitete auf der Basis der Erfolgsfaktoren gemeinsam Ziele und Maßnahmen, die sie in der Folgezeit umsetzen wollten. Mit der Harmonie der Interessen stieg die Zusammenarbeit. Der gewährte Freiheitsraum ergänzte das Konzept, das bald zum Erfolg führte.

Eine Interessenharmonie wird leicht durch das Empfinden von Ungerechtigkeit gestört:

Eine leistungsfähige kleine Gruppe in einem Konzern von circa zehn Mitarbeitern kämpfte mit großem Engagement darum, die ihr gesetzten Ziele zu erreichen. Der Manager zeigte als Vorbild große Einsatzbereitschaft. Allen machte es Spaß, keiner achtete genau auf den Feierabend. Dann stellte die Unternehmensführung eine Nachwuchsführungskraft mit glänzender Ausbildung ein. Man wusste, dass diese Mitarbeiterin für höhere Führungsaufgaben vorgesehen war. Ihr Benehmen wurde als unfreundlich empfunden, und sie ging abends pünktlich, selbst wenn dringende Arbeiten für den nächsten Tag zu erledigen waren. Das ärgerte die anderen Mitarbeiter. Sie empfanden es als ungerecht, dass jemand mit so wenig Einsatz gefördert werden sollte. Nach wenigen Monaten hatte sich die Einsatzbereitschaft der Gruppe völlig verändert. Man tat seine Pflicht, aber immer mehr Mitarbeiter gingen ebenfalls pünktlich. Erst als aufgrund einer Führungsentscheidung die Nachwuchskraft ausschied, was alle mit Genugtuung registrierten, war die alte Motivation wieder hergestellt. Da der negative Einfluss etwa ein Jahr dauerte und die erste Führungskraft nach wie vor als Vorbild wirkte, kam es nicht zu einem nachhaltigen Schaden.

Sind harte Entscheidungen zu treffen, so muss die Notwendigkeit dieser Schritte verstanden werden. Das begrenzt einen möglichen direkten oder indirekten Widerstand. Das Verständnis weckt das Interesse, sich für die Belange einer Organisation zu engagieren. Hilft der Staat den Schwerkranken und unverschuldet in Not Geratenen, so wird das verstanden und positiv empfunden. Entsteht aber ein Gefühl, dass die hohen Steuern und Abgaben unwirtschaftlich verwendet und vergeudet werden, dann geht die Interessenharmonie der Leistungsträger oder der Sozialkonsens verloren.

Im Idealfall führen Anreiz und wirtschaftlicher Druck in Richtung der eigenen Ziele wie bei einem Ruderer, der sich mit dem Strom bewegt. Sind Mitarbeiter auf eigene Kreativität und Einsatzbereitschaft angewiesen, so ist das Interesse aufgrund der Egologik höher, wenn sie mit besseren Ergebnissen auch die eigene Position verbessern und das Einkommen steigern können.

> In der Tochtergesellschaft eines Weltkonzerns belieferte eine große Absatzorganisation zahlreiche Handwerksbetriebe mit Lacken. Aus Erwägungen, die im Einzelnen heute nicht mehr bekannt sind, fasste der Vertriebsleiter fünf Vertretungen zu einem Großbezirk zusammen und teilte die erwirtschaftete Gesamtprovision gleichmäßig auf alle Vertretungen auf. Damit sank der Anreiz, hohe Leistungen zum eigenen Vorteil zu erreichen. Im Laufe von drei Jahren war dieses Gebiet im Wettbewerb erheblich zurückgefallen, wie der Vergleich mit anderen Gebieten und eine Marktanalyse belegten. Erst die klare Zuteilung von Gebieten und Provisionen auf jeden einzelnen Vertreter, also der erhöhte Anreiz, führte nach und nach wieder zu einer Verbesserung, weil die geänderte Organisation mit den Interessen von Unternehmen und Mitarbeitern harmonierte. Aber den verlorenen Marktanteil gewann das Unternehmen in diesen Bezirken nicht mehr zurück.

Eine Harmonie der Interessen entsteht, wenn jeder für seine Ausgaben, Einnahmen und sein Ergebnis direkt verantwortlich zeichnet und entsprechend entlohnt wird. Subventionierungen, Transferzahlungen und Mischfinanzierungen nehmen den Zwang, sich anzustrengen und wirtschaftlich zu arbeiten. Bei Problemen kommt es unter diesen Bedingungen eher zu Schuldzuweisungen, wachsenden Forderungen und ständigen Streitereien.

Wie oft laufen in der Volkswirtschaft die Entscheidungen gegen die beschlossenen Ziele? Politiker fordern zum Beispiel mehr Arbeitsplätze, die höhere Umsätze und eine höhere Leistung der Wirtschaft voraussetzen. Unter dem Druck der Lobby entscheiden sie jedoch über Gesetze, die weitere Administration, Kosten oder Verschuldung aufbauen.

Die unnötige Kompliziertheit, die Streitereien der Parteien und die wirtschaftlichen Probleme, verbunden mit Unsicherheit, tragen mit dazu bei, dass psychische Störungen seit langem zunehmend zur Volkskrankheit werden. Wer sensibel ist, bekommt Angst und zerbricht. Abgesehen von den Kosten und Problemen für den Wettbewerb, wird den Betroffenen schmerzliches Leid zugefügt.

Je mehr die öffentliche Hand durch Strafandrohung die Durchsetzung ihrer als ungerecht empfundenen Gesetze gegen die breite Schicht erzwingen will, umso mehr Leistungsträger resignieren oder wandern aus, mit schädlichen langfristigen Folgen für die Volkswirtschaft. Kein Staat kann auf Dauer mit zu großer Disharmonie der Interessen zwischen seinen Zielen und denen leistungsbereiter Bürger erfolgreich sein.

5.7 Der späte Eingriff quält den Patienten

Die Verschuldungstendenz entsprach der politischen Egologik unter den gegebenen Rahmenbedingungen, denn damit ließen sich die zunehmenden Schwächen im Wettbewerb lange verstecken. Aber diese Möglichkeit verhinderte auch die rechtzeitige Reaktion. Viel wirtschaftliche Kraft ging verloren. Erst als die Schulden so sehr drückten, dass sie die Handlungsfähigkeit des Staates einschränkten und die Arbeitslosigkeit hoch belastete, gerieten sie mehr und mehr in das Blickfeld der Öffentlichkeit und der Politik. Aber auch dann setzte sich der Trend zur Verschuldung auf Kosten zukünftiger Generationen und die Schwächung des Standortes noch fort. Auch auf die zu vielen und zu komplizierten Vorschriften reagierte die Politik erst, nachdem sich deutliche wirtschaftliche Schwächen im Wettbewerb zeigten.

In der Demokratie sind die Politiker durch die Rahmenbedingungen, die Vielfalt der Tätigkeitsfelder und den Druck der Interessenverbände zu sehr gefordert. Vor allem wenn sie wirtschaftlich sinnvolle Entscheidungen treffen, gefährden sie ihre politische Existenz. So ist bei den heutigen Rahmenbedingungen der Trend systemimmanent, dass zu spät und ungenügend korrigiert wird. Die falsch gesteuerte Egologik behindert die zeitgerechten Strukturänderungen. Das ist aber für den Souverän nicht vorteilhaft.

Wie bei einem Krankheitsverlauf ist der späte Eingriff fast immer ein schmerzhafter.

Ein altes großes Mittelstandsunternehmen mit überalterten Produkten lief nach jahrelangen Verlusten Gefahr, die Kreditfähigkeit zu verlieren. Die Banken forderten, innerhalb eines Jahres erhebliche Kosten einzusparen. Fast alle Erfolg versprechenden Maßnahmen wirkten nur langfristig. Einsparungen z. B. durch Reduzierung der Einkaufspreise reichten nicht aus. So blieben nur Personaleinsparungen, die das Unternehmen natürlich nicht ohne leistungsfähigere Strukturen erreichen konnte. Im ersten Jahr reduzierte das Unternehmen das Personal um 20 % und im Laufe der folgenden Jahre um bis zu 42 %. Voraussetzung dafür, diese Kostenverbesserung zu erreichen, war jedoch, dass die Führung die Strukturen veränderte. Sie definierte die Prioritäten neu, strich Aufgaben, legte Abteilungen zusammen, schloss Fertigungsstätten etc. Die Belastungen für die Belegschaft und Probleme für die Motivation waren erheblich.

Bei jeder Sanierung sind die kurz- und mittelfristigen Maßnahmen von den langfristig wirkenden Strukturänderungen zu unterscheiden. In der ersten Stufe einer Strukturänderung muss die Führung durch Kostenabbau das Gleichgewicht wieder herstellen, damit sie die langfristige Erosion der Finanzen beendet und die Liquidation verhindert. Das führt kurzfristig zu starken Arbeitsplatzverlusten. Kann das Unternehmen danach mit den bisherigen Produkten weiterarbeiten, ist das Sanierungsziel erreicht. Müssen jedoch neue Tätigkeitsfelder gefunden werden, folgt die zweite, stets schwierigste Stufe: Nur neue stärkere Produkte bzw. Dienstleistungen sorgen für Wachstum.[15] Nachahmerprodukte versprechen nur selten Erfolg, da die etablierten Firmen normalerweise über unerreichbare Stärken verfügen. Bis Innovationen einen nennenswerten Ergebnisbeitrag leisten, benötigen sie sehr viel Zeit, und ihre Entwicklung bzw. Vermarktung ist mit großem Risiko behaftet.

Wenn Regierungen über lange Zeit Strukturprobleme vernachlässigen, also ein langfristig gewachsenes negatives Ungleichgewicht besteht, ist es, wie bei einem stark zurückgefallenen Teilnehmer im Marathonlauf, kaum möglich, kurz- oder mittelfristig wieder aufzuholen, da die Wettbewerber sich normalerweise ständig verbessern. Es ist darüber hinaus volkswirtschaftliches Vermögen und Know-how verloren gegangen.

Im wirtschaftlichen Marathonlauf kann nur der aufholen, der mit höchsten Anstrengungen schneller läuft als der Wettbewerber. Späte Eingriffe sind im günstigeren Fall mit einem nur vorübergehend sinkenden Lebensstandard verbunden. Wenn die Nation überhaupt wieder den alten Vorsprung erreicht, dann nur durch Konzentration auf die Erfolgsfaktoren als langfristiges Ziel und durch konsequentes Handeln. Besitzen die heutigen Demokratien hierfür die notwendigen Voraussetzungen?

---

[15] Vgl. Reutner (1991)

6 Unbeachtete Erfolgsvoraussetzungen

6.1 Appelle und Gesetze gegen die Marktkräfte helfen nicht

Seit Jahrzehnten zeigt die Planwirtschaft der EU-Agrarpolitik wirtschaftliche Fehlentwicklungen. Den Aufbausubventionen bei der Viehhaltung folgten Abschlachtungsprämien und Flächenstilllegungsprogramme. Einerseits entstanden kostentreibende Milchseen und Butterberge, andererseits verhindert das Quotensystem die Anpassung an eine steigende Nachfrage, so dass der Verbraucher Preissteigerungen von über 50 % hinnehmen muss. Die hohen volkswirtschaftlichen Schäden für die Bürger und die Wettbewerbsfähigkeit werden kaum beachtet. Ein besonders extremes Beispiel für den Glauben an die politische Machbarkeit und die Missachtung der Marktkräfte konnte man in Zimbabwe beobachten: Appelle, Gesetze und harte Strafen verhinderten die hohe Inflation nicht, fundamentale Kräfte waren stärker.

Politiker fordern von den Unternehmen mehr Effizienz und Innovationen, um die Volkswirtschaft nach vorne zu bringen. Sie konzentrieren sich oft auf Appelle an die Wirtschaft, ihre Leistung zu steigern, um die Arbeitslosenzahl zu reduzieren. „Die Unternehmer sollen ihrem Namen gerecht werden und etwas unternehmen!" Andere schreiben sich „mehr Lehrstellenangebote" oder „mehr Firmengründungen" auf die Fahne. Entsprechend der Egologik ist Selbstkritik kaum zu hören. Appelle lenken nur von den Fehlentwicklungen ab und helfen so wenig wie die Empfehlungen an einen schwer Erkrankten, gesund zu werden. Selbst wenn ordnungspolitisch sinnvolle Maßnahmen getroffen werden sollen, verwässert der Einfluss der Lobby das Ziel. Der Wettbewerb zwingt ganze Nationen wie ein Wirtschaftsunternehmen wirtschaftlich zu handeln, wollen sie nicht im globalen Wettbewerb Positionen und Wohlstand verlieren.

Mit Appellen und Vorschriften für die Mitarbeiter zur Leistungssteigerung erreicht die Führung in den Unternehmen alleine keine Erfolge. Das ist in der Nation nicht anders. Nur marktorientierte, von den Wertschöpfungstreibern mitgetragene Konzepte bringen Wachstum und zusätzliche Wertschöpfung.[1] Erfolgreiche Konzepte bauen aus der Sicht des Kunden Stärken auf und Schwächen ab. In der Nation entscheiden die Verbesserung der volkswirtschaftlichen Struktur, wie der Abbau von Hindernissen für Unternehmertum und Kreativität, geringere Kostenbelastungen oder Maßnahmen zur Steigerung der Motivation über den Erfolg. Appelle können höchstens unterstützend wirken. Die Marktkräfte werden immer wieder unterschätzt: Solange sich die Struktur der Volkswirtschaft nicht verbessert,

---

[1] Näheres siehe Kapitel 8

ist die Arbeitslosigkeit im globalen Markt mit Arbeitsplatzprogrammen dauerhaft
nicht zu beseitigen.

6.2 Die Relation zu den Wettbewerbern ist der Maßstab

Die Relation zu den Wettbewerbern, die auf denselben Märkten tätig sind, entscheidet über die Intensität der Anstrengungen, die notwendig sind, um Erfolg zu
haben. Beispielsweise zeigen sich bei Unternehmen, die über lange Zeit in einem
Markt mit geringer Wettbewerbsintensität arbeiteten, überhöhte Kosten. Das
drückt den Lebensstandard in dieser Nation. So lag der Anteil der Lohnkosten in
Prozent vom Umsatz bei einer brasilianischen Tochtergesellschaft fast gleich hoch
wie in der deutschen Gesellschaft, obwohl die Löhne und Gehälter weniger als ein
Drittel betrugen. Einfuhrzölle von fast 100 % schützten viele Jahrzehnte vor stärkeren ausländischen Wettbewerbern. Wettbewerbsfähig wird man nur durch das
ständige Training im Wettbewerb sich zu verbessern. Wettbewerbsfähigkeit ist die
Voraussetzung für Wohlstand und Fähigkeit zu sozialer Leistung. Aus der Erkenntnis forderte der Volkswirt und Politiker Friedrich List bereits in der ersten Hälfte
des 19. Jahrhunderts: „Schutzzölle unser Weg, Freihandel unser Ziel".

Wie wenig wettbewerbsfähig Unternehmen nach einer langen Zeit der Abschot-
tung sind, zeigte u. a. das Massensterben der Staatsunternehmen in der DDR,
nachdem sie über Nacht mit den viermal so produktiven westdeutschen Firmen im
Wettbewerb standen. So wie Sportler viel Trainingszeit benötigen, um Spitzenleistungen zu erreichen, so brauchen auch Unternehmen und Volkswirtschaften für
die Anpassung an die Wettbewerbssituation viel Zeit. Je stärker die Wettbewerber
werden, umso mehr erfordert die Verteidigung der eigenen Position marktorientierte Konzepte.

Auch bei den Nationen entscheidet die relative Leistungsfähigkeit über die Kraft
im Wettbewerb. Dies sind beispielsweise die relativen Kosten, das relative Know-
how, die relativen Hemmnisse, der relative Ausbildungstand und die Einsatzbereitschaft der Bürger etc.. Wenn die Politik der Entwicklungsländer die Chancen erkennt und nutzt, profitieren sie besonders von der zunehmenden Globalisierung.
Länder wie China, Indien oder Vietnam wachsen aufgrund der niedrigen Löhne
und Gehälter sowie der jungen hoch motivierten und konsumhungrigen Bevölkerung rasant. Aber die Stärke mindert auch den Druck auf deren Regierungen, sich
selbst wirtschaftlicher zu verhalten. Sie schöpfen ihr Potential also nicht aus.[2]

---

[2] Vgl. Pilny (2005)

Indien behindert zurzeit das produzierende Gewerbe durch starke Regulierung, rigide Arbeitsgesetze, Korruption, schlechte Infrastruktur und langwierige politische Prozesse. Im zentralistischen China ist die Justiz dem Willen der Partei unterworfen, so dass sie die Bürger nicht vor der Willkür der Behörden schützen kann. Die autoritäre Struktur ist keine gute Voraussetzung für die Entfaltung von Kreativität[3]. Hinzu kommt, dass Behördenwillkür und Korruption[4] einer mächtigen, breiten Funktionärsschicht zunehmend zu einem Hemmnis werden. Die Nachteile der Korruption hat zwar auch die zentrale Regierung erkannt, aber ihre Macht stützt sich auf diese korrupte Schicht. So verhindert die Egologik eine Änderung. Beurteilt man die Erfolge mit Hilfe der Formel zur Wettbewerbsfähigkeit der Unternehmen, so zeigt sich, dass diese Hemmnisse durch niedrigste Löhne ausgeglichen werden und das Wachstum treiben.[5] Willkürliche Eingriffe, Korruption und Administration erhalten aber mit steigendem Einkommensniveau ein höheres Gewicht.

Mit der Globalisierung stiegen die Anforderungen an die wirtschaftliche Leistungskraft. Sie erforderte nicht nur eine intelligentere marktbezogene Politik der Unternehmen sondern auch der nationalen Führung. Niedriglohnländer verbessern sich vor allem, indem sie kopieren. Die Hochlohnländer werden langfristig durch die Produktionsverlagerungen und den Know-how-Abfluss bedroht. Das Know-how wächst dann in den Niedriglohnländern durch Übertragung und in der Zukunft durch „learning by doing". Auch wenn es immer wieder Firmen gibt, die die damit verbundenen größeren Schwierigkeiten nicht meistern und mit schlechten Erfahrungen zurückkommen: Der Trend zur Verlagerung von Fertigungen ist in Deutschland bis heute ungebrochen. Ferner fließt den Niedriglohnländern ständig neues Know-how und Kapital für Investitionen aus den Hochlohnländern zu. Viele hochqualifizierte Arbeiten wie die der Konstrukteure, Architekten, Buchhalter etc. sind heute unabhängig vom Kontinent zu erledigen. Innerhalb von Sekunden lässt sich Know-how weltweit weitergeben.

Die Qualifizierung billiger Arbeitskräfte steigt mit den besser werdenden Ausbildungsmöglichkeiten der Niedriglohnländer. Es existieren meistens keine starken Gewerkschaften. Folglich verhalten sich Arbeitgeber im Hinblick auf die Löhne und Gehälter nach ihrer Egologik. Das Produkt- und Verfahrens-Know-how wächst und die Ausbildung verbessert sich, die Personalkosten bleiben niedrig, und die Betriebe lernen von den Hochlohnländern die Produktivität zu steigern. Das erhöht ihre Wettbewerbsfähigkeit überdurchschnittlich und macht sie zunehmend gefährlicher.

---

[3]   Vgl. Mohn (1995)
[4]   Näheres siehe: Transparency International Corruption Perception. Index 2005 oder 2006
[5]   Vgl. 1.5

Mit steigendem Know-how der Niedriglohnländer schmilzt im Laufe der kommenden Jahrzehnte der technische und qualitative Vorsprung der Hochlohnländer. Diese Entwicklung verläuft sehr langsam und ist aber kaum noch umkehrbar. Somit wird es für die Hochlohnländer in Zukunft schwieriger, den Qualitäts- und Innovationsvorsprung zu halten, also eine Alleinstellung für ihre Hochpreisprodukte zu bewahren. Sie bieten viele Möglichkeiten, von ihnen zu lernen; der Vorteil der Niedriglohnländer, nämlich den der niedrigen Lohnkosten, können sie aber nicht kopieren. Mit welchen gewichtigen Vorteilen kann ein Hochlohnland die abgewanderten Unternehmen zurückholen? Es erfordert deutlich mehr wirtschaftliche, technische, wissenschaftliche und politische Intelligenz, um den Vorsprung zu halten, u. a. eine wirtschaftliche Orientierung der gesamten Nation, auch ihrer Verwaltung und Führung, als dies in der Demokratie unter den heutigen Rahmenbedingungen denkbar ist.

Die soziale Marktwirtschaft bewies in allen Fällen ihre Leistungsfähigkeit im Vergleich zu streng regulierten sozialistischen Systemen. Nun steht sie mehr und mehr im Wettbewerb mit sehr erfolgreichen staatlich gelenkten Marktwirtschaften und anderen Niedriglohnländern. Diese geben den Unternehmern mehr Freiheit, orientieren sich zum Teil nur an wirtschaftlichen Interessen, holen sich wirtschaftliche Wettbewerbsvorteile, indem sie z. B. keine oder kaum Rücksicht auf soziale Probleme und die Umwelt nehmen. Man muss die wachsenden zukünftigen wirtschaftlichen Gefahren sehen und früh reagieren, denn die zukünftige Entwicklung hängt davon ab, wie gut andere Wettbewerbsnationen im Vergleich zur eigenen ihr wirtschaftliches Potential ausschöpfen. Von der langfristigen Wettbewerbsfähigkeit wird letztlich auch die Akzeptanz der Demokratie beeinflusst.

Entlastend wirkt sich für die Hochlohnländer aus, dass in den Niedriglohnländern die Egologik der Politik weit weniger kontrolliert ist und diese Politiker ihre Macht nicht begrenzen lassen wollen. Deshalb sind ein höheres Maß an willkürlichen Eingriffen,[6] Korruption,[7] Demotivation, fehlgesteuerter Egologik etc., also besonders große Hemmnisse gegeben. Diese Schwächen nehmen den Hochlohnnationen zum Teil den wirtschaftlichen Druck. Das verschafft Zeit – noch.

Es stellt sich die Frage, ob der „Boom" in den Jahren 2006 und 2007 schon eine Trendwende darstellt. Die starke Weltwirtschaft, die harte Konsolidierung der Unternehmen, die Zurückhaltung der Gewerkschaften und einige Jahre der Strukturverbesserung schufen verbesserte Voraussetzungen. Das mit der nächsten Regierung gestiegene Vertrauen wirkte auf die bessere Motivation der Verbraucher. Reicht dies aber aus, den Trend zu brechen? Diese Frage lässt sich nur beantworten,

---

[6] Siehe die jährlichen „Economic Rankings" zur Bürokratie als Hemmnis z. B. World Bank, Doing Business in 2006
[7] Vgl. dazu die Transparency International Corruption Perceptions, z. B. Index 2005

wenn die Fähigkeiten der maßgebenden Wettbewerber verglichen und für die Zukunft eingeschätzt werden. Gegen ein durchschnittliches Wachstum spricht, dass
Wettbewerbsnationen stärker werden. Weiter ist jeder „Boom" nach wie vor ein
Anlass, die Kostenschleusen zu öffnen. Das Wachstum lässt dann weiter langsam
nach, die zusätzlichen Belastungen verschärfen die nächste Krise.

Viele Signale sprechen bei den heutigen Rahmenbedingungen der „Deutschland
AG" für einen langfristigen relativen wirtschaftlichen Abstieg, was auch die lange
stagnierenden Einkommen signalisieren. Die Verteilung des Reichtums passt sich
im globalen Markt entsprechend der Leistungsfähigkeit an. Hatten die Politiker
diese Folgen der Globalisierung gesehen? Einkommensstagnation oder -rückgang
haben in den Hochlohnländern langfristig zunehmende, böse Folgen für den Arbeitsmarkt und die Sozialsysteme. Armut, Verteilungskämpfe, steigende Ansprüche an den Staat und verändertes Wahlverhalten sind die Folgen. Radikale Parteien
versuchen mit unhaltbaren Versprechungen die Situation für sich zu nutzen. Die
Wettbewerbsfähigkeit sinkt weiter und genau das verstärkt sich, was verhindert
werden soll. Ein Teufelskreis.

6.3   Die Gesamtleistung einer Nation ist im Wettbewerb entscheidend

Erfolgreiche Unternehmen verfügen nicht nur über eine leistungsfähige Produktion und Entwicklung sowie über einen starken Vertrieb; sie besitzen auch eine
effiziente Verwaltung mit kleinen Stäben, die das Gesamtunternehmen motiviert
ausrichtet und kontrolliert. Wird einer der Funktionsbereiche ineffizient, sinkt
die Auslastung, leidet die Motivation oder erhöht die Relation der Pensionäre mit
Altersversorgung zu den Beschäftigten die Kosten, so führt dies zur Einschränkung
der Wettbewerbsfähigkeit und gefährdet Arbeitsplätze. Insbesondere die Führungs-
mannschaft prägt als Vorbild und entscheidender Einflussfaktor die Effizienz. Die
Gesamtleistung eines Konzerns entscheidet über den Erfolg.

Auch die „Deutschland AG" ist wie jedes Unternehmen im Wettbewerb eine
Leistungseinheit. Eine zu hohe Belastung in irgendeinem Teilbereich muss durch
Leistungssteigerung in anderen Teilen wieder kompensiert werden, soll die Organisation dauerhaft wettbewerbsfähig bleiben. Was eine unwirtschaftliche öffentliche Hand oder Politik an Belastungen schafft, müssen die Unternehmen durch
Innovationen bzw. stärkere Rationalisierung oder die Bürger durch sinkende Kaufkraft der Einkommen auffangen.

Regierungen haben im Vergleich zu Konzernführungen einen weitergefächerten Aufgabenkanon. Sozialleistungen, innere Sicherheit, Gesundheits-, Verteidigungspolitik oder Entwicklungshilfe können z. B. nur begrenzt nach wirtschaftlichen Kriterien beurteilt werden. Trotzdem rächt es sich, wenn die wirtschaftlichen Belastungsgrenzen unter Wettbewerbsbedingungen nicht beachtet werden. Die Aufgaben sind so wirtschaftlich wie möglich abzuwickeln, die Sozialausgaben sind an den Wettbewerbsmöglichkeiten zu messen. Auch eine gutgemeinte Missachtung der Wettbewerbsbedingungen verhindert nicht, dass die Kräfte des Marktes die zukünftigen Generationen bestrafen.

Der globale Wettbewerb stellt mit steigenden Einkommen zunehmend höhere Anforderungen an die Politik. Hochlohnländer müssen gerade solche Stärken aufbauen, die gelenkte Marktwirtschaften nur schwer schaffen können, vor allem indem sie wirtschaftlich leistungsfähigere Rahmenbedingungen schaffen. Da die Rahmenbedingungen der öffentlichen Hand seit vielen Jahrzehnten kaum Anreize zur Wirtschaftlichkeit gaben, ist es wie in jedem Unternehmen, das lange Zeit als Monopolist den Markt beherrschte normal, dass es große Reserven für Leistungssteigerungen durch Ausschöpfung der Erfolgsfaktoren gibt. Allein die geschätzte Höhe der Belastungen durch ineffiziente Transferzahlungen, Hemmnisse, innere Administration, Kompliziertheit, Reibungskonflikte und die dadurch bedingte Arbeitslosigkeit und Verminderung der wertschöpfenden Kapazität der Menschen zeigen, welche gewaltigen Potentiale sich für den globalen Wettbewerb und die Lebensqualität ausschöpfen lassen.

6.4 Muss ein Hochlohnland langsamer wachsen?

Immer wieder hört man die Auffassung, eine hoch entwickelte Volkswirtschaft könne nicht so schnell wachsen wie eine unterentwickelte. Muss das wirklich so sein? Ohne Zweifel bremst der Wohlstand die Opferbereitschaft für den Beruf. Dagegen „macht Not erfinderisch", wie der Volksmund sagt. Warum gibt es aber reiche Nationen mit relativ hohem Wachstum sowie hoher Beschäftigung und arme mit niedrigem Zuwachs und hoher Arbeitslosigkeit? Das reiche Singapur wies von 2002 bis 2006 durchschnittlich fast 6 % Wachstum auf, die USA wuchsen trotz der hohen Kriegskosten und ihres weit höheren Einkommens je Bürger als Deutschland in der zweiten Hälfte der neunziger Jahre jährlich um durchschnittlich mehr als 3 %. Fast alle europäischen Nationen konnten seit 1991 bis 2005 ihr Bruttoinlandsprodukt pro Kopf stärker steigern als Deutschland, obwohl auch ihre Politik keineswegs optimiert ist. Das dynamischste Wachstum in Europa zeigte Irland: Mit umgerechnet durchschnittlich 12000 € Bruttonationaleinkommen je

Einwohner im Jahr lag es 1991 bei knapp 70 % des westdeutschen Niveaus. Im Jahr 2001 lag dieser Wert bereits um mehr als 25 % über dem deutschen. Auch Dänemark, Schweden, die Niederlande, Belgien, Finnland, Großbritannien und Frankreich wuchsen in der Zeit schneller und übertrafen in der Zwischenzeit den deutschen Lebensstandard.

Betrachten wir zunächst die Nachfrageseite: Fast alle Bürger könnten ein gestiegenes Einkommen für die Befriedigung ihrer persönlichen Wünsche ausgeben: ein zweites oder größeres Auto, ein Haus, teurere Reisen, Hilfen im Haushalt oder Garten etc. Die Nachfrage stellt folglich keinen Engpass für das Wachstum dar, wenn eine stark wachsende Wirtschaft steigende Einkommen zahlen kann. Deshalb hängt alles davon ab, was erwirtschaftet wird. Eine prosperierende Wirtschaft mit besser bezahlten Arbeitsplätzen und positiven Zukunftserwartungen stärkt die Ausgabenbereitschaft. Es ist nur sinnvoll, das zu verteilen, was erwirtschaftet wurde.

Ein Erfolgsunternehmen verändert seine Struktur und Politik mit steigendem Einkommen seiner Mitarbeiter. Die Unternehmen setzen u. a. intelligentere Führungsmethoden, Konzepte und Organisationen, Fertigungsmethoden mit einer höheren Mechanisierung oder Automatisierung ein, die Produkte, die Qualität und das Marketing werden anspruchsvoller, die Abläufe schneller und wirtschaftlicher sowie die Verwaltung rationeller. Man konzentriert sich auf die Stärken. Einfachere Produkte und solche mit hohem Lohnanteil verlieren an Bedeutung. Die steigende Wertschöpfung je Mitarbeiter ermöglicht es, höhere Löhne und Gehälter zu zahlen, ohne die Existenz des Unternehmens zu gefährden. Wer seine Struktur nicht entsprechend den Markterfordernissen verändert, verliert Marktanteile und Arbeitsplätze, erwirtschaftet schließlich Verluste und muss letztendlich das Unternehmen aufgeben.

Wenn Spitzenunternehmen langsamer wachsen als der Markt und die Wettbewerber, so sind das für die Führung Alarmzeichen. Selbst wenn Veränderungen in der Systematik der volkswirtschaftlichen Kennziffern die Vergleichbarkeit erschweren, so zeigen sie doch den Trend der Strukturveränderung. Tatsächlich verlangsamte sich das deutsche Wachstum im Zehn-Jahres-Durchschnitt seit 1950. Betrugen die Zuwachsraten in den 50er Jahren noch über 8 %, in den 60er Jahren etwa 4,5 %, so sanken sie in den 70er Jahren auf durchschnittlich 2,6 %, in den 80er Jahren auf 2,2 % und in den 90er auf nur noch 1,1 %. War das nicht ein starkes Signal für die sinkende Wettbewerbsfähigkeit?

Auch die gesamte Nation muss unter Wettbewerbsbedingungen ihre Struktur verändern, wenn sie ihre Wachstumsraten auf hohem Niveau halten und langfristig ihren Wohlstand verteidigen will. Genügt es bei sehr niedrigem Einkommen der Bevölkerung im Wesentlichen noch, die Freiheit zu vergrößern, so erfordern hohe Einkommen Rahmenbedingungen, mit denen sich die Erfolgsfaktoren nicht nur in den Unternehmen, sondern auch bei der öffentlichen Hand entfalten.

Weil es aber kaum entsprechende Anreize für die Politiker gab, weil sich der wirtschaftliche Druck zu spät bei der öffentlichen Hand zeigte und die Lobby einen Druck in Richtung auf steigende Ausgaben und Kompliziertheit ausübte, änderte sich auch dann zu wenig, als alle Signale auf große Zukunftsprobleme hinwiesen. Folglich verlangsamte sich das Wachstum, und die Probleme nahmen im Laufe der Zeit zu. Regierungen sahen es auch in schwierigen Zeiten eher als eine große Leistung an, immer mehr Tatbestände durch Gesetze und Vorschriften zu regeln. Sie schränken damit mehr und mehr Freiheiten ein und minderten die verfügbare produktive Arbeitszeit sowie die Motivation der Wertschöpfungstreiber.

Als Folge zunehmender staatlicher Aufgaben stieg auch der Anteil der Beschäftigten der öffentlichen Hand im Vergleich zur freien Wirtschaft. Einige Zahlen belegen, wie sich die Struktur der Volkswirtschaft in der Vergangenheit in Richtung Unwirtschaftlichkeit veränderte. Die Staatsquote erhöhte sich, der wertschöpfende Teil der Volkswirtschaft ging zurück. Die Zahl der Beschäftigten der öffentlichen Hand stieg seit 1960 von 3,15 Mio. auf 4,67 Mio. im Jahre 2004. Die Zahl der versicherungspflichtig Beschäftigten, ohne Selbständige und mithelfende Familienangehörige, sank von 25,4 Mio. im Jahre 1960 auf 21,6 Mio. im Jahre 2004. In beiden Fällen sind die Zugänge durch die Neuen Bundesländer enthalten. Während im öffentlichen Dienst die Zahl seit 1960 um fast 50 % stieg, schrumpfte die Zahl der versicherungspflichtig Beschäftigten in der gewerblichen Wirtschaft um ca. 15 %. Darin drückt sich auch die zunehmende Verlagerung von Fertigungsstätten ins Ausland aus.

Die Unternehmen haben das Bruttoinlandsprodukt seit 1960 mit weniger Beschäftigten um das Dreifache erhöht. Dabei übernahmen sie noch von der öffentlichen Hand veranlasste zusätzliche Aufgaben, so dass ihre Verwaltung verstärkt werden musste. Die Behörden dürften ihre Produktivität z. B. mit Hilfe der modernen Kommunikationsmethoden auch gesteigert haben, doch hat der Zuwachs an Aufgaben infolge vieler neuer Vorschriften das mehr als kompensiert.

Nach der Hierarchie der Zwänge baute die öffentliche Hand erst Personal ab, als sich nationale Probleme in Form steigender Arbeitslosigkeit zeigten. So erreichte der wirtschaftliche Druck die öffentliche Hand Ende der 90er Jahre, und ein Umdenken setzte ein. Solche Maßnahmen zur Strukturverbesserung führen aber zu dem Dilemma, dass sich Arbeitslosigkeit und Armut zunächst nochmals erhöhen, bevor sie mittelfristig entlastend wirken. Lässt der Druck durch eine konjunkturelle Erholung nach, erzwingen die Rahmenbedingungen wieder einen Personalaufbau und neue Ausgaben bei der öffentlichen Hand.

Die ständig gestiegenen Transferleistungen und die meisten Subventionen haben kaum positive Produktivitätseffekte. Damit ergibt sich zwangsläufig, dass die Leistungskraft, das Wachstum und der Wohlstand einer Nation mit steigendem Staatsanteil auf Dauer sinken. Der ständig steigende Einfluss staatlicher Vorschriften auf die Entscheidungen der Unternehmen schichtet Mitarbeiter von der produktiven Tätigkeit zur unproduktiven um und verschlechtert die Leistungsstruktur der Nation.

Die bisherigen Betrachtungen zeigten, dass sich die Struktur Deutschlands im Trend in Richtung einer geringeren Wettbewerbsfähigkeit veränderte. In jeder Krise scheiden Unternehmen aus, andere bauen Arbeitsplätze ab, um sich an die Nachfrage anzupassen. Die verbleibenden Industriebetriebe gehen wirtschaftlich gestärkt, jedoch mit weniger Arbeitsplätzen aus der Krise hervor. Aber die staatlich induzierten Kosten bleiben, und sofort fordert die Lobby neue Ausgaben. Die Last wird nun auch noch auf eine kleinere Basis umgelegt. Die Wachstumschance der Nation schrumpft. Eine steigende öffentliche Verschuldung überdeckt zeitweise den Trend. Die Marktkräfte setzen sich schließlich durch, und der Schaden ist wie bei einer verschleppten Krankheit noch größer.

Mit ihren Maßnahmen verbesserte die Politik kurz- und mittelfristig die Lebensqualität einzelner Gruppen, verursachte aber langfristig durch das schwächere Wachstum neue Probleme nicht zuletzt für diese Personen. Schon Zuwächse von etwa 2 % wurden bei blühender Weltkonjunktur bereits als Boom empfunden, während sie für Erfolgsnationen ein Problem darstellen. Die folgenden Ursachen führten also zu sinkenden Wachstumsraten und Bescheidenheit:

1. Über die Verwendung immer größerer Teile des Bruttoinlandsproduktes entschied der Staat. Der steigende, wenig produktive Anteil der öffentlichen Hand senkte die Wettbewerbsfähigkeit der Nation.
2. Im Laufe der Jahrzehnte wuchs die innere Beschäftigung der Nation durch zunehmende Transferleistungen, Administration und Kompliziertheit.
3. Der Staat senkte die Freiheit durch die zunehmenden Vorschriften für die freie Wirtschaft und den Bürger und drängte dadurch den Erfolgsfaktor „Delegation" immer weiter zurück.
4. Mit den steigenden Transferleistungen verlagerte er seine Ausgaben zunehmend von der Investition zum Konsum.
5. Steigender Wohlstand senkte infolge der veränderten Bedürfnishierarchie die Opferbereitschaft für den Beruf. Keiner Regierung gelang es bisher, ein Konzept mit starken Anreizen für Spitzenleistungen umzusetzen.

6.5   Die Erfolgsformel der Nation

Zu den Gewinnern der Globalisierung zählen Standorte, an denen die Effizienz, bedingt durch Freiheit, Hemmnisse, Fachwissen, Motivation, Investitionen, Infrastruktur, Rechtsstaatlichkeit, verlässliche Administration und Kosten, im Vergleich zu anderen Standorten besonders hoch ist. So wie sich die Wettbewerbsfähigkeit der Unternehmen im Vergleich zu maßgeblichen Wettbewerbern mit Hilfe einer Erfolgsformel verdeutlichen lässt,[8] so ist dies auch für die Wettbewerbsfähigkeit einer Nation (WN) möglich. Sie hängt natürlich zunächst von der Stärke der Unternehmen (WU) ab. Hierin sind schon der staatliche Beitrag in Form von Kostenbelastungen und insbesondere der Freiheitsgrad bzw. die mehr oder weniger starken Hemmnisse berücksichtigt. Wenn Unternehmen in Niedriglohnländern produzieren, kann das zwar ihre Wettbewerbsfähigkeit erhöhen, in der Formel der Nation sind allerdings nur die nationalen Werte zu berücksichtigen. Darüber hinaus ist noch zu beachten, welchen Anteil (A) am Bruttoinlandsprodukt der Staat (AS) in der Verfügungsgewalt der freien Wirtschaft (AU) gelassen hat und wie hoch die Wertschöpfung (PS) des staatlichen Anteils im Vergleich zu der der Unternehmen liegt. Mit steigendem wertschöpfendem Anteil (AU) muss zwangsläufig auch die Wettbewerbsfähigkeit steigen. Dann lautet die Formel:

$$WN = \frac{(WU \times AU)}{100} + \frac{(PS \times AS)}{100}$$

Mit der Erfolgsformel der Nation lässt sich der Strukturwandel in Richtung geringerer Wettbewerbsfähigkeit besser verdeutlichen, auch wenn sie nur eine Tendenz widerspiegelt.

Unterstellt man für diese Überlegungen eine durchschnittliche Wertschöpfung von 25 % für die Tätigkeit der öffentlichen Hand im Vergleich zur Wertschöpfung der Unternehmen (100 %), so lässt sich ein theoretischer Wettbewerbsfaktor als Ausdruck der Wettbewerbsfähigkeit errechnen. Er ergibt sich aus der Gewichtung des jeweiligen Staatsanteils. Beträgt der Staatsanteil 20 %, 40 % oder 50 %, so ergeben sich Wettbewerbsfaktoren von 85, 70 oder 62,5 %. Beträgt die Wertschöpfung nur 10 %, so sinken die entsprechenden Wettbewerbsfaktoren auf 82, 64 bzw. 55 %. Erst wenn die Wertschöpfung der öffentlichen Hand nahe bei 100 % läge, was aber aufgrund der Zwänge in der Demokratie unerreichbar ist, würde der Staatsanteil für die Wettbewerbsfähigkeit unbedeutend.

---

[8]   Vgl. die Formel unter 1.5

6.6   Qualität und Egosteuerung der Führung bestimmen den langfristigen Erfolg

Eine Unternehmensweisheit lautet: „Der Fisch stinkt vom Kopf". Die Erfahrung hat gezeigt: Herausragende Unternehmen besitzen starke Führungspersönlichkeiten. Wegen der entscheidenden Bedeutung der Führungskräfte untersuchte man seit mehr als 20 Jahren die typischen Merkmale erfolgreicher Unternehmer. Die wirtschaftlichen Ergebnisse positiver Beschlüsse einerseits und Fehlentscheidungen andererseits lassen sich mit zunehmender Größe der Unternehmen schlechter erkennen. In Konzernen sind die Zusammenhänge schon so komplex, dass Manager nach ihrem Studium zehn bis 20 Jahre trainiert werden, bis man sie mit einer hohen Führungsposition betraut, wo sie über Millionen Euro mit Hilfe der Unterlagen des Rechnungswesens, Controllings etc. relativ zielsicher entscheiden und die Vorschläge ihrer Mitarbeiter beurteilen können.

Das Strategic Planning Institute, Cambridge, kommt in seiner umfassenden Untersuchung zu dem Ergebnis, dass die Charakteristika des bearbeiteten Marktes, der eigenen Position und die der Wettbewerber etwa 80 Prozent des Erfolges oder Misserfolges erklären.[9] Die Führungsqualität und die glücklichen Zufälle machen nur etwa 20 Prozent des Erfolgs aus. Der Grund liegt in der nachhaltigen Wirkung früher erarbeiteter Erfolgspositionen, so wie Erben noch lange Zeit – ohne selbst etwas beizutragen – vom Erarbeiteten ihrer Väter leben können. Geneen, der in der Zeit von 1959 bis 1977 ITT führte und zu einer der erfolgreichsten Gesellschaften der Welt entwickelte, ist aufgrund seiner langen Berufspraxis der Meinung, „dass die Führungsqualität des Generaldirektors bis zu 80 oder 90 Prozent zum Erfolg der Firma beiträgt."[10]

Die Untersuchungsergebnisse des Institutes und die Erfahrung von Geneen widersprechen sich nur scheinbar. Hier ist zwischen kurz- und langfristiger Entwicklung zu unterscheiden. Wirtschaftlich starke Positionen bilden sich nur langsam heraus, aber man kann, wie von einem großen Vermögen, viele Jahrzehnte davon leben. In der relativ kurzfristigen Betrachtung von etwa drei bis zu zehn Jahren dominieren also je nach Unternehmensgröße die erarbeiteten Positionen. Man lebt also selbst bei schlechter wirtschaftlicher Führung lange von den Erfolgen der Vergangenheit. Damit können vor allem sehr große, gut positionierte Unternehmen die Schwäche einer Unternehmensführung über längere Zeit verdecken. Für ganze Volkswirtschaften dürfte die Dominanz früher erarbeiteter Positionen weit mehr als 20 Jahren betragen, wie die wirtschaftliche Entwicklung der DDR bewies. Bei

---

[9] The Strategic Planning Institute (1977)
[10] Geneen mit Moscow (1990)

längerfristiger Betrachtung der Ergebnisse tritt die unmittelbare Leistung der Führung umso deutlicher in den Vordergrund. Es gilt die alte Managementweisheit:
Auf Dauer hat nur der Tüchtige Erfolg.

Nach Übernahme eines hohen Amtes gilt die Meinung eines Politikers weit
mehr als vorher, selbst wenn sich sein Wissensstand nicht veränderte. Er muss
auf allen denkbaren Gebieten Stellung beziehen, seine Meinung ständig begründen und verteidigen. Damit überfordert man aber auch den universellsten Geist.
Alle haben sie ehrenwerte Berufe wie Lehrer, Pfarrer, Bauern, Handwerker, Juristen oder Beamte unterschiedlicher Disziplinen. Es gibt viele politische Arbeitsgebiete, die mit dem gesunden Menschenverstand zu beurteilen sind. Nicht aber
komplexe wirtschaftliche Zusammenhänge. Der Wähler unterstellt sehr schnell
die notwendige Sachkenntnis. Dabei ist Unwissenheit relativ leicht zu erkennen.
Als gefährlich erweist sich das Halbwissen, das der Nichtfachmann vom Wissen
nicht unterscheiden kann. Je schwächer die Argumente, umso stärker sind oft die
moralischen Appelle, und die Position verleiht dem Unwissenden Gewicht. Warum werden an Universitäten und Hochschulen Wirtschaftswissenschaften gelehrt,
wenn die Zusammenhänge so einfach ohne diese Ausbildung zu beurteilen wären?
Die gute Ausbildung der Führungskräfte ist nach empirischen Untersuchungen
eine zentrale Voraussetzung für Erfolge. Aber sie ist nur eine Grundlage. Vertieftes
Fachwissen erreicht man durch lange Auseinandersetzung mit dem Thema auf der
Basis der Ausbildung.

Oft wird gesagt, dass Politiker in der Position eines Ministers keine Fachkennt-
nisse benötigen. Die fachliche Beurteilung und Entscheidungsvorbereitung findet in den darunter stehenden Abteilungen des Ministeriums statt, und mehr als
100 Beratergremien stehen den Ministerien zur Seite.

Auch der Vorstandsvorsitzende eines Weltkonzerns darf sich nicht mehr mit
Details befassen und delegiert die Vorbereitung von Entscheidungen an seine Stäbe. Er legt nur die großen Linien fest, arbeitet höchstens in sehr großen Einzel-
fällen mit, trifft wenige Grundsatzentscheidungen, sorgt für eine überschaubare
bzw. vereinfachte Organisation und schafft ein Umfeld durch Moderation und
„Coaching", in dem sich die Mitarbeiter entfalten können. Trotzdem korreliert die
fachliche Qualifikation des Topmanagers aufgrund seiner Ausbildung in hohem
Maße mit dem Erfolg des Unternehmens, und er erreicht nach Untersuchungs-
ergebnissen und Erfahrungen eine weit höhere Erfolgswahrscheinlichkeit, wenn
er über eine naturwissenschaftliche oder wirtschaftswissenschaftliche Ausbildung
verfügt und die Sachzusammenhänge wegen seiner fachbezogenen Ausbildung in
kaufmännischer und technischer Hinsicht und aus langjähriger Erfahrung kennt.
Nur dadurch kann er das richtige Gefühl entwickeln, um aus den Vorschlägen seiner Stabsmitarbeiter die essentiellen Schwerpunkte zu selektieren und die Folgen

von Entscheidungen der Sparten und Bereiche weit sicherer zu übersehen. Selbst dann ist er vor Fehlentscheidungen nicht ganz gefeit. Hinzu kommt, dass bei einer starken Persönlichkeit sich fast alle Mitarbeiter entsprechend der Egologik auf die Meinung des Vorgesetzten ausrichten.

Wenn nur wenige Parlamentarier die Erfahrung mitbringen,[11] wie man ein Unternehmen führt, so ist es verständlich, dass wirtschaftliche Gesichtspunkte zu wenig Beachtung finden. Die höchsten Ämter in einer Nation sollten im Idealfall durch fachliche Spitzenkräfte besetzt sein. Daran haben die Bürger ein hohes Interesse, damit die Nation ihre Wettbewerbsfähigkeit und den Wohlstand behält. Diese Forderung kann aber wegen des demokratischen Auswahlverfahrens und der großen Entscheidungsgremien nur begrenzt erfüllt werden.

Das Vertrauen in die Führung ist von großer Bedeutung, wenn in einem Unternehmen die Mitarbeiter für ein Sanierungskonzept gewonnen werden sollen. Das gilt in noch höherem Maße bei Strukturänderungen in der Demokratie. Eine merkliche allgemeine Politikverdrossenheit ist deshalb keine gute Voraussetzung für die notwendigen Maßnahmen in schwierigen Zeiten.

6.7 Langfristig verfolgte wirtschaftliche Konzepte sind erfolgreicher

So wie sich die Strukturkrise langfristig aufbaut, entstehen auch Erfolgspositionen fast nur bei Verfolgung eines langfristig angelegten, widerspruchsfreien und konsequent umgesetzten Konzepts. Ohne Ziele nützt es wenig, die Anstrengungen zu steigern. Ein Marathonläufer siegt nur, wenn er ohne Pausen läuft und nicht auf Umwegen sein Ziel verfolgt. Erfolgreiche Unternehmen arbeiten mit mittel- oder langfristigen Konzepten und Prioritäten. Erfolgreiche Nationen arbeiten mit vergleichbaren Zielen.

Singapur war bei der Gründung 1965 ein armer Staat. Es gab keine nennenswerten Rohstoffvorkommen, keine wesentliche Industrie und kein modernes Know-how. Das Land setzte mit Härte Recht und Ordnung durch, erließ rigide Sicherheitsgesetze, verbot Demonstrationen und freie Meinungsäußerung. Von wirtschaftlicher Bedeutung war, dass es sich konsequent auf die Erfolgsfaktoren und das Wirtschaftswachstum konzentrierte. Es baute seine industrielle Basis wie ein Erfolgskonzern vor allem mit Zukunftsprodukten aus und erwirtschaftete hohe Devisenreserven. Spitzenforschung und Spitzenleistungen wurden konsequent gefördert. In den 2000er Jahren investiert es vor allem in die Biotechnologie, in der bis zum Jahr 2006 bereits über 10.000 Men-

---

[11] Clever gemacht (30.6.2007)

schen eine Arbeit fanden. Das Bruttoinlandsprodukt wuchs in den letzten 10 Jahren im Durchschnitt um über 5 %. Heute liegt das BIP pro Kopf etwa auf dem deutschen Niveau, wächst aber weitaus schneller.

Auch Dubai zeigte, wie ein Land sich auf eine schwierige Zeit nach dem Abbau der Erdölreserven durch ein konsequent umgesetztes Konzept vorbereitete und eine starke Position erarbeitete, die die Chance gibt, den Wohlstand in Zukunft zu sichern.

Die Ölvorräte dieses Landes sind im Gegensatz zu den Nachbarn Abu Dhabi und Saudi Arabien begrenzt und damit ist abzusehen, wann das Land wirtschaftlich erheblich zurückfallen wird. Die Regierung nutzte die verbleibende Zeit, um ein Finanz-, Wirtschafts- und Ferienzentrum für die arabische Welt aufzubauen. Sie schuf alle wichtigen Voraussetzungen: eine gut ausgebaute Infrastruktur, unbürokratische Verfahren in einer Verwaltung, die sich mit viel Verständnis um die investierenden Firmen bemühte, Steuerfreiheit, Bereitstellung qualifizierter Arbeitskräfte und ein bisher sehr friedliches Zusammenleben der Kulturen. In der Zwischenzeit hat das Land eine Position erreicht, die von den Nachbarn nur schwer einzuholen ist, da die Anwesenheit aller wichtigen Wirtschaftszweige zu hohen Synergieeffekten führt. Folglich bieten sich in der arabischen Welt für international agierende Unternehmen nur schwächere Alternativen.

Wer sich kurzfristig orientiert, ist blind für den weit wichtigeren langfristigen Trend. Erst der Trend zeigt, wie die Chancen im Vergleich zu Wettbewerbsnationen genutzt werden.

Wie stark ein unterschiedliches Wachstum über dreißig Jahre den Lebensstandard verändert, kann man leicht an Beispielen errechnen. Vier Volkswirtschaften sollen über 20 Jahre mit durchschnittlich 1 %, 5 %, 8 % und 10 % über 30 Jahre real gewachsen sein. Dann erhöht sich der Lebensstandard jeweils um 133 %, 432 %, 932 % und 1586 %.

Das Beispiel wird noch deutlicher, wenn man von vier Personen ausgeht, die am Beginn ihrer beruflichen Tätigkeit je ein Monatseinkommen von 2.000,00 € erhalten. Nach dreißig Jahren haben sie völlig unterschiedliche Karrieren gemacht und durchschnittliche Steigerungen von 1, 5, 8 und 10 % pro Jahr erreicht. Die Monatseinkommen liegen dann bei 2660 €, 8640 €, 18640 € und 31720 €.

China überholte in wenigen Jahren mit seinem Bruttoinlandsprodukt zunächst Italien, dann Frankreich, Großbritannien und im Jahre 2007 auch Deutschland und ist damit die drittgrößte Wirtschaftsmacht der Welt. Wächst das Land in diesem Tempo weiter, kann es sein Bruttoinlandsprodukt jeweils in weniger als neun Jahren verdoppeln. Ähnlich hohe Wachstumsraten erwirtschaftet Indien. Noch sind 1 % Wachstum bei einem Hochlohnland mit einem Bruttonationaleinkommen von 25.000 € höher als 10 % von 2.000 €. Aber nach 8 bis 10 Jahren, wenn beispielsweise das Niedriglohnland bei 4000 € liegt und das Hochlohnland bei 30.000 €, hat sich auch diese Relation verändert. Damit wird deutlich, wo China oder Indien einerseits und Europa andererseits in dreißig Jahren stehen, wenn die Wachstumsraten ähnlich wie in den letzten zehn Jahren verlaufen. Allerdings stellt sich die Frage, wie die dringend notwendige Rücksicht auf die Umwelt, die sozialen Verhältnisse und das höhere Gewicht staatlicher Hemmnisse bei steigenden Einkommen das Wachstum bremsen werden.

Vertrauen auf eine nachhaltige Politik erhöht die Erfolgswahrscheinlichkeit der Wirtschaftsunternehmen, da Investitionen von der Entscheidungsvorbereitung über den Beschluss, zur Bestellung, Anlieferung und Personalbereitstellung bis zum Anlauf der Anlagen nicht selten fünf Jahre vergehen. Eine langfristig orientierte Wirtschaftspolitik und verlässliche Gesetzgebung sind wichtige Standortfaktoren. Sie ist aber unter den demokratischen Zwängen nicht zu erreichen. Darin liegt eine wirtschaftspolitische Schwäche der Demokratie.

6.8   Leistungsbereitschaft und ausgeschöpftes Leistungspotential sind die Basis für den wirtschaftlichen Langfristerfolg

Die meisten Menschen sind hoher Leistung bereit, wenn sie die Chance erhalten. Aber erst Chancengleichheit und Freiheit geben allen Talenten und Leistungsbereiten die Möglichkeit, ihren Beitrag zum Erfolg zu erbringen. Ohne sie verkümmert viel menschliches Potential. Gibt die Nation jedem die Chance zu einer guten Ausbildung, dann muss sie auch erreichen, dass die Qualifizierten im Land bleiben und zur Leistung motiviert werden. Dabei ist der Einfluss der Egologik und Motivation zu beachten.

Jeder sieht seine Umwelt subjektiv, das heißt, er beurteilt sie vor dem Hintergrund seiner persönlichen Erfahrungen, gesättigten bzw. ungesättigten Bedürfnisse, Ziele und Erwartungen. Solche Einstellungen lassen sich im positiven wie im negativen Sinn durch Organisationen, Umgebung, Vorbilder und Meinungsführer beeinflussen. Wer motiviert ist, empfindet auch hohe Anforderungen kaum als Belastung. Andererseits können durch Einfluss der Umgebung unmotivierte Menschen Leistungsdruck empfinden, ohne ihm tatsächlich ausgeliefert zu sein. Auch die Ansprüche und Meinungen ändern sich subjektiv. Wenn ein Unternehmen über Jahre Zuwachsraten von über 10 % erreichte, dann sind die Gesellschafter bei einem Jahr mit 5 % Wachstum enttäuscht. Eine Gesellschaft, die lange stagnierte, empfindet ein Wachstum von 2 % als Erfolg. Wenn Menschen leichtfertig urteilen, „Beamte sind faul", so erkennen sie nicht, dass die notwendigen Anreize fehlen. Die Frage müsste lauten: Wie kann die Politik die Anreize und wirtschaftlichen Zwänge verbessern, um so die Mitarbeiter zu höheren Leistungen zu motivieren und ihre Arbeitfreude zu steigern?

Wer ein festes Einkommen bezieht und dabei nicht erlebt, welchen Anreiz und Zwang der Wettbewerb normalerweise ausübt, welche Schwierigkeiten es mit sich bringt, ein Geschäft aufzubauen und was ein Konkurs bedeutet, sieht nur die, die den Durchbruch erreichten und in Wohlstand leben. Sie können den Zusammenhang zwischen Leistung und Einkommen nur schwer erkennen. Deshalb hat der persönliche Werdegang der Personen im Parlament und der Regierung einen großen Einfluss auf ihr Verständnis und die Richtung ihrer Entscheidung.

Es ist eine weitere alte Erfahrung: Leistung und Antrieb basieren zu 50 % auf Psychologie. Hoffnung motiviert und ist in schwierigen Zeiten die beste Arznei. Der Neidische fühlt sich ärmer und ungerecht behandelt, wenn er merkt, dass andere reicher werden. Extreme Bezüge von wenig erfolgreichen Managern werden von der Bevölkerung verständlicherweise missbilligt. Volkswirtschaftlich bedeutend ist, dass dies die Zweifel an der sozialen Gerechtigkeit erhöht. Zu sehr verwöhnte Menschen sind unglücklich im Überfluss. Wer in einer Wohlstandssituation lebt, zeigt weniger Opferbereitschaft für seine Aufgabe, und in der Demokratie sind Opfer darüber hinaus kaum im Konsens zu erreichen. Die richtige Motivation führt zu hohem Arbeitseinsatz. Missachtung oder Gleichgültigkeit unterdrücken alle guten Eigenschaften. Glück hilft nur manchmal, harte Arbeit fast immer. Selbst das Genie Albert Einstein sah die unermüdliche Ausdauer als Basis für Erfolge.

Herausragende Unternehmen nutzen diese Erkenntnisse, indem sie eine starke Unternehmenskultur schaffen. Sie führt weit besser zur Anpassung an die Bedürfnisse der Kunden. Das ist ein wichtiger Erfolgsfaktor.[12] Unternehmen, die eine nicht mit der Unternehmenskultur übereinstimmende strategische Neuausrichtung vornehmen, kämpfen mit erheblichen Umsetzungsproblemen. Eine Änderung erfordert fast immer harte Einschnitte. Volkswirtschaftliche Kulturen wandeln sich weit langsamer und wirken noch viele Generationen fort. Die vom Konfuzianismus geprägte Gesellschaft zeigt mit den Merkmalen „Ehrgeiz" und „hohe Arbeitsmoral" noch heute ihre Wirkung als gute Erfolgsvoraussetzung.

Die Leistungsfähigkeit der Unternehmen sinkt auf Dauer bis zur Wettbewerbsunfähigkeit, wenn Mitarbeiter ohne Freude ihre Arbeit verrichten. Solche Mitarbeiter wechseln den Arbeitgeber oder ziehen sich nach einer „inneren Kündigung" mehr und mehr in die Privatsphäre zurück. Sie nutzen jeden persönlichen Vorteil und zeigen nur noch ein Scheinengagement, mit dem sie ihre Leistung gegenüber der Führung „optisch" dokumentieren. Solche Entwicklungen sind unsozial, weil

---

[12] Vgl. Peters und Waterman (2006) oder Deal und Kennedy (1987)

die ungeliebte Arbeit die Lebensqualität der Mitarbeiter erheblich beeinträchtigt. Die richtige Motivation hilft dagegen sowohl den Mitarbeitern als auch den Unternehmen.

Eine über lange Zeit wirkende Motivation auf der Basis wirtschaftlicher Anreize und Zwänge – kombiniert mit einer allgemein akzeptierten Strategie und gemeinsamen Zielen, die zu einer Interessenharmonie führen – erzeugt letztlich eine Leistungskultur. Es geht nicht um die Motivation Einzelner. Sie wirkt ansteckend. Die Leistungskultur bildet ein Team, in dem sich jeder im Sinne der Ziele einsetzt und die anderen unterstützt. Sie erzeugt lernfähige Organisationen, die ihren Wissensstand ständig erneuern. Sie senkt den zerstörerischen Gruppenegoismus und die Reibungskonflikte, steigert die Kreativität und führt damit zu neuen Produkten sowie rationelleren Produktions- und kreativen Marketingmethoden. Sie entfaltet ihre volle Wirkung, wenn eine bestimmte Geisteshaltung nicht nur die Arbeit des Managements prägt, sondern bis zum unteren Ende der Hierarchie ausstrahlt. Neue Mitarbeiter werden so fast automatisch durch ihre Umgebung auf die Ziele des Unternehmens ausgerichtet.

Voraussetzungen für die Bildung von Leistungskulturen sind:
1. Die Führung gibt eine widerspruchslose klare Richtung vor.
2. Anreize und motivierende Zwänge, in Richtung der Ziele vor allem für die Wertschöpfungstreiber. Nur Zwänge, die nicht zu einer Resignation führen, sind motivierend und steigern die Leistung.
3. Interessenharmonie durch Orientierung an den Zielen,
4. Einfachheit und Übersichtlichkeit der Regeln der Zusammenarbeit,
5. Freiheit im Detail,
6. Strenge bezüglich der Einhaltung der Grundwerte,
7. Fordern und Fördern der Leistungsträger[13],
8. Anerkennung besonderer Leistungen sowie
9. Fairness, Ehrlichkeit, Gerechtigkeit.

Die Voraussetzungen für die Bildung einer Leistungskultur zeigen, welche Bedingungen in der Demokratie ungünstig sind.

In größeren Unternehmen dauert es mindestens zehn Jahre und mehr, um eine gegebene Kultur grundlegend zu verändern. Alte Kulturen zeigen oft noch nach 30 Jahren ihre Merkmale, selbst wenn die Führung sich ununterbrochen um andere Verhaltensweisen bemüht hat. Diese Erkenntnisse gelten auch für die Volkswirtschaft, allerdings mit weit längeren Fristen. Die Leistungsbereitschaft entscheidet auf Dauer über den Erfolg einer Nation. Aber hier lassen sich noch eher als in

---

[13] Vgl. Welch und Welch (2005), S. 52: „...überschütten ihre Spitzenleute ... mit Prämien, Aktienoptionen, Lob, Liebe, Weiterbildung und unterstützen ihr persönliches Wohlbefinden."

einem Unternehmen Freiheitsräume und Rückzugsgebiete finden. Wechselnde Regierungen mit unterschiedlicher Auffassung oder eine zerstrittene Regierung können keine klaren Vorgaben geben. Ein über lange Zeit ungerechter oder gieriger Staat verdirbt letztlich den Charakter der Bürger. Ein zu fürsorglicher Staat erstickt die Eigeninitiative, senkt die Wettbewerbsfähigkeit und läuft Gefahr missbraucht zu werden.

In Japan oder Korea trugen motivierende Rahmenbedingungen entscheidend zu Wachstum und Wohlstand bei. Wer die Zeit nach 1945 in der Bundesrepublik Deutschland noch in Erinnerung hat, der kann bestätigen, dass es der politischen Führung gelang, Rahmenbedingungen zu schaffen, die eine solche Leistungskultur als entscheidende Basis für das Wachstum entstehen ließ. Seitdem ist es keiner Regierung mehr gelungen, Zukunftspläne zu entwickeln, für die sie das Volk begeistern konnte. In Anlehnung an Antoine de Saint Exupéry könnte man sagen: „Wenn Du eine Nation zu wirtschaftlichem Erfolg führen willst, dann wecke den Traum von einem besseren Leben und vom Luxus und hindere die Bürger nicht, das Ziel zu erreichen."

Führungskräfte beachten oft die psychologischen ihres Verhaltens für die Egologik nicht. Sie provozieren Widerstand und innere Reibungskonflikte, zerstören also die Leistungskultur. Interne Probleme erhalten das Übergewicht, Kunden und Wettbewerb werden kaum noch beachtet. Das Ausweichen oder Unterlaufen der Vorgaben wird zum Sport.

> Vor vielen Jahren kam es in einer großen Tochtergesellschaft eines Weltkonzerns zu einer Krise. Das Mutterhaus setzte einen intelligenten Manager als Geschäftsführer ein. Dieser versuchte, seine Position sehr schnell durch große Härte zu festigen. Dabei schränkte er die Freiheit entscheidender Mitarbeiter ein. Andere wählte er zu seinen Vertrauten. Es waren seine „Spürhunde". Es kam zu Streitereien und zu ständiger Diskussion unter den Führungskräften. Die Leistungsträger fühlten sich ungerecht behandelt und befassten sich primär mit Fragen, wer bevorzugt oder verletzt worden war, wie man sich verhalten oder revanchieren sollte und welche Probleme für die eigene Position entstehen. Es kam zu einer starken Konzentration der Aufmerksamkeit nach innen. Das Spitzenunternehmen kam nach einigen Jahren in die Krise.

In der Nation können Streitigkeiten, offene Verweigerungen und „innere Kündigungen" auf Dauer die Leistungsfähigkeit lähmen. Immer mehr potentielle Wertschöpfungstreiber verlassen das Land bzw. verkaufen ihre Geschäfte oder ziehen sich, falls eine Auswanderung durch politische Entscheidungen verhindert wird, zu Lasten der Gemeinschaft in die private Sphäre zurück.

7 Verbesserte Staatsformen und verbleibende Schwächen

7.1 Verbesserte Staatsformen zur Harmonisierung der Egologik

Die Egologik verführte in der Geschichte der Menschheit bei unkontrollierter Macht immer wieder zu krimineller Handlung, um eigene Vorteile durchzusetzen. Mit zunehmender Macht und Unabhängigkeit der Führung stieg die Möglichkeit, ungestraft kriminell zu handeln. Die Gefahr für den Bürger wuchs. Die Inhaber großer Staatsgewalt haben das Interesse, ihre Macht abzusichern oder auszuweiten, wie es die Militärjunta in Burma belegt. Dazu brauchen sie sich Interessengruppen, denen sie Vorteile gewähren und die sie stützen. Nicht zuletzt deshalb brachte die Egologik der Regierenden in autoritären Systemen fast immer große Ungleichheit, Ungerechtigkeit, Korruption und Unterdrückung. Die Beherrschten wollen das nicht. Ihre dadurch bedingte fehlgesteuerte Egologik ohne Rücksicht auf motivierende Leistungsanreize führte langfristig zur bitteren Armut der Menschen ganzer Nationen.

Die Führer des Sozialismus glaubten, die fundamentalen Urkräfte der Menschen verändern zu können, was aber nicht gelang. „Nehmen Sie die Menschen, wie sie sind, andere gibt es nicht", riet schon Konrad Adenauer humorvoll. Die Ergebnisse beweisen, dass Ordnungsformen gegen die legitime Egologik der Leistungsträger stets in wirtschaftlichen Problemen endeten. Obwohl es die Bürger nicht wollten, schadeten sie sich langfristig selbst durch ihren geheimen Widerstand. Oft war die wirtschaftliche Not breiter Massen der Grund für gewalttätige Veränderungen.

Bewährte Verfassungen geben der Regierung genügend Macht, um handlungsfähig zu sein, aber sie begrenzen auch deren Herrschaft. Sie enthalten herrschaftskonstituierende und herrschaftsbegrenzende Elemente. Die Verfassung muss aber vor allem das souveräne Volk schützen, auch in Ausnahmefällen den Staat gegenüber einem überfordernden Souverän abschirmen. Die größte Gefahr sah schon Montesquieu im 18. Jahrhundert in der Exekutive.[1] Deshalb forderte er die Gewaltenteilung zwischen den zentralen Staatsorganen (Parlament, Regierung, Gerichte). Geteilte Macht ist begrenzte Macht. Die Teilung brachte bereits durch eine bessere Steuerung der politischen Egologik entscheidende Vorteile für die Bevölkerung und neutralisierte die größten Gefahren. Gesetze, denen alle unterworfen waren, begrenzten politische Willkür und machten auch kriminelle politische Hand-

---

[1] Montesquieu (1994)

lungen strafbar. In der Demokratie war das Volk mit einem Souverän vergleichbar. Es war ein Schritt zurück für den Bürger, dass im real existierenden Sozialismus es keinen Wettbewerb unter den Parteien gab, und die Partei den Vorrang vor der Rechtsprechung erhielt. Damit wurde das Regieren weitaus bequemer.

Für die Geldwertstabilität erwies sich die Unabhängigkeit der Deutschen Bundesbank als vorteilhaft.[2] Über den Geldumlauf und die Kreditversorgung entschieden hochqualifizierte Finanzfachleute unabhängig von Weisungen der Regierung. Damit verhinderte man hohe Inflationsraten und viel Elend vor allem für ärmere Schichten. Die exzellent ausgebildeten Fachleute verfügen über die notwendigen Informationen, besitzen das Fachwissen, sind auf die Geldwertstabilität verpflichtet und nicht von der Lobby verführbar. Wegen guten Erfahrungen wurde auch für die Europäische Notenbank in den Maastrichter Verträgen ihre Unabhängigkeit festgelegt. Weil dies aber die Macht der Politiker beschränkt, gibt es trotz der bewährten Aufgabenteilung aufgrund der politischen Egologik immer wieder das Argument, es sei im Interesse des Souveräns, die Unabhängigkeit zu beseitigen.

Auch der Stabilitätspakt der Europäischen Union bzw. die Konvergenzkriterien üben einen Zwang auf die nationalen Regierungen aus, sich finanziell disziplinierter zu verhalten. Sie begrenzen die Macht der Politiker, berücksichtigen aber im Vertrag die legitime Egologik nicht. Statt einer neutralen, unabhängigen Stelle wurden die Betroffenen selbst als ihre „Richter" eingesetzt. So war bald eine Aufweichung der Regelungen zu erwarten.

Die Rahmenbedingungen der Demokratie steuerten die Egologik im Vergleich zum Sozialismus vor allem durch Freiheit, Delegation und Entfaltungsmöglichkeit zu mehr Motivation und weniger Reibungsverlusten, wenn es auch in den verschiedenen Demokratien deutlich unterschiedliche Grade der Freiheit gibt. Die höhere Freiheit bedeutete aber auch, dass die Menschen mehr Selbstverantwortung für ihre Entscheidungen übernehmen müssen, also auch persönlich die Konsequenzen tragen. Für einen weit größeren Teil der Ausgaben in der Volkswirtschaft trafen nun die selbst haftenden einzelnen Bürger sorgfältiger die risiko- und nutzenabwägenden Entscheidungen. Erst die Freiheit schaffte somit die Voraussetzung, Effizienz zu entwickeln und Neues auszuprobieren. Die „marktnahe" Steuerung der Ausgaben durch den Einzelnen führte zu einer wesentlich besseren Nutzung des knappen Kapitals. Unter diesen Bedingungen entfaltet die Egologik ihre volle wirtschaftliche Kraft zum steigenden Wohlstand für alle. Wie stark zunehmende wirtschaftliche Freiheit hohes Wachstum kreiert, zeigten nicht nur demokratische Nationen, sondern auch die Volksrepublik China und die sozialistische Republik Vietnam, obwohl sie dort das kommunistische Machtmonopol erhielten.

---

[2] Hans Tietmeyer (1999), S. 11

Die Zwänge des Wettbewerbs und die „marktnahen" Entscheidungen, verbunden mit der Haftung für das eigene Handeln, sind die entscheidenden Geheimnisse für Fortschritt und Wohlstand. Der Wettbewerb um die Wähler schuf in der Demokratie weit bessere Voraussetzungen dafür, dass die eigene Regierung Kriege verhinderte. Die Grundüberzeugungen Freiheit, Gleichheit und Gerechtigkeit hielten die Ungerechtigkeit in den möglichen Grenzen.

7.2 Verbleibende und entstandene Schwächen in den Rahmenbedingungen

7.2.1 Die Schwächen wurden mit der alternden Demokratie und dem globalen Markt deutlicher

Die Erfahrung bestätigte die Aussage Churchills, obwohl die Schwächen, die in den Rahmenbedingungen der Demokratie schlummerten, erst im Laufe der Jahrzehnte unübersehbar wurden. Hohes Wachstum verdeckte die Probleme, da es steigende Transferleistungen ermöglichte und ein starker Motivationsfaktor war. Aber unter dem Druck der Lobby, entsprechend der Egologik Entscheidungen auf sich zu ziehen, erhöhten sich mit zunehmendem Alter der Demokratie die Eingriffe, folglich die Staatsausgaben, sowie die Regulierung. Die Freiheit wurde immer mehr begrenzt und die Wirtschaftsdynamik sank. Schon Röpke sah die Unfreiheit als Preis für einen Wohlfahrtsstaat.[3]

Die zunehmenden Lasten machten die Schwächen durch Wachstumsprobleme, Einkommensstagnation und Arbeitslosigkeit deutlicher. Sie fesselten zunehmend die Kräfte der ehemals sehr erfolgreichen Sozialen Marktwirtschaft. Ihr wirtschaftliches Potential wurde bei weitem nicht mehr genutzt. Obwohl die Ursachen für diese Schwächen in der Demokratie liegen, sehen die Bürger sie direkter in einer geringeren Leistungsfähigkeit der Sozialen Marktwirtschaft. Was wäre die Alternative? Staatlich gesteuerte Wirtschaftssysteme bewiesen entweder ihren Misserfolg durch Verarmung der Bevölkerung oder sie missachteten wegen der Machtkonzentration die Menschenrechte. Mit den gegebenen Rahmenbedingungen kann aber auf Dauer die Demokratie mit ihrer Marktwirtschaft im globalen Wettbewerb nicht erfolgreich sein, wenn andere Staatsformen sich stärker wirtschaftlich und langfristig orientieren.

Der globale Markt verschärfte die Probleme für die Demokratie. Wie bei den Unternehmen im Wettbewerb kommt es nun mehr darauf an, sich durch wirt-

---

[3] Röpke (1979)

schaftliche Führung der Nation zu behaupten. Aber Politiker haben es schwer, sich auf Wettbewerbsbedingungen einzurichten. Die Demokratie muss sich an die neuen Bedingungen des globalen Wettbewerbs anpassen, wenn langfristig größerer Schaden für den Souverän verhindert werden soll.[4]

7.2.2   Zwang zu unwirtschaftlichem Verhalten in der Demokratie

Damit zeigte sich immer mehr das Hauptproblem der Demokratie: ungeeignete Anreize und Zwänge für die Regierenden, die ihre Egologik unwirtschaftlich steuerten. Das stärkte im Laufe der Jahrzehnte die gefährlichen Trends und führte zu Managementfehlern. Die zurückgehende Delegation nahm dem Bürger mehr Entscheidungsfreiheit. Der steigende Staatsanteil entzog einer optimierten wirtschaftlichen Verwendung immer mehr Mittel und gab sie dem Bürger über Transferleistungen aufwendig weitgehend für den Konsum zurück. Damit waren immer weniger Entscheidungen wirtschaftlich optimiert. Der geringere wirtschaftliche Anreiz für die öffentliche Hand, die kurzfristige Orientierung, der Trend zur Administration, Kompliziertheit sowie Schwerfälligkeit, wechselnde Ziele und Unfähigkeit zu optimierten Entscheidungen der Führung schwächten die Leistungskraft.

Die Zwänge der Rahmenbedingungen treiben die Egologik zu einer Orientierung, bei der wirtschaftlichen Erfolgen oder langfristigen wirtschaftlichen Schäden der Volkswirtschaft nicht die Bedeutung zukommt, die sie für das Wohlergehen der Bürger erhalten müssten. Politiker befinden sich aber insofern in einer schwierigen Situation, als das System sie weit mehr als Unternehmer zum kurzfristigen Handeln zwingt, unter anderem wegen der Vielzahl von Wahlen in Bund, Ländern und Gemeinden. Der unmittelbare Vorteil ist dem Wähler wichtig, eine Korrektur aufgrund der Signale oder selbst bei sichtbaren Schwierigkeiten wird in aller Regel abgestraft. Dabei spielt eine große Rolle, dass Presse, Funk und Fernsehen vor allem über die Reformverlierer, kaum über die Reformgewinner informieren.[5]

In allen anderen Berufen spezialisieren sich die Menschen über Jahrzehnte, um eine hohe Führungsqualität zu erreichen. Die Zwänge liegen beim Politiker in der Demokratie eher darin, Meinungsbildungen ihrer Wähler auf allen politischen Arbeitsgebieten zu erkennen und kurzfristig zu berücksichtigen, unabhängig davon, ob dies falsch oder richtig ist. Zum Wohl des Volkes sollten die hohen Anforderungen an die politische Führung aber darin liegen, das langfristig Wichtige zu erkennen und dem Druck des Unmittelbaren zu widerstehen. Einsparungen sind beim Wähler unpopulär und bergen deshalb für den Entscheider Risiken. Jeder

---

[4] Vgl. Merz, Friedrich (2004)
[5] Heinemann et al (2007), S. 33

vermeidet das verständlicherweise. Die meisten Wähler verfügen nicht über die notwendigen Informationen, um die komplizierten Zusammenhänge zu verstehen. Ihre kurzfristige Orientierung hindert die Politiker oft, die richtigen Entscheidungen zu treffen, da dies sehr nachteilig für die eigene politische Karriere und die Partei wäre. Keine Führung eines Unternehmens wäre unter den politischen Rahmenbedingungen in der Lage, ihr Unternehmen wettbewerbsfähig zu erhalten oder eine schwierige Strukturänderung erfolgreich abzuschließen. Die Zwänge lassen dem Politiker kaum eine Chance, langfristig wirtschaftlich zu handeln, und der Druck der Lobby führt immer wieder zu weiteren gesetzlichen Regelungen.

Ein Manager trat die Stelle eines Vorstandsvorsitzenden in einem größeren Unternehmen an. Er beeindruckte durch sein sicheres Auftreten, geschicktes Reden, Stressstabilität, Durchsetzungsvermögen und seine gute und sympathische Erscheinung. Auch sein bisheriger beruflicher Werdegang war erfolgreich verlaufen, wenn auch die neue Aufgabe weitaus komplexere Anforderungen stellte. Der Aufsichtsrat war überzeugt, die richtige Entscheidung getroffen zu haben, kontrollierte aber wenig und ließ dem Manager viel Freiheit. Schon nach einigen Jahren zeigte sich jedoch eine Fülle negativer Symptome: Fehlinvestitionen, Marktanteilsverluste und schließlich – durch seinen überzogenen Druck auf die Mitarbeiter – eine starke Demotivation der Mannschaft. Der Ertragseinbruch ließ nicht lange auf sich warten, Arbeitsplätze gingen verloren und der Aufsichtsrat entschloss sich zu einem Wechsel in der Führung.

Hätte nicht ein ebenso geschickter Redner mit gutem Auftreten in der Politik Karriere gemacht, solange die Ergebnisse nicht gemessen werden und auch nicht die notwendige Bedeutung erhalten? Wer kann gegebenenfalls die Verluste erkennen, die in der Volkswirtschaft sofort in die Milliarden gehen? Wer hat ein Interesse daran, solche Fehlentwicklungen früh zu erkennen, solange eher unwirtschaftliches Verhalten Zustimmung und Belohnung findet?

Es stehen jeder Regierung die besten Berater zur Verfügung. Trotzdem steuert die Demokratie in Richtung Fehlstrukturen und damit zu wirtschaftlichen Nachteilen für den Souverän. Darf man von Politikern erwarten, dass sie für etwas kämpfen, wofür sie und ihre Partei bestraft werden? Entsprechend der Egologik gehen Menschen fast immer den Weg des geringsten Widerstandes. Sie bemühen sich um schwierige Strukturveränderungen normalerweise nur unter entsprechend orientierten Anreizen und Zwängen. Die heutigen Rahmenbedingungen erzwingen gefährliche Trends, Managementfehler, eine Nichtbeachtung der Signale, und die Politiker können wirtschaftlichen Zielen verständlicherweise nicht die angemessene Bedeutung geben. Dies verhindert auch die notwendigen Umstrukturierungen, ohne die sich die wirtschaftliche Situation nicht verbessert.

Erfolgreiche Politiker müssen starke Persönlichkeiten mit hohem Durchsetzungsvermögen sein. Hoher zeitlicher Einsatz, außerordentliche Standfestigkeit und Stressbeständigkeit, Flexibilität und Geschicklichkeit in der Kommunikation und Überzeugungskraft sind nur einige der Anforderungen an die Amtsinhaber. Sie führen zahllose Gespräche, werden bombardiert mit einer Flut von Schriftsätzen, Vorlagen, langen Gutachten, Anfragen, Vorschlägen etc., so dass nur wenig Zeit bleibt, sich vertieft mit jedem Vorgang auseinander zu setzen. Allein die EU-Maschinerie produziert jährlich 35.000 Dokumente,[6] die oft Einfluss auf die deutsche Politik nehmen, den die Parlamentarier sowie die Regierungsmitglieder schon früh erkennen sollten. Das allein überfordert schon jeden intelligenten Menschen. Viele Lobbyisten kommen mit vielerlei Wünschen und eigennützigen Ratschlägen und Empfehlungen. Immer geht es um Vorteile und fast immer um wirtschaftliche Vorteile. Da entsteht ein besonders hoher Druck für die Regierungen. Sie können wegen der knappen Mittel den meisten Forderungen nicht nachgeben. Es ist menschlich, dass sie vor allem resistent gegen Beratung sind, wenn sich diese direkt oder indirekt gegen ihre Egologik richtet.

Löst ein Politiker in der Demokratie die Wählerprobleme nicht, wirkt sich das zu seinem Nachteil aus, weil seine Chancen sinken, wiedergewählt zu werden. Das ist gut und gewollt, soweit der Wähler die Zusammenhänge beurteilen kann. Aber als größte Probleme zeigen sich im globalen Wettbewerb die weitgehend ungebremste Entfaltung der systemimmanenten gefährlichen Trends und Managementfehler infolge der falsch gesteuerten Egologik bei den heutigen Rahmenbedingungen.

Aufgrund der jetzigen Rahmenbedingungen und der damit vorgegebenen Anreize müssen Politiker ihre Entscheidungen nach dem Möglichen und nicht nach dem wirtschaftlich Sinnvollen richten. Es entscheidet nicht, was sachlich richtig ist, sondern wie der eigene Wähler es beurteilt, auch wenn so die Weichen falsch gestellt werden. Helmut Kohl werden die Worte zugeschrieben: „Ich will Wahlen gewinnen und nicht den Ludwig Erhard-Preis für Volkswirtschaftspublizistik". Ein Beispiel für diese Wahrheit lieferte Bundeskanzler Schröder, der nach dem Gütersloher Reformmonitor in seiner Amtszeit mehr reformierte als jeder andere Kanzler und abgewählt wurde. Es zeigte sich wieder, dass mit ökonomischer Rationalität keine Wahlen zu gewinnen sind. Aber entstehen große wirtschaftliche Probleme, so führen diese fast immer zur Abwahl. Bundespräsident Köhler mahnte im Juli 2006 an, dass die Regierung zu sehr der Parteipolitik verhaftet sei und sich zu wenig auf die Lösung von Sachproblemen konzentriere. Ist das nicht die logische Folge der Rahmenbedingungen unserer Demokratie, die nicht an den typisch menschlichen Eigenschaften orientiert sind?

---

[6] Mühlberger, Norbert: Schlapper Bundestag. Capital 1/2008, S. 64

Damit zeigt die heutige Demokratie inhärente Merkmale, die im globalen Wettbewerb den zukünftigen Wohlstand gefährden. Die Rahmenbedingungen der Demokratie steuern die Egologik der Politiker auf vielen Arbeitsgebieten zwar weit besser als in aristokratischen oder absoluten Systemen, in denen die Führung durch Wahlen nicht abberufen werden können. Sie erzwingen aber langfristig Strukturprobleme, die das Wachstum im globalen Wettbewerb drosseln und Arbeitslosigkeit bringen.

7.2.3 Entscheidungsprobleme

Ist die Strukturveränderung notwendig und sind die Probleme erkannt, muss auch die Entscheidungsfähigkeit gegeben sein, damit sich etwas ändert. Fehlt eine starke Persönlichkeit an der Spitze oder ist ein Vorstandsgremium beispielsweise aufgrund seiner Organisation nicht entscheidungsfähig, so erhöht sich die Gefahr für das Unternehmen. Mit einem Zögerer an der Spitze oder bei einer Führung von zwei oder mehr Gleichberechtigten verloren schon viele Unternehmen ihre Positionen. Es gibt zu viel Streitereien, und die Entscheidungen fallen nicht oder zu langsam und basieren unter diesen Voraussetzungen fast nur auf Kompromissen.

> Ein Stifter bestimmte für seinen Weltkonzern, der auf vielen Gebieten führend war, dass die Führung aus vier gleichberechtigten Geschäftsführern bestand. Uneinigkeit und Blockaden waren die Folge. Da keine klare Strategie zustande kam, übernahmen die Sparten unter den Zwängen des Wettbewerbs diese Aufgabe, aber die Probleme wurden immer deutlicher. Mit einem Kraftakt änderte man die Statuten. Ein Sprecher übernahm die Führung.
> Die Firma Bayer ließ in den 70er Jahren ihre Sparten von einer Doppelspitze führen. Streitigkeiten schwächten bald das Geschäft. Schon nach wenigen Jahren änderte Bayer die Organisation.

Die Qualität der Entscheidungen und ihre Umsetzung steigen zunächst mit der Größe eines Gremiums, um dann wieder abzunehmen. Untersuchungen in Unternehmen weisen nach, dass die Entscheidungen ab einer bestimmten Größe schlechter und langsamer werden. Wie so oft sagt der Volksmund die Wahrheit: „Viele Köche verderben den Brei". Zwar gilt die Erkenntnis des Schriftstellers La Rochefoucault, dass man schlauer sein kann als ein anderer, aber nie schlauer als alle anderen, aber sehr große Teams stehen eher für „TEAM" im Sinne von „Toll, Ein Anderer Macht's." Für optimierte Entscheidungen haben sich etwa sechs Teilnehmer unter einem Vorsitzenden als zweckmäßig erwiesen. In großen Gremien fällt es am wenigsten auf, wenn der Einzelne sich über das Thema kaum informiert. Aber seine Stimme zählt. Viele arbeiten nach dem Motto: Warum sollte man die arbeitsreiche Vorbereitung bei einer ohnehin starken Überlastung nicht den Spezialisten überlassen? Dies gilt insbesondere, wenn auch noch Gruppendisziplin erwartet wird.

7.2.4 Umsetzungs- und Kontrollprobleme

Erfolgreiche Industrieunternehmen orientieren sich an den Erfolgsfaktoren, motivieren vor allem die Wertschöpfungstreiber, aber auch die Belegschaft in Richtung der Ziele, setzen die Planung entschlossen um und überprüfen von Zeit zu Zeit, welche Bedingungen sich geändert haben, um gegebenenfalls das Vorgehen anzupassen.

Die Politik formulierte immer wieder Ziele, oder es wurden Mängel berechtigt aufgezeigt, ohne dass sie die notwendigen Maßnahmen ergriff. Die Lissabon-Strategie sollte Europa wieder zu einer der wachstumsstarken Regionen der Welt machen. Seit vielen Jahren sollen in Deutschland die Lohnnebenkosten gesenkt werden, und das Gesundheitssystem steht auf der Agenda einer jeden Regierung. Wie ist es möglich, dass sich seit Jahrzehnten Beamte, Wissenschaftler, Unternehmer und Bürger über das komplizierte und hemmende Steuer- oder Arbeitsrecht beklagen, aber die Kompliziertheit mit fast jedem neuen Gesetz weiter steigt? Wie ist es möglich, dass die Kompliziertheit der Baugesetze seit Jahrzehnten moniert wird, es aber zu kaum einer Erleichterung für diesen Wirtschaftszweig kommt? Ob Arbeitsrecht oder Gleichstellungsgesetz, die hemmenden Beispiele ließen sich fast beliebig ergänzen. Oft kennt man die Probleme seit langem, doch die Schwierigkeiten nehmen eher noch zu.

Will man mit neuen Konzepten einiges verändern, so gibt es auch in der Industrie bei den eigenen Mitarbeitern und außenstehenden Organisationen stets mehr oder weniger große Widerstände. „Das geht nicht bei uns", „Bei uns ist die Situation ganz anders", „Dafür haben wir keine Voraussetzungen" etc. In der Volkwirtschaft sind die Widerstände der Interessengruppen noch stärker. Regierungsmitglieder müssen um den Rückhalt in ihrer Partei und ihre Position bangen, wenn sie das wirtschaftlich Sinnvolle gegen die Egologik der Wählerschaft durchsetzen wollen. Politiker müssten für den langfristigen Erfolg der Nation sehr oft gegen die Logik ihrer eigenen Interessen handeln. Nicht die richtigen Maßnahmen für das Volk entscheiden, sondern allein die Orientierung am Gefühl, was der eigene Wähler honoriert. Folglich werden auch die Ratschläge und Mahnungen der „Wirtschaftsweisen" von der Politik nicht umgesetzt, wenn sie nicht den Erwartungen der Klientel entsprechen. Die Worte des Luxemburger Ministerpräsidenten Jean-Claude Juncker zeigen die systeminhärenten Umsetzungsprobleme der demokratischen Rahmenbedingungen: „Jeder weiß, welche Reformen wir brauchen, aber niemand weiß, wie wir sie einführen und danach eine Wahl gewinnen". Diese Aussage des Spitzenpolitikers lässt sich auch anders formulieren: Regierungen in der Demokratie können nicht das sachlich oder wirtschaftlich Richtige für die Nation entscheiden. Sie müssen oft anders handeln, selbst dann, wenn es für alle Bürger langfristig von wirtschaftlichem Nachteil sein sollte. Auch Kritiker der politischen Entscheidungen würden sich unter den gegebenen Rahmenbedingungen kaum anders verhalten, wenn sie selbst die politische Position innehätten.

Was eine Regierung ohne wirtschaftliche Anreize aber auch immer unternimmt, der eiserne Besen des Wettbewerbs kennt bei noch so gut gemeinten Entscheidungen keine Rücksicht. Die Marktkräfte setzen sich langfristig durch, die Bürger leiden unter den Folgen. Nur eine Nation, die schneller und konsequenter als andere Länder die Erfolgsfaktoren umsetzt, wird langfristig den größeren Wohlstand erzielen. Mit den organisatorischen Voraussetzungen westlicher Demokratien und ihren falschen Anreizen würden auch Spitzenkonzerne eines Hochlohnlandes im Wettbewerb in wenigen Jahren in den Ruin getrieben. Das will kein Mitarbeiter. Auch wenn Nationen nicht in die Insolvenz gehen, zeigen sich die Konsequenzen in einer hohen Verschuldung, niedrigen Wachstumsraten, hoher Arbeitslosigkeit und sinkendem Einkommen. Das wollen die Bürger nicht.

Es zeigte sich, dass bei den heutigen Rahmenbedingungen auch die besten Berater die Strukturprobleme nicht verhindern konnten. Selbst wenn einzelne starke demokratische Regierungen die Kraft finden, die notwendigen Korrekturen einzuleiten, mit der nächsten Regierung endet das Konzept nach aller Wahrscheinlichkeit, sobald sich leichte Besserungen zeigen. Fest steht weiter: Die Niedriglohnländer erhalten von den Hochlohnländern einen hohen Kapitalzufluss und steigern in den nächsten Jahrzehnten ihr Know-how. Damit steigt im Trend die Gefahr für die Arbeitsplätze und den Wohlstand in den Hochlohnländern.

Zum Glück reagieren auch alle Wettbewerbsregierungen nur langsam auf die globale Herausforderung, indem sie nur das verändern, was ihnen nach ihrer Egologik nicht schadet. Die Niedriglohnländer behindern sich oft durch noch größere Hemmnisse wie Korruption und mangelnde Rechtssicherheit. Aber man muss kein Hellseher sein um festzustellen, dass die Gefahr für die Demokratie steigt, wenn die Abwanderung von Produktionsstätten und Know-how die Arbeitslosigkeit und den Einkommens- und Wohlstandsverfall fortschreiten. Wie soll man das verlorene Potential zurückholen? Wie schon oft in der Geschichte würden sich die Worte des Politikers Walter Rathenau – „Die Wirtschaft ist unser Schicksal" – bestätigen. Diese verhängnisvolle Entwicklung gilt es zu verhindern. Deshalb steht die Politik gegenüber dem Souverän in der Pflicht, Rahmenbedingungen zu suchen, die die Demokratie wettbewerbsfähiger machen und festigen.

8 Rahmenbedingungen der Erfolgsnationen

8.1 Die Ziele der Modifikation

Die zentrale Frage lautet: Wie werden die Vorteile der besten Staatsform, die wir kennen, erhalten und deren Nachteile beseitigt oder neutralisiert und mit welcher wettbewerbsfähigen Wirtschaftsordnung mit sozialen Zielen wird sie abgesichert? Wie lässt sich das wirtschaftliche Potential zum Vorteil des Souveräns nutzen, um sich besser im globalen Wettbewerb zu verteidigen, also Wohlstand und Arbeitsplätze zu sichern? In den Unternehmen zeigte sich, dass die Rahmenbedingungen, unter denen die Führung und die Menschen arbeiten, ihr Verhalten und den Erfolg entscheidend bestimmen. Sie sind eine wichtige Voraussetzung dafür, dass Fehlstrukturen verhindert werden, denn es ist leicht zu erkennen, dass die langfristig aufgetretenen volkswirtschaftlichen Fehlstrukturen die Wettbewerbsfähigkeit in hohem Maße schwächen.

Die höchste Macht im Staat wird dem Regierungschef und seinen Ministern verliehen. Sie können den höchsten Nutzen für den Souverän bringen, aber auch den höchsten Schaden verursachen. Je mehr Macht einem Menschen verliehen wird, um so wichtiger ist es auch, die Egologik harmonisch auszurichten. Die heutigen Rahmenbedingungen der Demokratie zwingen die Politiker durch starke Anreize und Druck in Richtung Fehlstrukturen. Wegen der fehlgesteuerten Egologik wird in den politischen Entscheidungen beispielsweise viel zu wenig berücksichtigt, dass privatwirtschaftliches Engagement in offenen Märkten die Grundlage für den Wohlstand ist. Die Zwänge bewirken, dass emotionale Argumente zu oft mehr Beachtung finden als rationale. Welche persönlichen Nachteile erleidet ein Politiker, wenn er Entscheidungen trifft, die langfristig zum wirtschaftlichen Niedergang der Nation mit bitteren Folgen für den Souverän führen? Die Rahmenbedingungen der Demokratie benötigen mehr ausgleichende Anreize, die die Egologik der entscheidenden politischen Gremien an den langfristigen wirtschaftlichen Interessen der Bürger ausrichtet.

Der Lobbyismus gehört zur Demokratie, weil der Souverän auch über Zusammenschlüsse in Verbänden die Möglichkeit erhält, die Entscheidungen der Regierungen und Parlamente zu beeinflussen. Dabei hängt der politische Einfluss natürlich von der finanziellen Stärke ab. Die Einwirkungsmöglichkeit der Verbände ist daher höchst unterschiedlich. Es dominiert stets das Ziel, finanzielle Vorteile für die eigenen Mitglieder zu erlangen. Einflussreiche Organisationen benachteiligen nicht nur die weniger einflussreichen. Da normalerweise kurzfristige Erfolge besonders honoriert werden, schaden die erheblichen langfristigen Folgen dieses Einflusses oft allen Bürgern, selbst der eigenen Klientel. Bessere Rahmenbedingungen müssen die Fehlsteuerung der Lobby oder der nicht informierten Wähler verhindern oder mindestens begrenzen. Die Reaktionen der Politik auf Gefahrensignale müssen beschleunigt und bei den Entscheidungsträgern die wirtschaftlich orientierten Kräfte aktiviert werden.

Diese Überlegungen basieren auf den konsequent einzuhaltenden Grundwerten Freiheit, insbesondere der Presse, Gerechtigkeit, Chancengleichheit, Wettbewerbsfähigkeit, angemessene soziale Leistungen, Rücksicht auf den Erhalt der Arbeitsplätze und Schonung der Umwelt. Die Politiker müssen die volkswirtschaftlich notwendigen Entscheidungen, die langfristig beste wirtschaftliche Ergebnisse für den Souverän bringen, möglichst ohne persönliche Nachteile treffen können.

8.2   Signale erkennen, früh gegensteuern!

Die kommenden Gefahren für Unternehmen und Nationen, die ihre Wettbewerbsfähigkeit verlieren, kündigen sich schon relativ früh durch Signale an. Vorstand, Aufsichtsrat, Regierungen und Parlamente dürfen deshalb die Situation nicht allein aufgrund von Zahlen der Vergangenheit beurteilen, da dann der Schaden schon vorliegt. Die Signale sind zunächst schwach und werden regelmäßig übersehen. Wer wirtschaftliche Kenntnisse und Erfahrungen besitzt und durch die Egologik sensibilisiert ist, sieht nicht nur das Auf und Ab im Konjunkturzyklus, sondern auch, wie Positionen langsam im internationalen Wettbewerb verloren gehen. Sind die Signale gegen die Egologik gerichtet, werden sie normalerweise übersehen.

Volkswirtschaftliche Warnsignale sind neben den genannten u. a. die Verschlechterung des Standortes durch rückläufige Auslandsinvestitionen, die Veränderung der Relation der Investitionen vom Inland ins Ausland, ständig sinkende Bedeutung der nationalen Konzerne unter den Unternehmen der Welt,[1] das im Vergleich zu Wettbewerbsnationen tendenziell langsamere Wachstum des Bruttoinlandsproduktes pro Kopf, die Abwanderung vermögender Bürger und Produktionsverlagerung ins Ausland, steigende Arbeitslosigkeit von Konjunkturzyklus zu Konjunkturzyklus oder veränderte Einstellungen zur Leistung, tendenziell zunehmende Schwarzarbeit, Politik- und Staatsverdrossenheit, Streit- und Streikbereitschaft, ein Übermaß an komplizierten Regelungen und Gesetzen, sinkende Marktanteile nationaler Firmen im Weltmarkt, steigender Anteil der Arbeitsplätze in alten Industriezweigen im Verhältnis zu den Zukunftsindustrie. Je mehr belastende Signale sich gleichzeitig zeigen, umso mehr müssten die Alarmglocken schrillen.

---

[1] Entspricht es noch der Bedeutung der Industrienation Deutschland, wenn unter den größten 50 Unternehmen der Welt nach dem Marktwert kein deutsches zu finden ist?

Aus der Medizin kennt jeder die Gefahren für das Leben bei verspäteter Behandlung einer Krankheit. Wer beispielsweise eine Krebserkrankung früh erkennt und behandeln lässt, hat wesentlich bessere Chancen, wieder gesund zu werden. Die Folgen verzögerter wirtschaftlicher Entscheidungen zeigen vergleichbare Konsequenzen. Das wichtigste Ziel lautet folglich: Kommende Krisen möglichst früh vor dem Ausbruch erkennen und verhindern. Der Königsweg liegt darin, dass die Politik bereits bei den ersten Signalen reagiert. Man handelt dann noch aus der Position der Stärke. Früher oder später erzwingt der globale Markt sonst mit schmerzlichen Maßnahmen wettbewerbsfähigere Lösungen. Sehr viel Kapital, Know-how und viele Arbeitsplätze sind dann wahrscheinlich unwiederbringlich verloren. Es kann nur noch aus der Position der Schwäche gehandelt werden.

Die Erfahrung zeigte, dass die heutigen Rahmenbedingungen fast immer vorbeugende Maßnahmen verhinderten. In Deutschland zeigen sich seit Jahrzehnten Signale, die auf einen relativ sinkenden Lebensstandard im Vergleich zu starken Nationen hindeuten. Abwandernde Investitionen und abnehmendes Wachstum signalisierten schon lange Gefahren für die Arbeitsplätze. Der rohstoffarme Industriestandort Deutschland verlor immer mehr Beschäftigung, obwohl sich die deutschen Konzerne nach dem Global Competitiveness Report des World Economic Forum in einer starken Position befinden und bei dem Vergleich von 113 Ländern den dritten Platz belegen. Sie hielten ihre Marktanteile auf den Weltmärkten, aber um welchen Preis für die Arbeitsplätze? Die Wertschöpfung pro Kopf der Inländer sank bei steigendem Umsatz in 15 Jahren um 20 %, weil immer mehr Teile der Fertigprodukte aus anderen Ländern kamen, also die Fertigungstiefe abnahm. Die Investitionen und das Know-how flossen in andere Länder, dort entstanden die Arbeitsplätze. Bei keiner Regierung führten die Signale der letzten 40 Jahre zu Gegenmaßnahmen, die den Trend brachen. – Warum?

Wenn die Egologik nicht auf wirtschaftliche Ziele ausgerichtet ist, finden selbst starke Signale keine Beachtung, denn solche langfristig orientierten wirtschaftlichen Entscheidungen kann man in der Politik nur erwarten, wenn sie nicht bestraft, sondern belohnt werden. Der Souverän reagiert frühestens dann in ausreichender Zahl mit Unzufriedenheit, wenn merkliche wirtschaftliche Probleme entstanden sind. Viel zu spät.

8.3 Strukturen im Gleichgewicht halten und auf Erfolg ausrichten

Viele politische Entscheidungen lassen sich nicht mit wirtschaftlichen Kriterien messen. Beispielsweise gibt es in jeder sozial orientierten Nation Transferleistungen, um die Ungleichheit der Einkommen zu begrenzen. Sie misst man mit dem Ginikoeffizienten. Bei einem Wert von 0 besteht völlige Gleichheit der Nettoeinkommen, bei 1 absolute Ungleichheit. Eine Angleichung der Einkommen verspricht aber nur langfristig Erfolg, wenn das untere Einkommen noch durch eine höhere Leistungsfähigkeit der Nation gesteigert wird. Was nützt es, wenn der Koeffizient sich verbessert, aber durch sinkende Wettbewerbsfähigkeit der allgemeine Wohlstand im Laufe der Jahrzehnte verfällt, für Sozialleistungen immer weniger Spielraum bleibt und der Wohlstand durch die abgewanderten Arbeitsplätze und das verlorene Know-how unwiederbringlich verloren ist? Keine Regierung kann verhindern, sondern höchstens verzögern, dass die großen Unternehmen und die besonders Reichen im globalen Markt ihre Vorteile wahrnehmen. Die Folgen treffen besonders die ärmeren Schichten. Eine gleichgewichtsorientierte Politik gelingt am ehesten, wenn Hilfen zur Selbsthilfe, Konzentration auf wirklich Bedürftige und Anreize zu Leistung im Vordergrund der Maßnahmen stehen.

Unternehmen, die nicht mehr wettbewerbsfähig sind, müssen zunächst ihre Struktur verbessern, indem sie beispielsweise, dass sie intelligentere Produkte, bessere Fertigungstechniken und leistungsfähigere Organisationen schaffen.

Ein ehemals erfolgreiches Traditionsunternehmen kam in Existenzprobleme, weil die seine Produkte veraltet waren und weil es besonders schwierig gewordene Marktsegmente bearbeitete. Die Führung senkte immer wieder die Kosten, aber es reichte nicht. Die Schwierigkeiten wuchsen im Laufe der Jahre. In harten Diskussionen mit dem Wirtschaftsprüfer versuchte die Führung durch Einkommenskürzungen, härtere Kontrollen, weniger Abschreibung und Abwertung alter Bestände kurzfristig das Ergebnis zu schönen. Das war vor allem eine Arbeit an den Symptomen, demotivierte die Mitarbeiter und änderte die problemschaffenden Strukturen nicht.

Erst als die neue Führung die Struktur an den gewandelten Markt anpasste, mit besser ausgebildeten, motivierten Mitarbeitern ein intelligenteres Programm für andere Marktsegmente aufbaute, einen höherqualifizierten Vertrieb einsetzte und intelligentere Organisationen in allen Teilbereichen schuf, stellte sich wieder ein Wachstum und der Erfolg ein. Steigende Löhne und Gehälter wurden wieder bezahlbar.

Mit zunehmender Wohlstandsentwicklung einer Nation müssen sich auch die Struktur der Produkte und Fertigungsmethoden verändern, um die höheren Personalkosten zu verkraften. Damit gehen einfachere Arbeitsplätze verloren und intelligentere entstehen. Wenn der Abbau nicht schneller verläuft als der Aufbau, liegt ein strukturelles Gleichgewicht zwischen den Marktanforderungen und der Leistungsfähigkeit vor. Dies ist am ehesten zu erreichen, wenn die individuelle gesteuerte Anpassung nicht gehemmt ist, denn die Egologik richtet die Unternehmer auf dieses Ziel aus, um ihre Unternehmen zu erhalten.

Wachstum verdeckt viele Probleme. Jeder Abstieg wird als bitter empfunden, auch wenn die Betroffenen immer noch wohlhabend sind. Ein Rückgang der Einkommen erhöht die Gefahr der Verführbarkeit der Wähler, von Auseinandersetzungen und Forderungen, selbst wenn das Umverteilungsvolumen die vertretbaren Grenzen aus Wettbewerbsgründen weit überschritten hat. Die Sensibilität der Bevölkerung für die Akzeptanz von überhöhten Einkommen anderer Berufe steigt, führt eher zu Zweifeln an der sozialen Gerechtigkeit und Unzufriedenheit. Es wäre dann nicht das erste Mal, dass demagogische Politiker mit unhaltbaren Versprechungen in wirtschaftlichen Krisenzeiten eine Chance zur Führung erhalten und schließlich ein ganzes Volk ins Unglück stürzen.

Wie bei einem Trapezkünstler lassen sich Probleme vermeiden, indem alle Kräfte ständig im Gleichgewicht gehalten werden. Ein Gleichgewicht stellt sich am ehesten ein, wenn die Egologik auf die langfristigen Vorteile des Souveräns ausgerichtet ist, die Erfolgsfaktoren sich entfalten können und fachlich optimierte Entscheidungen getroffen werden. Um ein Gleichgewicht zu halten, muss die Regierung die Stärken und Schwächen des eigenen Standortes abschätzen und mit ihrer Politik das Ziel verfolgen, Nachteile durch Vorteile auszugleichen, die einen möglichst langen Vorsprung absichern. Die ungünstige Relation von abwandernden und zufließenden Investitionen signalisiert diese kommende Gefahr. Das Verhältnis der durch Unternehmensinsolvenzen verlorenen und durch Einstellung bzw. Neugründung entstehenden Arbeitsplätze ist ein Maßstab für die Schwierigkeit, unternehmerisch tätig zu sein.

Langfristig kann nur die Wertschöpfung einer Nation verteilt werden. Auch noch so gut gemeinte Ausgaben zeigen unangenehme Folgen, wenn sie nicht zu verkraften sind. Steigt die Zahl hochwertiger Arbeitsplätze nicht schnell genug, um der Einkommensentwicklung zu folgen, so müssen dafür mehr Kräfte aktiviert und Kosten gesenkt werden. Erfolg hat nur der findige Fleißige. Deshalb gibt es für eine Regierung nur den Königsweg, über Maßnahmen die Aktivitäten und den Fleiß der Bürger zur Steigerung der Wertschöpfung anzuregen und damit die Voraussetzungen für soziale Leistungen zu schaffen. Er liegt in der Delegation, im Abbau der Reibungsverluste, in wenig hemmenden Vorschriften – d. h. in mehr Freiheit – und in einer möglichst kleinen und effizient arbeitenden öffentlichen Hand.[2] Die Politik bestimmt die anreizerhaltende Verteilung der Wertschöpfung

---

[2] Vgl. F. Reutner (1997)

und die wirtschaftliche Abwicklung, aber das zu verteilende Volumen der Wert-schöpfung bestimmt der Markt. Sollen für eine Aufgabe mehr Mittel als erwirt-schaftet aufgewendet werden, so sind sie an anderer Stelle einzusparen.

Kommt ein Unternehmen oder eine Nation in Not, bleibt nur noch die Wahl zwischen zwei Übeln. Ein „Weiter so" würde nur die langfristigen Probleme ver-größern; Strukturänderungen sind irgendwann notwendig und werden mit zuneh-mender Verzögerung schmerzlicher. Das mittlerweile erreichte Anspruchsniveau dürfte ohne peinigende Zwänge, so zeigt es die Erfahrung, kaum noch zurückzu-führen sein, selbst wenn die Wettbewerbsfähigkeit dies erfordert. Bei den heutigen Rahmenbedingungen kündigen sich so über die Jahrzehnte zunehmende wirt-schaftliche Probleme an.

Eingriffe sind weitaus harmloser, wenn vorgesorgt wird. Aus diesem Grunde ging der Aufsichtsratsvorsitzende und Hauptgesellschafter einer großen Familien-gesellschaft von der Überzeugung aus: „Ich will die Gesellschafter bei mäßiger Unzufriedenheit halten. Erst das Unternehmen stärken, dann ausschütten". Er wusste, dass er den Gesellschaftern kurzfristig eine große Freude bereitet, aber langfristig die Gefahr für das Unternehmen erhöht hätte. Er wollte einerseits das Unternehmen gesund erhalten, weil das die Voraussetzung für weitere Ausschüt-tungen war und andererseits keine Erwartungen wecken bzw. Ansprüche steigen lassen, die später kaum noch zurückzudrehen sind und auf Dauer nur zu Ent-täuschungen führen. Damit war er etwa 50 Jahre erfolgreich. Ähnlich handeln andere Privatkonzerne: Bei einer der erfolgreichsten Familiengruppen, dem Haniel Konzern, gilt für Ausschüttungen die Faustregel, dass drei Viertel des Gewinnes im Unternehmen bleiben.

Menschen sind von Natur nicht gleich, deshalb zeigt die Erfahrung, dass auch nur bei wirtschaftlicher Ungleichheit die Egologik zu hoher Leistung führt. Sie ist deshalb eine Voraussetzung für Wachstum und Wohlstand. Sie muss akzeptiert werden, um die Voraussetzungen für soziale Leistungen zu schaffen. Der Staat fördert die Ausbildung von Menschen, damit jeder die Chance bekommt, fähig zu werden, in Freiheit zum Wertschöpfungsprozess für sich und die Allgemeinheit beizutragen. Die Kunst der Regierung liegt also darin, in einer Bandbreite zwi-schen den Polen Freiheit bzw. Ungleichheit und Gleichheit ein Optimum zu fin-den. Ungleichheit, um die wertschöpfenden Kräfte anzuregen und Gleichheit, um wirtschaftliche Not zu lindern. Die jeweils gegebene Wettbewerbsfähigkeit zeigt, was an Belastungen noch möglich ist oder ob die Leistung erhöht bzw. die Kosten gesenkt werden müssen.

Eine „Politik der mäßigen Unzufriedenheit", d. h. wettbewerbsorientierter und überschaubarer Transferleistungen hätte das Gleichgewicht beibehalten, Überlas-tungen sowie Fehlentwicklungen verhindert und wäre fair gegenüber kommenden

Generationen gewesen. Die Nation sollte zunächst alle Möglichkeiten der Leistungssteigerung u. a. durch rationelle volkswirtschaftliche Abläufe, verbesserte Organisation der Behörden, vor allem durch höhere Wirtschaftlichkeit der Subventionen von Bund, Ländern und Gemeinden ausschöpfen. Eine solche Politik schafft nicht nur gute Voraussetzungen, um die Arbeitslosigkeit auf einem möglichst niedrigen Sockel zu halten, sondern auch für gutes Wachstum und steigenden Lebensstandard. Sie ist aber bei den Rahmenbedingungen der heutigen Demokratie kaum durchzusetzen.

8.4 Analysen weisen den Weg: Der beste Wettbewerber zeigt die Chancen

Anreize und motivierende Zwänge, z. B. durch den Wettbewerbsdruck, richten die Egologik einer Führung darauf aus, auf Untersuchungen und Signale zu achten, um die Leistung ständig zu verbessern. Ein laufender Vergleich mit Spitzennationen, ein fortwährendes Messen mit Kennziffern schafft auch für Volkswirtschaften bessere Voraussetzungen, um Signale zu deuten und frühzeitig Kräfte zu mobilisieren, die dem wirtschaftlichen Verfall vorbeugen. Da die öffentliche Hand über lange Zeit kaum Wettbewerbsdruck kannte, sind nur relativ ineffiziente Instrumente zur Steuerung der komplexesten Organisation im Einsatz. Sogar die Entscheidungsalternativen mit mittel- und langfristigen Milliardendifferenzen lassen sich in der Volkswirtschaft kaum abschätzen, wenn ein Instrumentarium fehlt und sie sich entsprechend der politischen Logik mit unterschiedlichen Gründen rechtfertigen lassen.

Die periodischen Untersuchungen renommierter Wirtschaftsinstitute für die wichtigsten Nationen der Welt geben dem politischen Entscheider sehr wichtige Hinweise.

Der „Index of Economic Freedom" der Heritage Foundation wird seit 1994 erstellt. Die Auswertung der Daten von 161 Ländern kommt zu dem Ergebnis: Je freier die Wirtschaft, umso höher ist das Einkommen. Die Erkenntnis ist nicht neu: Schon Adam Smith erkannte im 18. Jahrhundert den Wert der Freiheit, den auch die Mehrzahl der Nationalökonomen nach ihm betonten.[3] Wilhelm von Humboldt urteilte für die Hochschulen, dass der Staat stets hinderlich sei. Ohne seine Einmischung ginge die Sache unendlich besser. Auch der Politiker Riesenhuber wies vor Jahrzehnten darauf hin, dass endlich gearbeitet werden könne, wenn der Staat nicht mehr störe.

---

[3] Vgl. Gerhard Schwarz et al. (2007)

Der Bericht der Heritage Foundation von 2006 sieht Deutschland mit Rang 19 als eine der schwächsten Volkswirtschaften der EU. Die deutsche Wirtschaft ist nach wie vor Weltklasse, schöpft aber ihr Potential nicht aus. Die geringe Inflation, freie Preisbildung und der Schutz des Eigentums zählen zu den positiven Merkmalen. Die hohen Steuern, das Niveau der Staatsausgaben, die Lohnnebenkosten und die Kosten der öffentlichen Verwaltung sieht man als Problem für das Wachstum. Konkurrierende Länder verbesserten die freiheitlichen Rahmenbedingungen für Wachstum und Wohlstand.

Der „Economic Freedom Report" von 2006 (Datenbasis 2004) des kanadischen Fraser Institute sieht Deutschland auf Rang 17 nach Rang 19 im Vorjahr, Rang 11 im Jahre 1985 und Rang 9 im Jahre 1980. In Bezug auf die Regulierungsdichte und die vielen Subventionen liegt Deutschland auf Rang 104. Viele Wettbewerbsnationen verbesserten die freiheitlichen Rahmenbedingungen. Länder fielen zurück oder verarmten, wenn der Staat über die Führung der Unternehmen bestimmte. Umgekehrt zeigten sie wieder Wachstum, nachdem sich das Maß an Freiheit vergrößert hatte. Beispiele sind u. a. das bereits erwähnte China und Vietnam. Zwar herrscht in Vietnam noch die kommunistische Einheitspartei, seit Mitte der 90er Jahre wuchs aber seine Wirtschaft aufgrund einer Marktöffnung und größerer Freiheit um durchschnittlich 8 %. Die Regierung akzeptierte den Kapitalismus mehr und mehr als Bestandteil des täglichen Lebens. Auch in der Türkei kam es trotz vieler verbleibender Mängel zu einem dynamischen Wachstum. Wegen des über Jahrhunderte festgelegten Verhältnisses von Herrschern und Untertanen galt in der Wirtschaft lange Zeit das Primat des Staates. Militär, Bürokratie und Justiz verstanden sich damals als privilegierte Kaste. Die Veränderung zu mehr wirtschaftlicher Freiheit gab starke Anreize zur Wirtschaftsdynamik.

Die Friedrich Naumann-Stiftung erstellt seit 1970 Studien über den Einfluss der Freiheit auf das Wachstum und vergleicht neuerdings auch die Bundesländer. Danach haben die Unternehmen in Baden-Württemberg und Bayern den höchsten Freiheitsgrad. Tatsächlich kennen diese Länder auch die geringste Arbeitslosigkeit. Das Schlusslicht bildet Berlin. Wer auf eine Zusammenarbeit mit Behörden in verschiedenen Bundesländern angewiesen ist, kann das Ergebnis bestätigen. Die Kundenorientierung und Reibungsverluste bei der Bearbeitung geschäftlicher Probleme unterscheiden sich deutlich.

Für eine umfassende Regulierung gäbe es trotz der schwächeren Einkommensentwicklung noch Argumente, wenn sich durch detaillierte Vorschriften das Glück und die Zufriedenheit der Bürger steigern ließen.[4] Aber neben den bereits be-

---

[4] Glücksdefinitionen und -erfahrungen der Bevölkerung. Ergebnisse einer qualitativen und quantitativen Befragung. Identity Foundation Düsseldorf, S. 61: „Personen, die überzeugt sind, dass jeder für sein Leben und seinen Erfolg ganz wesentlich mitverantwortlich ist, haben signifikant

schriebenen Folgen für die Wettbewerbsfähigkeit, verbunden mit Arbeitslosigkeit und Armut, bestätigen Untersuchungen und Erfahrungen in den Unternehmen, dass der Freiheitsraum zusammen mit interessanten Aufgaben entscheidend für das Glücksgefühl der Menschen ist. Der Volksmund sagt zu Recht: „Fordern und fördern". Zwar streben die Menschen nach Verwöhnen und Lust ohne Anstrengung, aber Zufriedenheit und Glück erreichen sie nur dadurch, dass sie Herausforderungen annehmen, selbst Lösungen finden und Entscheidungen treffen dürfen, wie die hohe Zufriedenheit der Selbständigen mit ihrem Beruf auch bei hohem Arbeitseinsatz, relativ hohem Risiko sowie niedrigen Gewinnen zeigt und andererseits die Unzufriedenheit und Gewalttätigkeit der Jugend ohne Entfaltungsmöglichkeit belegt. Dieser Gegensatz erklärt auch das Wahlverhalten: Menschen wählen das Verwöhnen und die Lust ohne Anstrengung, aber sie erreichen dadurch kein Glück und keine Zufriedenheit. Viele vermögende, untätige Erben liefern den Beweis.

Der „Global Competitiveness Report 2005" des World Economic Forum sieht Deutschland unter 130 Ländern bei den Leistungen der Unternehmen auf Platz 3, bei der Wachstumskraft auf Platz 15, bei der Verschuldung auf Platz 78 und bei der die öffentlichen Haushalte auf Platz 86. Als besondere deutsche Schwachpunkte sehen die Führungskräfte die fehlende Flexibilität des Arbeitsmarktes, die Ineffizienz des Steuersystems, die Höhe der Abgabenbelastung und die starke Bürokratie. Die gute Position der Unternehmen und ihr gehaltener Weltmarktanteil waren nur durch konsequente Leistungsverbesserung auch auf Kosten des Standortes und der Arbeitsplätze zu erreichen.

Das IMD Lausanne vergleicht die Wettbewerbsfähigkeit von 60 Nationen in seinem „World Competitiveness Yearbook 2005". Es sieht Deutschland nur noch auf Platz 23, nach Platz 13 im Jahre 2001. Beim Teilindikator „wirtschaftliche Leistung" wird wegen des geringen Wachstums und Zuflusses an Auslandsinvestitionen Rang 23 vergeben. Der Teilindikator „Regierungseffizienz" rutscht auf Rang 35 wegen der hohen Unternehmenssteuern, der Lohnnebenkosten, der Subventionen, der geringen Anpassungsfähigkeit an wirtschaftliche Veränderungen und der Arbeitsmarktregulierungen.

Die Studie „Doing Business" wird jährlich von der Weltbank, Washington, veröffentlicht. Sie vergleicht die rechtlichen Rahmenbedingungen für Unternehmen

---

häufiger Glücksmomente... Der enge Zusammenhang zwischen Freiheit und Glück, der besonders in den Arbeiten von Elisabeth Noelle-Neumann herausgearbeitet worden ist, wird in der Untersuchung eindrucksvoll bestätigt" ... „Ein Zusammenhang zwischen Gleichheit und Glück ließ sich nicht finden"; vgl. Elisabeth Noelle (2002); oder M. Csikszentmihalyi (1998): „Flow: ein intensiver Glückszustand, den man erfährt, wenn man – während der Arbeit oder in der Freizeit – sich intensiv einer Aufgabe widmet ... Immer wieder bestätigte sich der Zusammenhang zwischen Glück und subjektivem Freiheitsgefühl".

in 175 Staaten. Es werden 10 entscheidende Kriterien wie beispielsweise „starting
a business", „workers" oder „getting credit" untersucht. Deutschland lag lange Zeit
nicht in der TOP 20-Liste, konnte sich aber Dank seiner Reformen in der Analyse
2006 deutlich verbessern.[5]

Der Korruptionsindex von Transparency International zeigt die Korruption als
ein wichtiges Erfolgshindernis. Im Jahre 2005 war Korruption in 70 der 159 un-
tersuchten Länder noch weit verbreitet, und es gab in der Mehrheit der Länder
ernsthafte Korruptionsprobleme. Dies wird als ein wesentlicher Grund für die Armut angesehen und als Hindernis, diese zu überwinden. Deutschland findet sich
in dem Bericht 2005 auf Platz 16, China auf Platz 78 und Indien auf Platz 88.

Auch wenn die Ergebnisse nur Tendenzen aufzeigen, so ist doch interessant festzustellen, wie die Kriterien für die Leistungsfähigkeit der Nationen mit denen in
den Unternehmen übereinstimmen. Sie lauten unisono, dass ein hoher Freiraum
und die Möglichkeit sich zu entfalten in einem funktionierenden und konsequent
eingehaltenen rechtlichen Rahmen die Motivation steigern, innere Reibungsverluste bzw. wertvernichtende Hemmnisse und finanzielle Fehlsteuerungen verhindern. Die „marktnahen", in Freiheit getroffenen wirtschaftlichen Entscheidungen
und das Engagement der einzelnen Bürger führen umso mehr zu Zufriedenheit
und Wohlstand, je größer diese Freiheit ist. Den bestmöglichen Nutzen für den
Souverän erreicht eine Regierung mit der freiheitlichen Optimierung zwischen
den Polen Gerechtigkeit und Wettbewerbsfähigkeit.

8.5 Wirtschaftlich orientierte Anreize und Zwänge, wo immer möglich

8.5.1 Merkmale der Effizienzsteuerung

Die Leistungssteigerung ist also der einzig nachhaltige Weg, hohe Sozialleistungen
auf Dauer zu finanzieren. Eine Organisation aktiviert gewaltige Leistungsreserven,
wenn wirtschaftliche Ziele, Anreize durch Belohnung und motivierende Zwänge
in möglichst vielen Teilen das freiheitliche Handeln bestimmen. Persönliche Haftung motiviert zum wirtschaftlichen Einsatz der knappen finanziellen Mittel, und
der Wettbewerb erzwingt Vorteile für die Allgemeinheit. Vor allem wer über fremdes Eigentum entscheidet, muss unter richtig gesteuerten Anreizen arbeiten und

---

[5] www.doingbusiness.org/EconomyRankings und www.innovations-report.de/html/berichte/ stu-
dien/bericht-49242.html.

klare Zielvorgaben erhalten, damit er vor der Entscheidung aus innerem Antrieb intensiver die Chancen und Risiken überprüft.

Die Erfahrungen der Vergangenheit lehren, dass die Anreize und Zwänge von heute die Politiker einseitig auf Allzuständigkeit, steigende Ausgaben, Einzelfallregelung bzw. zunehmende Kompliziertheit ausrichten, obwohl dies langfristig im globalen Wettbewerb auf die Verliererseite führt. Ein Gegendruck setzt erst viel zu spät ein, meist wenn die Fehlstruktur schon weit fortgeschritten ist und viele Stärken vermutlich unwiederbringlich verloren sind. Hier wären Anreize und Zwänge in den Rahmenbedingungen notwendig, die ein Gleichgewicht den wirtschaftlichen Interessen eine angemessene Bedeutung geben, d. h. dass sich die Entscheidungen mehr an den wirtschaftlichen Erfolgsfaktoren orientieren.

Unter folgenden Bedingungen ist die Egologik auf Leistungsfähigkeit orientiert und dadurch mit den langfristigen gesamtwirtschaftlichen Zielen des Souveräns harmonisiert:

1. Möglichst viele Bürger entscheiden in Freiheit unter Wettbewerbsbedingungen und haften direkt oder indirekt persönlich für die Folgen; damit hängt das eigene Einkommen bzw. der eigene Wohlstand von objektiv messbaren Ergebnissen ab.
2. Die negativen Folgen, für die persönlichen Konsequenzen, sind rasch erkennbar, wenn nicht wirtschaftlich gehandelt wird.
3. Jeder erhält eine Chance, sich aus- und fortzubilden. Nur dadurch kann sich das menschliche Potential aller Leistungsbereiten entfalten.
4. Die Anreize sind deckungsgleich mit den Zielen des Einzelnen und der Gemeinschaft.
5. Anerkennung und Herausstellung fördern zusätzlich die Motivation in Richtung der Ziele.

Da der Wettbewerb als Quelle des Wohlstandes nicht ohne Freiheit denkbar ist, darf eine Erfolgsnation folglich den Freiheitsgrad für wirtschaftliches Handeln nur da begrenzen, wo dieser sonst zu Ungerechtigkeit oder Nachteilen gegenüber anderen Bürgern oder für die Allgemeinheit führen würde. Ein wichtiges Ziel für ein erfolgreiches politisches Handeln im globalen Wettbewerb lautet: Freiheit so weit wie möglich und Eingriffe der öffentlichen Hand nur soviel wie unbedingt notwendig. Die heutigen Rahmenbedingungen der Demokratie fördern aber die Neigung der Politik, immer mehr Entscheidungen an sich zu ziehen.

Ein intransparentes Finanzgeflecht zwischen Bund, Ländern und Kommunen reduziert die Kontrolle und Haftung, lenkt die Egologik in Richtung Bürokratie, gibt den Politikern Anreize zu höheren Forderungen und unwirtschaftlichem Verhalten. Wer messbare Erfolge in seinem Arbeitsgebiet erzielt, müsste dagegen be-

lohnt werden. Unter idealen Rahmenbedingungen handelt jeder Entscheidungsträger aufgrund der organisatorischen Anreize und Zwänge so, als würde er für sich
selbst arbeiten.

Eine wettbewerbsorientierte Politik sollte unterstützen, dass die Unternehmen
wachstums- und gewinnabhängige Tantiemen zahlen, die sich nach messbaren Kriterien berechnen. Ein weiterer Leistungsanreiz wäre gegeben, wenn Manager im
Falle eines Ausscheidens nur eine Abfindung entsprechend des erzielten Erfolges
erwarten könnten. Hohe Gesamteinkommen für Vorstände und Aufsichtsräte
müssen in den Wirtschaftsbetrieben vor allem vom durchschnittlichen Gewinn
einer Periode und der Ergebnisverbesserung abhängen. Werden angemessene Ein-
kommensgrenzen überschritten, so verliert der Anreiz des zusätzlichen Einkommens nach dem Gesetz des Grenznutzens zunehmend seine Wirkung.

Soweit sich keine geeignete Basis für Anreize findet, helfen wirtschaftlich orientierte Zwänge durch Messungen und Kontrollen. Motivierende Zwänge, Fähigkeiten und Vollmachten sind wichtige ergänzende Elemente für eine erfolgreiche
Steuerung:

1. Es gibt für die wirtschaftlichen Folgen von Entscheidungen Ziele, effiziente
   Messinstrumente, Kontrollen.
2. Die Entscheidungsträger zeigen die Bereitschaft und Fähigkeit, die Signale für
   kommende Probleme früh zu deuten und zu reagieren.
3. Sie verfügen über die notwendigen Vollmachten zum Handeln und werden bei
   der Umsetzung des Notwendigen nicht behindert.

8.5.2 Anreize für Städte und Gemeinden

In vielen Unternehmen gibt es Zielvereinbarungen, und fast jedes Vorstandsgremium muss heute gegenüber dem Aufsichtsrat eine Planung vorlegen. An den Ergebnissen und der Erreichung der Zielvorgaben werden normalerweise die Manager
gemessen. Das ist herausfordernd und unbequem, hilft aber bei der Leistungs-
kontrolle, da Abweichungen begründet werden müssen. Diese Festlegungen sind
jedoch subjektiv und hängen vom Verhandlungsgeschick der Partner und dem
Beziehungsnetz ab. Sie hinterlassen dadurch nicht selten das Gefühl der Ungerechtigkeit.

Aufsichtsräte wählen auch nicht immer die idealen Maßstäbe, um die Egologik
zu harmonisieren. Gibt es z. B. zwischen Vorstand und Aufsichtsrat sehr starke
persönliche Verbindungen, so kommt es bei subjektiv festgesetzten Messgrößen
gelegentlich zu Regelungen, die mehr dem Interesse der Manager als dem des
Unternehmens dienen. Die negative Beeinflussung durch Beziehungsnetze muss

so gut wie möglich neutralisiert werden. Die Egologik der Geschäftsführer oder Vorstände harmonisiert am besten mit den Interessen der Gesellschafter durch Anteilskauf für die Zeit ihrer Tätigkeit und die dadurch gegebene Mithaftung sowie durch Gewinnbeteiligung und Prämien für objektiv messbare Verbesserungen.

Die öffentliche Hand verfügt wie kein Unternehmen über ideale Voraussetzungen für Betriebsvergleiche, da an verschiedenen Stellen nahezu identische Aufgaben zu erfüllen sind: In fast allen Landkreisen, Städten und größeren Gemeinden gibt es Ämter für Baurecht, Liegenschaften, Stadtplanung, Sport, Kultur, Kfz, Abfallwirtschaft etc. Da bei den Behörden keine Umsätze oder Gewinne als Ausdruck der Kundenzufriedenheit zur Verfügung stehen, können Kennziffern etwa eines Beschwerdemanagements helfen, wie z. B. die durchschnittlichen Zahl der bearbeiteten Vorgänge je Mitarbeiter, fehlerhafte Bearbeitungen, Reklamationen im Vergleich zum Arbeitsvolumen in der jeweiligen Ämterkategorie. Eine Rangreihe vergleichbarer Ämter eines Landes gibt dann Auskunft über den Fleiß der Mannschaft, deren Effizienz, die Qualität der entsprechenden Organisation und Motivation.

Es bietet sich an, Leistungskennziffern des Betriebsvergleichs mit Rangreihen der Wirtschaftlichkeit und Arbeitsqualität als Grundlage für Prämien und Bonuspunkte sowie als Basis für eine spätere Beförderung einzuführen. Voraussetzung für Behördenvergleiche ist jedoch ein einheitliches Buchungssystem und ein standardisiertes Berichtswesen der Städte und Kommunen. Soweit überhaupt die Doppik eingeführt wurde, arbeitet noch jede Stadt oder Gemeinde mit eigenen Definitionen und Zahlen. Selbst innerhalb der eigenen Organisation gibt es oft keine einheitlichen Regelungen. Somit ist die Aufbereitung der Daten aufwendig und fehleranfällig. Dadurch verpasst die öffentliche Hand die große Chance, mit der Einführung der Doppik ein wirkungsvolles Steuerungsinstrument zu schaffen. Ohne bundeseinheitliche Vorgaben, die beispielsweise die Rechnungshöfe erstellen könnten, entstehen keine geeigneten Vergleichsdaten. Im Idealfall stünden die Vergleiche öffentlicher Einrichtungen dann über Berichtsportale für alle Beteiligten zur Verfügung und Veröffentlichung bereit.[6]

Zweifellos geben die Vergleiche Anreize, die Effizienz zu steigern und die Bürgerzufriedenheit zu erhöhen. Das Maß der Verbesserung der Position aller Ämter einer Stadt oder Gemeinde in der Rangreihe des Landes wären auch eine objektive Basis für Jahresprämien der Abteilungs-, Behördenleiter, Bürgermeister und Landräte. Die beste Organisation dient darüber hinaus als anreizendes Vorbild. Damit entsteht ein Anreiz über alle Hierarchiestufen.

---

[6] Vgl. Jörn von Lucke: Hochleistungsportale für die öffentliche Verwaltung, Schriftenreihe Wirtschaftsinformatik, Band 55, Lohmar und Köln 2008, S. 263

Der Prognos-Zukunftsatlas kann als Behelf zur Bewertung der Führungsebenen dienen, solange das Rechnungswesen noch nicht vergleichsfähig ist. Er beurteilt die Zukunftschancen und Risiken von 439 Kreisen und kreisfreien Städten. Die absolute Position sagt nur etwas über die Leistung der Vergangenheit, aber die Verbesserung macht die besondere Leistung der gegenwärtigen Führung sichtbar.

Natürlich arbeitet die Egologik gegen die Einführung von Messgrößen. Wie in den Unternehmen kommen sofort Gegenargumente, dass es beispielsweise unterschiedliche Voraussetzungen gebe, die einen Vergleich unmöglich machten. Aber Unternehmer und Manager müssen ebenfalls hinnehmen, dass die Märkte unterschiedlich sind. Das schmälert den Leistungsanreiz nicht.

8.5.3 Anreize für Regierungen und Parlamente

8.5.3.1 Optimierte Anreizsituation

Auch Regierende, Parlamentarier und politische Beamte müssen Anreize und Zwänge erhalten, die ihr persönliches Interesse stärker mit einer erfolgreichen Entwicklung der Nation und des Landes verbinden, damit sie dem unwirtschaftlichen Druck besser widerstehen.

Die Rahmenbedingungen steuern unter folgenden Voraussetzungen effizient:
1. Politiker behalten ihr Amt nur, wenn sie den Konkurrenzkampf um den Wähler bestehen. Dies ist die zentrale Bedingung der Demokratie.
2. Ähnlich wie bei den meisten Managern hängen ein variables Einkommen oder sonstige Vorteile von objektiv messbaren, wirtschaftlichen eigenen Erfolgen ab. Diese Voraussetzung fehlt.
3. Die Wähler erhalten die notwendigen Informationen über das Handeln der Regierenden. Pressefreiheit und umfassende Öffentlichkeitsarbeit der Parlamente sind dafür wichtige Voraussetzungen.
   Diese Voraussetzung ist nur zum Teil gegeben: Die Konzentration der Medien auf die Reformverlierer verzerrt die Information und erschwert zusätzlich ein frühzeitiges Handeln der Politik.[7] Weiterhin ist der Aufwand für die Beschaffung der notwendigen Informationen in der Praxis sehr groß. Die meisten Bürger sind schon aus zeitlichen Gründen nicht bereit und fähig, sich die umfangreichen Informationen zu beschaffen. Darüber hinaus sind viele Informationen unzugänglich
4. Die Wähler müssen die kurz- und langfristigen Zusammenhänge verstehen. Nur unter dieser Voraussetzung können sie die Regierung und das Parlament kont-

---

[7] Heinemann (2007), S.202

rollieren und richtige Wahlentscheidungen treffen. Was die Bürger nicht verstehen, können sie auch nicht kontrollieren; das führt zu Fehlentscheidungen. Die Kontrolle wächst in einer Demokratie folglich mit dem Bildungsstand und der Vereinfachung der Regelungen.

Viele Zusammenhänge versteht man mit dem gesunden Menschenverstand. Das Verständnis der langfristigen Folgen erfordert aber meist schon ein vertieftes Wissen. Insbesondere die komplexen wirtschaftlichen und steuerlichen Folgen sind ohne eine entsprechende Ausbildung kaum zu übersehen. Die Komplizierung der Normen erschwerte in der Vergangenheit eine Kontrolle der Wähler und Parlamentarier.

5. Der Wähler sollte sich bewusst sein, welche Wege zum Glück und zur Zufriedenheit, also zu einer höheren Lebensqualität, führen. Die Zusammenhänge sind aber kaum bekannt.

Es ist offensichtlich, dass wichtige Voraussetzungen für die Kontrolle bei den derzeitigen Rahmenbedingungen der Demokratie fehlen, so dass sich Fehlbeurteilungen nicht verhindern lassen. Kommt es zur Krise, sind Ohnmacht und Verdrossenheit die Folge. Deshalb ist in dieser Staatsform die Voraussetzung so wichtig, die Egologik der Regierenden so zu steuern, dass ein stärkeres persönliches Interesse bei ihnen besteht, gefährliche Trends, Managementfehler und Strukturprobleme zum Vorteil des Souveräns zu verhindern.

8.5.3.2 Motivierende Zwänge

Warum legt sich nicht auch eine Regierung für die kommende Periode wie ein Vorstandsgremium vor der Wahl auf Rahmenziele fest: Dies wären so wichtige Kennziffern, wie das durchschnittliche Wachstum des Bruttoinlandsproduktes in der Wahlperiode, die Zahl der Arbeitsplätze und Veränderung der Verschuldung? Der Souverän kann damit weit einfacher die Zusammenhänge beurteilen, trifft er doch seine Wahlentscheidung auch aufgrund solcher Erwartungen. Er erhält dadurch wesentlich mehr Transparenz, und für eine Regierung besteht ein größerer Zwang, diese Ziele zu verfolgen.

Wie die Manager, so legen sich auch Politiker ohne Zwang nur ungern auf solche sehr unbequemen Aussagen fest, weil sie später daran zu messen sind. Aber entscheidend ist beim Politiker, dass die Erläuterung der Maßnahmen, die zu diesem Ziel führen, nicht selten zu viele Wählerstimmen kostet. Kann man dann von einem Politiker erwarten, dass er sagt, wie er vorgehen möchte?

8.5.3.3 Tantiemen und Prämien

Es gibt heute nicht genügend Anreize für eine wirtschaftliche und langfristige Orientierung der Politik. Um sie zu erhöhen, müsste mindestens die Hälfte des Einkommens der Regierungen davon abhängen, inwieweit sie die gesetzten Wachstums-, Beschäftigungs- und Verschuldungsziele erreichen. Eine Verknüpfung der Versprechen mit dem Einkommen würde auch zu mehr realistischeren Ankündigungen vor der Wahl führen. Zielerreichung sowie Verbesserung wichtiger Kennziffern im Laufe einer Wahlperiode wären ebenfalls eine gute Basis für eine Berechnung von Prämien. Die damit verbundenen Zwänge und Anreize würden zum Vorteil des Souveräns wirken.

Eine sinnvolle Möglichkeit der Prämierung bestünde in einem Vergleich mit zehn festzulegenden europäischen Nationen oder von solchen mit vergleichbarem Wohlstand. Wo steht die Regierung in der Rangreihe der Vergleichsländer in Bezug auf die Steigerung des Wachstums, der Beschäftigung und dem Schuldenabbau? Entsprechend sollten der Kanzler, die Minister und die Parlamentarier am Ende der Wahlperiode Tantiemen erhalten. Der Anreiz muss stark genug sein.

Ein hoher Anreiz läge darüber hinaus vor, wenn die Pension für die Regierungsmitglieder sich auf Grund der Erfolge errechnen würde. Für jedes Jahr der Mitarbeit in der Regierung könnte neben dem Festeinkommen bei mittlerem Erfolg eine Tantieme gezahlt werden, die entfallende Pensionszahlungen und sonstige Privilegien ausgleicht. Bei großem Erfolg müsste das Einkommen weit über die bisherigen Vorteile hinausgehen. Verbessert Deutschland seine Position durch besseres Wachstum, eine höhere Beschäftigung und Schuldensenkung mehr als alle anderen Länder, so erhalten die Mitglieder der Regierungen die höchste Tantieme von 100 %. Liegt das Ergebnis auf dem zweiten, dritten oder vierten Platz, so sinkt die Tantieme auf 90, 80, 70 % vom Höchstwert. Beim letzten Platz sind es nur 10 %.

Die Wirtschaftsinstitute oder statistischen Ämter könnten das statistische Material bereitstellen, die Rechnungshöfe die Tantiemen am Ende einer jeden Wahlperiode berechnen und dem Bundespräsidenten das Ergebnis zur Unterzeichnung vorlegen. Den Betrag kann sich der Politiker wie jeder Mitarbeiter auszahlen lassen oder verrenten. Damit liegen dann fast dieselben Bedingungen wie beim Souverän im Führungskreis der Unternehmen vor, und die Politiker spüren stärker die Auswirkungen ihrer Gesetze auf ihre eigene Lebensgestaltung.

Nun wird es bei Politikern Proteste gegen die Leistungsabhängigkeit der Zahlungen und bei Bürgern gegen die Höhe geben. Dabei sollten die Politiker beachten: Dasselbe Risiko trägt auch jeder Unternehmer, Selbständige und Manager, dessen Einkommen von einer Gewinnsteigerung abhängt. Die Bürger müssen bedenken: Für eine Nation ist eine Belastung im Millionenbereich minimal, wenn eine Regierung erfolgreich ist. Dagegen sind die wirtschaftlichen Folgen von Fehlentwicklungen infolge der ungesteuerten Egologik u. U. im hohen Milliardenbereich von weit größerer Bedeutung. Bei schlechtem Erfolg entfallen die variablen Zahlungen, und wegen der gestrichenen Privilegien liegt das Einkommen dann sogar niedriger als heute. Hinzu kommt, dass durch klare Regelungen die Einkommensverhältnisse für den Souverän erst transparent werden, da alle Zahlen erkennbar sind. Eine solche Regelung steigert nicht nur die Leistung, sondern führt normalerweise auch zu einer längerfristigen Orientierung.

Das Gegenargument, dass viele Maßnahmen erst nach Jahren wirken und nicht selten vor allem der nächsten Regierung nutzen, erweist sich in der Praxis kaum als bedeutend. In den Unternehmen zeigen auch wichtige Zukunftsinvestitionen, wie die Entwicklung neuer Produkte oder der Aufbau neuer Geschäftsfelder, erst nach fünf bis zehn Jahren nennenswerte Gewinne. Trotzdem investieren fast alle Unternehmensführungen bei den richtigen Rahmenbedingungen kontinuierlich mit dieser Zielsetzung. Folglich ist auch zu erwarten, dass sich bei entsprechenden Rahmenbedingungen die Egologik der Politik langfristiger ausrichtet. Da sich die Erfolge volkswirtschaftlicher Konzepte jedoch erst nach einem größeren „Timelag" einstellen, macht es Sinn, wenn die Ergebnisse in der Zeit von fünf Jahren nach dem Regierungsantritt bis fünf Jahre nach dem Austritt aus einer Regierung in die Berechnungsgrundlage einbezogen werden.

8.5.3.4 Gehaltsanpassung

Die Parlamentarier entscheiden heute über die Erhöhung ihrer Bezüge und die der Regierung selbst. Die beschlossenen Einkommenssteigerungen sind beim Souverän nicht selten umstritten. Eine Abhängigkeit der Einkommen vom Erfolg würde von ihm besser verstanden. Die Veränderung des Festeinkommens sollte deshalb leistungsabhängig geregelt werden. Die Veränderung der Wertschöpfung der Nation ist eine geeignete Basis, da sie nicht nur die Steigerung der Leistungsfähigkeit, sondern auch die Veränderung der Fertigungstiefe durch Verlagerung ins Ausland berücksichtigt, wodurch die Wertschöpfung sinkt. So könnte beispielsweise die Regel lauten: Ändert sich die Wertschöpfung des Bundes oder eines Landes um einen bestimmten Prozentsatz, so ändert sich das Festeinkommen der Mitglieder des Parlamentes und der Regierung entsprechend positiv oder negativ.

8.5.3.5 Harmonisierung der langfristigen Interessen

Rahmenbedingungen mit einer hohen variablen, erfolgsabhängigen Tantieme und erfolgsabhängigen Veränderungen des festen Einkommens richten die Egologik der Spitzenpolitiker besser auf die langfristigen Vorteile der Bevölkerung aus, weil sie einen weit stärkeren Anreiz geben, sich intensiv mit den Erfolgsfaktoren im globalen Wettbewerb zu befassen.

8.6 Die Erfolgsfaktoren der Nation entfalten

8.6.1 Die Erfolgsnation fördert die Leistungsfähigkeit der Unternehmen

Aus zahlreichen Untersuchungen kennen wir viele Erfolgsmerkmale für Unternehmen.[8] Mit der Konzentration auf die für den jeweiligen Fall wichtigsten Faktoren erhöht eine Führung die Erfolgswahrscheinlichkeit der eigenen Gesellschaft und sichert die Wettbewerbsposition. Das Gewicht der einzelnen Faktoren verändert sich mit dem Strukturwandel einer Nation. Will eine Regierung Arbeitsplätze schaffen, darf sie die Entfaltung der Erfolgsfaktoren der Unternehmen nicht hemmen. Damit stärkt sie den Wirtschaftsstandort, und das lockt Kapital an. Mit der Unterstützung oder Förderung durch die Regierung sind nicht Subventionen, Steuererlass oder eine Kostenübernahme durch die öffentliche Hand gemeint. Der Staat sollte nur Hindernisse abbauen, damit die Unternehmen ihre Ziele leichter erreichen.

Der Souverän muss ein großes Interesse an leistungsstarken Unternehmen haben, damit Arbeitsplätze und Wohlstand erhalten bleiben. Deshalb ist von der Politik zu beachten, welche Erfolgsfaktoren sie neben den vorher schon geschilderten Leistungsanreizen durch entsprechende Rahmenbedingungen fördern muss.

1. Eine der wichtigsten Grundvoraussetzungen für die hohe Leistung einer Erfolgsnation ist der Abbau von unproduktiver Beschäftigung und Reibungskonflikten, die die gesamtwirtschaftliche Wertschöpfung mindern. Je mehr Kapazitäten durch unproduktive Arbeit und Reibungskonflikte gebunden sind, umso weniger Zeit bleibt für die produktive Arbeit. Die unproduktiv Beschäftigten belasten darüber hinaus die wertschöpfend Tätigen vermutlich mit einem Zeitaufwand in etwa gleicher Höhe. Bei allen Betroffenen leidet die Motivation, weil jeder dynamische Mensch solche Arbeiten als unbefriedigend empfindet, da sie sein Erfolgsbestreben hemmen.

2. Das Hochlohnland benötigt hohe Preise. Diese sind allerdings nur zu erreichen, wenn es bessere Produkte anbietet als die Wettbewerbsnation. Deshalb ist die zukunftsträchtige Innovation ein weiterer wichtiger Erfolgsfaktor eines Hochlohnlandes. Es braucht zur Erhaltung seines Wohlstandes vor allem wissensintensive Branchen, die das hohe Lohn- und Gehaltsniveau verkraften. Innovatio-

---

[8] Näheres siehe Porter, Michael E. (1999) oder derselbe (2000) oder Reutner, Friedrich (1995)

nen, wie beispielsweise die Solartechnik, benötigen aber meistens mehr als ein Jahrzehnt, bis wieder eine nennenswerte Zahl von Arbeitsplätzen entstanden ist. Wichtige Innovationen erfordern also viel Geduld sowie Risikobereitschaft, und Imitatoren machen ständig Jagd auf das bessere Know-how.

Die besten Gewinnvoraussetzungen und sichersten Arbeitsplätze schafft der innovative Monopolist, dessen Stellung durch einzigartige Produkte entsteht, die durch Know-how oder Patente geschützt sind. Der Kunde honoriert das Bessere. Entstehen Monopole dagegen durch staatlichen Schutz, so senkt dies die Innovationsfähigkeit, und es bilden sich höhere Preise, weil der Abnehmer keinen Druck über den Wettbewerb ausüben kann. Geschützte Monopole sind also aus guten Gründen unerwünscht, denn der Staat setzt durch diesen Schutz das Prinzip außer Kraft, durch Innovation und Leistung die Volkswirtschaft erfolgreich zu machen.

Produkte und Technologien zur Absicherung der Zukunft erhalten in der Erfolgsnation die höchste Priorität. Der Staat fördert die Arbeit der Universitäten oder Forschungseinrichtungen auf Zukunftsgebieten, initiiert Forschungsprogramme und unterstützt die daraus entstehende Fertigung, indem er Kontakte der Forschungseinrichtungen mit den Unternehmen anregt. Die Erfolgsnation akzeptiert und hilft, dass nicht wettbewerbsfähige Branchen sich neuen Gebieten zuwenden und fördert durch entsprechende Rahmenbedingungen alles, was die Zukunft absichert. Schrumpfende Sektoren unterstützt sie nur in Ausnahmefällen und zeitlich begrenzt über drei bis maximal fünf Jahre mit ständig abnehmenden Beträgen zur Abfederung von Beschäftigtenproblemen.

3. Ein hoher Marktanteil erweist sich als ein wesentlicher Erfolgsfaktor und damit als wichtig für die Arbeitsplatzsicherheit. Wer starke Unternehmen will, darf internationale Übernahmen der eigenen Industrie nicht behindern. Im globalen Markt steigt die Zahl starker Wettbewerber erheblich an, weil Wettbewerber aus weiteren Ländern in den eigenen Markt eintreten, wodurch weit weniger marktbeherrschende Unternehmen als im geschlossenen Markt entstehen. Das erfordert eine angepasste Kartellpolitik.

4. Viele Untersuchungen bewiesen, dass z. B. derjenige, der als erster mit einer neuen Entwicklung auf den Markt geht, auch mit hoher Wahrscheinlichkeit Marktführer wird[9]. Der Marktführer erzielt normalerweise den höchsten Umsatz und die besten Preise. Er erreicht mit hoher Wahrscheinlichkeit die höchste Rendite und sichersten Arbeitsplätze.

Der Staat sollte folglich Zukunftsentwicklungen nicht verzögern, sondern die Schnelligkeit der Entwicklung fördern. Wer bremst, bis andere Nationen weit

---

[9]   Vgl. Stalk, George jun, Hout, Thomas M. (1992)

fortgeschritten sind, hat den wirtschaftlichen Marathonlauf bereits verloren. Es wird dann relativ aussichtslos, einen Markt noch erfolgreich zu bearbeiten und sichere Arbeitsplätze zu schaffen.

5. Hohe Qualität, guter Service und attraktives Marketing sind wichtige Ergänzungen, um Innovationen erfolgreich zu machen. Solche Konzepte führen nach langer Zeit zu einem hohen Qualitätsimage, das die Preise hochwertiger Marken stützt. Das Image ist wichtig, um die Relation von Kosten und Erlös zu verbessern und teure Arbeitsplätze zu finanzieren. „Ein Image ist kein Schnellboot, sondern eher ein Riesendampfer", sagen Werbefachleute. Es bildet sich nur langsam, zeigt dann aber eine hohe Stabilität und setzt einen ständigen technischen Vorsprung, eine gleichmäßig gute Qualität der Produkte, einen leistungsfähigen Vertrieb, eine geschickte Kommunikation und einen konstant guten Service voraus. Solche Aktivitäten dürfen durch staatliche Eingriffe nicht unnötig erschwert werden.

Eine hohe Leistung der Unternehmen ist die Grundlage dafür, dass das Herkunftsland auf Dauer einen Markencharakter bekommt, wie es seit langer Zeit beim „Made in Germany" der Fall ist. Das stärkt den Standort. Unternehmen und Nationen profitieren von diesem Vorteil. Wie beim Image von Firmen- und Produktmarken, bewegt sich auch das Image solcher Ursprungsbezeichnungen im Laufe der Jahrzehnte nach oben oder unten. Es erfordert ständige Bemühungen, die Spitzenposition zu erhalten. Wo stand „Made in Japan" vor 30 Jahren und wo steht es heute? Noch besitzen „Made in China" oder „Made in India" kein gutes Image. Aber lässt sich nicht schon voraussagen, wie das in 30 Jahren aussehen wird? Das steigert für diese Länder auch die Möglichkeit, in den Hochpreissektor einzudringen. Die Gefahr nimmt für Hochlohnländer zu.

6. Die bisherigen Rahmenbedingungen der Demokratie zwingen Regierungen eher zur kurzfristigen Ausrichtung. Verfolgen Regierungen nach jeder Wahl wechselnde Ziele, so erschwert dies die Zukunftseinschätzungen der Unternehmen. Getätigte Investitionen werden u. U. vernichtet. Im Wettlauf um starke Marktpositionen erhält der Zurückliegende die Chance zu überholen. Positionen gehen für immer verloren, wenn der Gegner sich später keine Blößen gibt. Die Rahmenbedingungen einer Erfolgsnation geben den Unternehmen die Chance, besser langfristig zu planen.

7. Motivation und Leistungskultur schaffen nicht nur mehr Zufriedenheit, sie sind auch eine der wichtigsten Voraussetzungen für den Erfolg. Die Regierung müsste das Positive gegen die auf das Negative fixierte Sensationskommunikation herausarbeiten. Allerdings dürfte dieses Ziel bei der konträren Kommunikation der Oppositionsparteien kaum Erfolg versprechen.

Auseinandersetzungen und Streitereien senken die Motivation und sind Gift für
die Leistungskultur. Ein Hochlohnland, das Interesse an sicheren Arbeitsplätzen
hat, müsste deshalb zeigen, dass es hohe Leistungen schätzt und eine positive
Einstellung zur Arbeit fördert, indem es z. B. unterstützt, dass Arbeitgeber fami-
lienfreundliche Arbeitsbedingungen schaffen, wie beispielsweise flexiblere Arbeitszeiten, Service für Familien etc. Die Folgen zeigen sich z. B. im geringeren
Krankenstand, in geringeren Fehlzeiten und einer deutlich höheren Wertschöpfung pro Mitarbeiter.[10]

8. Die Regierung kann die Wettbewerbsfähigkeit einer Nation stützen, indem sie
   das Ziel fördert, die Ausbildung dem Bedarf der Unternehmen nach Mitarbeitern für den Wandel in der Volkswirtschaft zu höheren Technologien besser
   anzupassen. Dies kann z. B. durch Prioritäten und steigende Budgets an den
   Hochschulen für Forschung und Entwicklung oder durch Aufklärung über die
   Chancen der Studenten auf den neuen Arbeitsgebieten geschehen.

8.6.2   Leistungsfähige Behörden unterstützen die Wettbewerbsfähigkeit

Behörden tragen durch ihre eigene Wirtschaftlichkeit, Schnelligkeit und Einfachheit zu einem leistungsfähigen Unternehmen bei und locken Investitionen an. Ihre
Leistungsfähigkeit hängt von den vorgegebenen Rahmenbedingungen der Politik
ab:

1. Die Verwaltungen der öffentlichen Hand lassen sich in wirtschaftlicher Hinsicht
   mit der Holding einer Unternehmensgruppe vergleichen. Eine kleine Holding
   kann stark und durchsetzungsfähig, eine große kraftlos, schwerfällig und wenig
   leistungsfähig sein. Wegen der letzten Stufe der Hierarchie der Zwänge bzw. der
   „Marktferne", der Sicherheit vor der Insolvenz und schwacher Steuerungsinstrumente hat die öffentliche Hand es schwerer, eine hohe Effizienz zu erzielen.
   Deshalb müssen ihre Verwaltungen möglichst klein gehalten werden. Das setzt
   eine deutlich reduzierte Zahl der Eingriffe und Vereinfachung der Bestimmun-
   gen voraus.

2. Bei der öffentlichen Hand sollten leistungsfähige „Betriebsvergleiche", Kennzif-
   fern- und Kostenrechnungssysteme, Investitionsrechnungen und die Doppik in
   Verbindung mit Hochleistungsportalen zu leistungsfähigen Instrumenten entwickelt werden. Sollten unwirtschaftliche Investitionen notwendig sein, müssen
   sie besonders begründet werden.

---

[10] Vgl. dazu Alexander Dilger (Hg.) (2007) oder die Untersuchungen der Europäischen Beobach-
tungsstelle für Arbeitsbedingungen EWCO, Dublin

Der Bundesrechnungshof prüft zwar schon heute als unabhängige Kontrollinstanz die Finanzen des Bundes, seiner Sondervermögen und Betriebe. Er deckt wie der Bund der Steuerzahler seit Jahrzehnten Mittelverschwendungen auf, aber die Kritik allein zeigte nicht die erwünschte Wirkung, weil die Egologik nicht auf das Ziel Wirtschaftlichkeit ausgerichtet ist. Die Rechnungshöfe sollten bestimmte Messgrößen und Informationssysteme zur Pflicht machen können, Begründungen großer Investitionen prüfen und bei grober Verletzung der Vorschriften auch Disziplinarmaßnahmen einleiten können.

3. Behörden sollten dem Souverän dienen. Wirtschaftlich orientierte Anreize und Zwänge müssen ihre Organisation zu Effizienz und „Souveränorientierung" anregen. Dies setzt Kontrollen durch Leistungsmessung voraus.

4. Schließlich ist die flache Hierarchie mit konzentrierter Zuständigkeit und Delegation ein Merkmal leistungsfähiger Organisationen. Jede unnötige Stufe und Zersplitterung schafft zusätzliche teure Positionen, neue Schnittstellen und Kompetenzgerangel; Schwerfälligkeit verlangsamt den Ablauf, ist kostenaufwendig und verstärkt die Bürokratie.

8.6.3 Die Rahmenbedingungen der Politik entscheiden

Die oberste Führungsebene schafft wie in jedem Unternehmen die Erfolgsvoraussetzungen. Ihre gleichgewichtsorientierten Rahmenbedingungen sind eine gute Basis:

1. Chancengerechtigkeit, qualifizierte Ausbildungsmöglichkeit und Anreize, das erworbene Wissen im Land einzusetzen, schaffen die Voraussetzung für ein starkes Leistungspotential einer Nation. Es muss sich lohnen, im Land zu bleiben. Anreize für ausländische Spitzenkräfte, ins Land zu kommen, unterstützen diese Wirtschaftspolitik.

2. Leistungsfähige Menschen müssen motiviert sein, um ihre volle Fähigkeit zu entfalten. Leistungskulturen entstehen, wenn die Regierung nicht so sehr über Gesetze steuert, sondern hemmende Fehlstrukturen verhindert und Impulse in Richtung auf die Erfolgsfaktoren gibt. Die Führung schafft überschaubare Regeln und Freiheit im Detail; sie baut Vertrauen auf, so dass sich Leistung lohnt, achtet aber streng auf die Einhaltung des stark verkleinerten Gesetzesrahmens. Die Regierung versucht die Effizienz zu steigern, indem sie bei Wertschöpfungstreibern die Egologik mit den Interessen der Gemeinschaft harmonisiert, also eine „innere Übereinstimmung" erzeugt.

3. Beim Einsatz der finanziellen Mittel erhalten wertschöpfende Aktivitäten eine hohe Priorität. Es gilt, leistungsfähiger zu werden und mehr zu erwirtschaften

und erst dann angemessen zu verteilen. Vor allem dürfen sich nicht in jeder Konjunkturphase die Belastungen erhöhen. Fordert ein Ministerium neue Belastungen, so muss es selbst oder ein anderes Ressort entsprechende Entlastungen anbieten.

4. Eine vereinfachte, klare Steuergesetzgebung stärkt die Behörden bei der Durchsetzung der Steuerforderungen und verhindert steuersparende Gesetzeslücken. Die Höhe der Steuerbelastung muss mehr als heute die Wettbewerbsfähigkeit der Unternehmen und Motivation der Leistungsträger beachten. Steuergesetze dürfen dem Steuerzahler keine Anreize zu Fehlinvestitionen geben.

5. Jedes Land, jede Stadt, Gemeinde, Familie und Person muss primär für sich selbst verantwortlich sein und die Folgen ihrer Entscheidungen tragen. Das fördert entscheidend die Leistungsbereitschaft und Sparsamkeit.

6. Die Praxis bewies, dass langfristig gegebene Subventionen für Unternehmen nur selten von Erfolg gekrönt wurden. Subventionen in sterbende Verlustgebiete stabilisieren die Unwirtschaftlichkeit. Aber Anschubhilfen fördern den Aufbau von Zukunftsgebieten wie z. B. erneuerbare Energien. Sie können sich für die Nation als wirtschaftlich erweisen, wenn sie für eine angemessene Zeit bedeutende Zukunftsgebiete fördern und degressiv verlaufen.

7. Die Erfolgsnation fördert Spitzenleistungen und lebenslanges Lernen, um gut ausgebildete Kräfte für die Zukunftsindustrien bereitzustellen. Sie schafft Anreize, dass Spitzenkräfte bleiben oder sogar ins Land kommen. Die bereits zum Teil eingeführten Studiengebühren kombiniert mit individueller Förderung sind Anreize zur Leistung.

8. Wettbewerb unter den Bundesländern und die Gefahr einer Zwangsverwaltung ist für die Regierungen unbequem, aber ein wesentlicher Anreiz zur Leistungssteigerung.

9. Wie ein erfolgreiches Unternehmen konzentriert sich die wettbewerbsfähige Nation auf die Kernkompetenzen und delegiert nichthoheitliche Aufgaben an die Privatwirtschaft, wenn die Firmen danach unter Wettbewerbsbedingungen arbeiten und es sonst keine nachgewiesenen schwerwiegenden Gründe gegen die Delegation gibt. Sie definiert ihre Aufgaben hoher Priorität wie Gesetzgebung, Rechtsvollzug, Infrastruktur, Verteidigung, soziale Überwachung und ist streng und konsequent im Hinblick auf die Einhaltung der Grundwerte ausgerichtet. Das übersichtlichere Aufgabengebiet erhöht die Qualität ihrer Arbeit. „Konzentration auf das Wesentliche" macht Regierung und Behörden leistungsfähiger und stärker. Jede leistungsfähige Nation erfordert auch einen starken Staat.[11]

---

11 Vgl. dazu Alexander Rüstow (1932), S.249–258

10. Sicher gibt es Ausnahmen, aber die Rahmenbedingungen der öffentlichen
    Hand haben sich generell für eine Steuerung der Unternehmen im Wettbewerb
    als ungeeignet erwiesen. Sie können nicht genug Anreize geben, sich ständig
    zu verbessern, was über die Überlebensfähigkeit der Unternehmen entschei-
    det. Die notwendigen wirtschaftlichen Entscheidungen werden zu oft durch
    politische ersetzt. Hinzu kommt, dass das Eigentum an den Unternehmen fast
    nie zur Erfüllung hoheitlicher Aufgaben notwendig ist. Alle Unternehmen in
    sozialistisch geführten Nationen zeigten signifikant einen hohen Leistungsab-
    fall. Je intensiver die Eingriffe waren, umso stärker fiel die Leistungsfähigkeit
    langfristig ab. Oft verdeckte Substanzverzehr den Wohlstandsverlust über län-
    gere Zeit.
    Die Politik erkannte unter dem Druck der Krise, dass Bund, Länder und Ge-
    meinden deshalb besser auf Beteiligungen verzichten, soweit das privatisierte
    Unternehmen dann unter Wettbewerbsbedingungen arbeitet, aber ihre Egolo-
    gik spricht für Beteiligungen der öffentlichen Hand. Jede Stärkung der Finan-
    zen weckt das Bestreben, sich erneut an Unternehmen zu beteiligen. Wenn der
    Gesetzgeber mit Recht fordert, dass Publikumsgesellschaften dem Aktionär alle
    wichtigen Informationen zur Verfügung stellen, und Privatunternehmen ihre
    Bilanzen und Ergebnisrechnungen zur Einsicht hinterlegen, so müssen auch
    Firmen der öffentlichen Hand in gleicher Weise den Souverän informieren,
    der letztlich mit seinen Steuergelder haftet. Er sollte auch die Subventionen
    kennen, die Gesellschaften der öffentlichen Hand im letzten Jahrzehnt erhiel-
    ten.
11. Die Verschuldung der öffentlichen Hand muss sich auf definierte Ausnahme-
    situationen beschränken. Nicht gedeckte Ausgaben dürfen nicht in Neben-
    haushalte verlagert werden. In der Konjunktur besteht eine Pflicht, Schulden
    zu tilgen. Wird die Verschuldung nicht abgebaut, so müssen das Bundesland,
    die Stadt oder die Gemeinde verpflichtet werden, zum Schuldenabbau Besitz
    zu veräußern oder eine Zwangsverwaltung bis zur Sanierung hinnehmen. Die-
    ser Zwang würde, wie in den Unternehmen im Wettbewerb, starke wirtschaft-
    lich orientierte Kräfte entfalten.
12. Die Zahl der Vorschriften ist auf das unbedingt Notwendige zu beschränken.
    Das erleichtert die Überwachung. Es sollten mehr Kräfte für die Bereinigung
    und Streichung von Vorschriften als für neue Gesetze eingesetzt werden.
13. Alle komplizierten Gesetze, Ausführungsbestimmungen, Verordnungen etc.
    müssen vereinfacht und transparent gemacht werden. Die Staatskunst liegt
    darin, die politischen Ziele mit möglichst einfachen Vorschriften zu erreichen.
    Gesetze erhalten wieder mehr Richtliniencharakter für die Gerichte und ver-
    suchen also weniger den Einzelfall zu regeln. Tatbestände sind möglichst in

einem Gesetz zu regeln. Sie sind nach dem Prinzip der „inneren Standardisie-rung" aufzubauen, d. h. es werden beispielsweise einheitliche Begriffe in allen Fachgebieten verwendet, so dass sie für jeden Juristen verständlich sind.

Der Bereinigungsaufwand in der frühen Phase ist verhältnismäßig gering, der spätere volkswirtschaftliche Aufwand, der beim Bürger durch unklare und unnötig komplizierte Gesetze entsteht, fast immer sehr groß. Warum werden nicht alle neuen Gesetzesvorlagen auf Einfachheit und Klarheit kontrolliert?

14. Vor der Ratifizierung neuer Gesetze sind nicht nur die volkswirtschaftlichen Kosten einschließlich dem Aufwand der betroffenen Bürger zu beachten, son-dern auch, dass sich die Menschen an der Egologik orientieren. Das erspart nachträgliche Gesetzesänderungen und hohen Arbeitsaufwand. Für viele neue Gesetze lässt sich festzulegen, ob und wann sie verfallen. Das begrenzt die Ge-setzesvielfalt.

15. Wer Arbeitsplätze über hemmende gesetzliche Vorgaben und Subventionen schützt, vergisst den Schutz der Arbeitslosen und nimmt langfristig weiteren Personalabbau in Kauf. Die damit verbundene Abschreckung von Investitionen und die Gefahr weiterer Personalreduzierungen schaden zunächst vor allem den Arbeitslosen; die schwächere Wirtschaft schadet letztlich allen Bürgern.

16. Nicht selten wird die Freiheit des Arbeitskampfes mit unverhältnismäßig ho-hem Schaden für die Nation erkauft. Nationale Streiks und Konflikte helfen nur den Wettbewerbsnationen und zerstören die eigenen Wachstumschancen. Sind mehrere Gewerkschaften für einzelne Unternehmen zuständig, so steigt die Gefahr durch einen Mehrfrontenkrieg. Die Erfahrungen mit der „eng-lischen Krankheit", die das Land erst überwand, nachdem große volkswirt-schaftliche Schäden entstanden waren, sollten ein mahnendes Beispiel sein. Aus Wettbewerbssicht ist ein ganzheitlicher Tarif für jedes Unternehmen von großer Bedeutung. An die Friedenspflicht der Tarifparteien sind deshalb hohe Anforderungen zu stellen.

Zweifellos muss dafür Sorge getragen werden, dass die Beschäftigten zu ihrem Recht auf angemessene Beteiligung am Erwirtschafteten kommen. Im glo-balen Wettbewerb lohnt es besonders zu untersuchen, mit welchen Organisa-tionsformen sich die Ziele der Beschäftigten ohne Verlust der Wettbewerbsfä-higkeit erreichen lassen. Warum kann nicht ein Gremium aus Gewerkschaften, Arbeitgebern, Regierung und „Wirtschaftsweisen" auf der Basis der Produkti-vitätssteigerung einzelner Wirtschaftszweige als Richtschnur für diese Bran-chen vernünftige Mehrheitsentscheidungen treffen? Der dadurch entstehende Wettbewerbsvorteil würde sich vor allem langfristig für alle Bürger als Vorteil erweisen, letztlich auch für die Beschäftigten.

17. Eine relativ hohe Rechtssicherheit ist ein Merkmal hochentwickelter Demokratien. Sie bekämpfen Korruption und Bestechung möglichst effizient. Das
steigert die Leistungsfähigkeit und die Lebensqualität.

8.7 Die Demokratie entwickeln: Vorteile erhalten, Probleme reduzieren

8.7.1 Vorteilhafte Sachentscheidungen für den Souverän

Fast alle Strukturänderungen und Sanierungen der Unternehmen würden scheitern bzw. es entstünden keine Spitzenunternehmen, wenn alle Mitarbeiter gemeinsam über das Konzept zu entscheiden hätten. Viele Maßnahmen, die die Wettbewerbsfähigkeit erhöhen, ließen sich unter den gegebenen Rahmenbedingungen
nicht erfolgreich umsetzen. Selbst wenn die Notwendigkeit von einschneidenden
Maßnahmen eingesehen wird, gilt letztlich das Motto: „Wasch mir den Pelz, aber
mach mich nicht nass". Welcher Patient mag schon die notwendige Operation?
Die Notwendigkeit, Risiken und Chancen kann am ehesten der Fachmann übersehen. Auch das wirtschaftlich notwendige Konzept ist ohne Detailinformationen,
vertiefte Kenntnis der Zusammenhänge und Fachwissen kaum zu beurteilen. Erst
wenn die Folgen zu spüren sind, erfolgt die Zustimmung.

> Ein großer Mittelständler stand nach jahrelangen Verlusten vor der Existenzfrage. Nach-
> dem die notwendigen Sanierungsmaßnahmen verkündet worden waren, kam es zu er-
> heblichen Protesten. Mit Vorträgen warb die Führung für Verständnis. Mitarbeiter pro-
> testierten. Nur einige Führungskräfte konnten für das notwendige unpopuläre Konzept
> gewonnen werden. Organisationen von außerhalb heizten die Stimmung an, Flugblätter
> wurden verteilt. Als die Sanierungsmaßnahmen Erfolg zeigten, und das Unternehmen
> wieder Gewinne erzielte, berichtete der Aufsichtsratsvorsitzende in der Hauptversamm-
> lung: „Wer eine solche Entwicklung selbst nicht miterlebt hat, kann sich keine Vorstel-
> lung davon machen, wie bedrückend dieser Zustand auf den Einzelnen wirkte. Doch
> tritt in den letzten Jahren ein auffallender Stimmungswandel zutage. Man begegnet
> wieder frohen Menschen, man spürt ihre Zuversicht, ja, man wird selber von dieser
> Stimmung angesteckt."

Die Situation nach einer Sanierung ist vergleichbar mit einer gelungenen Operation. Was vorher kritisiert und bekämpft wurde, findet viel Lob und nachträgliche
Anerkennung. Die Lebensqualität der Mitarbeiter steigt.

Auch in den politischen Gremien zeigte sich in der Vergangenheit, dass schwierige Veränderungen selten im Konsens entstehen. Die legitime Egologik einzelner

Lobbyorganisationen sowie die Vielfalt der Ansprüche und Meinungen der großen Gremien verhindern in der Regel wirtschaftlich sinnvolle Lösungen.

Wenn die geldpolitischen Experten Pöhl und Issing die Meinung vertreten, dass die Wissenschaft für die Geldpolitik wichtiger geworden ist,[12] so sind Sachverstand und unabhängige Entscheidung nach neuesten wirtschaftswissenschaftlichen Erkenntnissen für die Grundsatzentscheidungen der Wirtschaftspolitik nicht weniger bedeutend. Das setzt vor allem eine von der Lobby unabhängige Meinungsbildung voraus, wenn es darum geht, das Notwendige auch durchzusetzen.

Jede Regierung verfügt bereits über exzellente Berater. Die Praxis hat aber bewiesen, dass die umfangreichen Berichte z. B. der „Wirtschaftsweisen" bisher kaum Berücksichtigung fanden, wenn sie der Egologik der jeweiligen Politik widersprachen. Unabhängig vom Inhalt ist schon die Länge der Berichte ein Problem für die hochbelasteten Parlamentarier und Regierungsmitglieder. Eine Übernahme der Vorschläge in den Gutachten ist nach etwa 50jähriger Erfahrung ohne eine direkte Einflussnahme nur in Ausnahmefällen zu erwarten. Normalerweise sucht sich jede Regierung nur die Stellen des Gutachtens heraus, die zu ihren politischen Vorstellungen passen, also ihrer Egologik entsprechen. Auch werden Berater nicht selten von der Politik danach ausgewählt, wie sehr sie möglichst die eigene Meinung unterstützen. Schließlich kann das Parlament aufgrund seiner Größe fast nie zu optimierten Entscheidungen, sondern nur zu Kompromissen kommen, was sich auf vielen Gebieten, insbesondere zur Verhinderung von Kriegen, bewährt hat, aber für die Wettbewerbsfähigkeit einer Volkswirtschaft ist dies von großem Nachteil.

8.7.2   Die „Wirtschaftskommission" als Teil des wirtschaftlichen Entscheidungsprozesses

Die Erfolgsprämie harmonisiert zwar die Interessen der Politiker mit denen des Souveräns, aber für den Politiker bleibt weiterhin der Konflikt, wenn die bestmögliche Entscheidung vom Wähler nicht verstanden wird und zur Abwahl führt. Deshalb wäre noch eine weitere Veränderung der Rahmenbedingungen hilfreich.

Die Delegation politischer Entscheidungen an unabhängige Organisationen muss möglich sein, wenn sie für den Souverän vorteilhaft und demokratisch legitim ist.[13] Will man langfristig das beste wirtschaftliche Ergebnis für die Bevölkerung erreichen, so sind gefährliche Trends sowie Managementfehler zu verhindern, so gut wie dies in der Demokratie möglich erscheint. indem beispielsweise eine hochqualifizierte Wirtschaftskommission als eine Art „Wirtschaftsgericht" in

---

[12] Issing Otmar, Pöhl, Karl Otto (2006)
[13] Vgl. Bredt, Stephan (2006)

bestimmte Entscheidungen einbezogen wird. Sie könnte sich aus wirtschaftswissenschaftlichen Spitzenkräften mit nachweislichen Erfolgen zusammensetzen. So wie die Europäische Notenbank oder die Bundesbank bei harmonisierter Egologik nur auf die Geldwertstabilität achtet, so sollen die Mitglieder nur der besten wirtschaftlichen Entwicklung verpflichtet sein. Sie sind unabhängig von der Fehlsteuerungen der Lobby und ihre Entscheidungen entlasten die Regierung.

Die Voraussetzungen für die Wahl wären zu definieren, wie beispielsweise eine exzellente Ausbildung und etwa zwei Jahrzehnte Erfahrung auf dem Wirtschaftsgebiet. Wegen der Verzahnung von Geld- und Wirtschaftspolitik ist es sinnvoll, wenn sich die Wirtschaftskommission aus dem Chef der Bundesbank, sowie einem weiteren Mitglied der Europäischen Zentralbank zusammensetzt. Weiterhin könnten der Vorsitzende und zwei Mitglieder des Sachverständigenrates, sowie ein Vertreter des Wirtschaftsministeriums dem Gremium angehören. Vertreter der wichtigsten Interessengruppen, wie Unternehmerverbände und Gewerkschaften, sollten gehört werden (Argumentationsrecht), aber wegen der fehlenden Objektivität kein Stimmrecht erhalten.

Natürlich kann argumentiert werden, dass das Grundgesetz dies nicht zulasse. Aber warum soll es nicht erlaubt sein, über seine Verbesserungen nachzudenken, wenn sich Nachteile gezeigt haben? Darf man verbieten, klüger zu werden? Auch Verfassungen änderten sich zum Wohl der Völker im Laufe der Jahrhunderte und sie sollten weiterhin angepasst werden, wenn dies zum Vorteil des Souveräns ist und die Stabilität der Demokratie erhöht.

Geprägt durch die Egologik sind Einwände der Politiker gegen eine teilweise Machtabgabe an das Fachgremium zu erwarten: „In der Demokratie kann nur der gewählte Volksvertreter den Wunsch der Bürger in seinen Entscheidungen berücksichtigen". Die Fehlentwicklungen und Erfahrungen mit bereits praktizierten und bewährten Lösungen sprechen gegen diese Einwände: Unabhängige Richter und weitgehend unabhängige Vertreter der Zentralbanken wurden auch nicht vom Souverän gewählt. Die Regelungen waren aber für ihn vorteilhaft. Und müsste nicht allein der Vorteil des Souveräns in der Demokratie zählen?

Die erste Kommission bildet sich, indem der Wirtschaftsminister, die jeweiligen Behörden, die Unternehmerverbände und der Sachverständigenrat deren Mitglieder bestimmen. Sie schlägt – soweit die Neuwahl nicht schon durch das Amt vorgegeben ist – zum Ende ihrer Wahlperiode die nachfolgenden Mitglieder dem Bundespräsidenten vor, der sie ernennt. Die Wahlperiode sollte acht Jahre betragen, wobei jedes Mitglied höchstens zweimal gewählt werden kann und jeweils jährlich ein Mitglied in einer festzulegenden Reihenfolge ausscheidet oder neu gewählt wird, um eine gewisse Kontinuität zu gewährleisten.

Eine solche Wirtschaftskommission kann natürlich die zukünftige Entwicklung nicht voraussehen. Das gilt für jede Entscheidung über die Zukunft. Die Fachkenntnis und Erfahrung der Vorstände der Unternehmen erwies sich als wichtige Voraussetzung für den langfristigen Erfolg. Dasselbe gilt für die Zentralbanken: Ihre Sachentscheidungen hielten die Inflation weit besser in Grenzen als die politisch bestimmte Zinspolitik und verhinderte vor allem Hyperinflationen, die in früheren Zeiten viel Elend vor allem bei der ärmeren Bevölkerung anrichteten. Wesentlich ist, dass die Egologik der meisten Mitglieder der Kommission nur auf die langfristige wirtschaftliche Optimierung der Politik ausgerichtet ist.

Ein großes Problem bei der Einbindung der Wirtschaftskommission in den Entscheidungsprozess der Regierung und des Parlamentes liegt darin, dass viele der verabschiedeten Gesetze und Entscheidungen der Regierung die wirtschaftliche Entwicklung mehr oder weniger beeinflussen. Dies gilt zum Teil auch für die geldpolitischen Entscheidungen der Bundesbank, die sich trotzdem als vorteilhaft erwiesen. Einige Weichenstellungen der Regierungen und Parlamente führten zu schwerwiegenden Fehlstrukturen und erwiesen sich als langfristig besonders nachteilig für Wettbewerbsfähigkeit und Wohlstand. Darüber hinaus zeigt das Verfassungsgericht die Grenzen der Entscheidungsfreiheit auf, wenn das Grundgesetz verletzt werden sollte. Das Ziel ist, die Entscheidungsfreiheit der Regierungen und Parlamente nur da einzuschränken und Grenzen zu setzen, wo es die wichtigsten bekannten Fehlentwicklungen zum Nachteil des Souveräns in Zukunft zu verhindern gilt.

8.7.3 Das Vetorecht

Die Rechte und Pflichten der Wirtschaftskommission sind genau zu definieren. Sie könnten wie folgt aussehen: Ein Vetorecht ist grundsätzlich gegeben, wenn sich bei Gesetzesvorlagen kurz- oder langfristig deutliche Gefahren für Fehlstrukturen durch verdeckte Trends und Managementfehler erkennen lassen.

Die Kommission entscheidet selbst, ob sie sich bei einzelnen Gesetzesvorlagen im Rahmen ihrer Kompetenz einschaltet. Sie kündigt ihre Entscheidung dem Parlament an. Dann sind angemessene Fristen für eine Stellungnahme zu gewähren. Ein Veto ist gegenüber dem Parlament möglichst kurz zu begründen. Es kann bei Gesetzesvorlagen gegeben werden, wenn

1. falsche Anreize und Zwänge zu Unwirtschaftlichkeit führen und Signale auf Fehlentwicklungen hinweisen,
2. die Verschuldung sich ohne zwingende Gründe erhöht bzw. keine Reduzierung unter günstigen Konjunkturbedingungen vorgenommen wird,

3. ein neues Gesetz zu kompliziert ist, die Egologik der Betroffenen falsch steuert und einzelne Tatbestände in zu vielen Normen geregelt werden,
4. Gesetze mit einem Verfallsdatum versehen werden müssten,
5. Subventionen nicht als Hilfe zur Selbsthilfe zeitlich begrenzt sind und sich nicht stufenweise abbauen; das Gremium überwacht, dass der beschlossene Abbau auch eingehalten wird,
6. der Staat sich ohne zwingenden Grund an Wirtschaftsbetrieben beteiligen will,
7. politische Organisationen geschaffen werden, die sich der parlamentarischen Kontrolle entziehen.

Die Begründung des Vetos wird veröffentlicht. Eine zusätzliche Verlesung der möglichst kurzen Gutachten und Diskussion der Entscheidung im Parlament würden den Sachverhalt und die Gründe für alle Mitglieder klären. Dieses Veto kann nur mit einer Zweidrittelmehrheit des Parlamentes überstimmt werden.

8.7.3   Das Recht auf Vorschläge und Maßnahmenanforderung

Dieselben Gründe, die bei neuen Gesetzen zu einer Vetomöglichkeit führen, kann die Kommission veranlassen bei bestehenden Gesetzen oder Situationen auf Wettbewerbsgefahren hinzuweisen und aufgrund von Verbesserungsvorschlägen um erneute Beratung im Parlament und entsprechende Überarbeitung zu bitten. Solche Verbesserungsvorschläge sollten vor allem helfen
1. die wirtschaftlichen Anreize und legitimen Zwänge zu verbessern,
2. die Belastung der Wettbewerbsfähigkeit durch den Staatsanteil und Transferleistungen auf ein Maß zurückzuführen, das Fehlstrukturen reduziert,
3. die öffentliche Hand auf ihre Kernkompetenzen zu konzentrieren,
4. Gesetze, Richtlinien und Ausführungsbestimmungen zu vereinfachen und widerspruchsfrei zu konzipieren.

Reagiert das Parlament nicht auf den Vorschlag, so kann die Kommission nach Ablauf eines Jahres weitere Vorschläge vorlegen und innerhalb einer Frist von weiteren zwei Jahren Maßnahmen verlangen. Diese Verpflichtung kann das Parlament nur mit einer Zweidrittelmehrheit abwehren.

8.8 Vorteile des Souveräns sichern die Demokratie

Sicher können auch rationale Konzepte nicht alle wirtschaftlichen Probleme beseitigen. Das ist auch bei Gewaltenteilung, unabhängiger Zentralbank oder dem Stabilitätspakt nicht immer gelungen. Aber mehr auf wirtschaftlichen Erfolg ausgerichtete Entscheidungen zeigen stets eine höhere Erfolgswahrscheinlichkeit im Wettbewerb. Diese Sicherheit für die Arbeitsplätze, die sozialen Leistungen und den Wohlstand wünscht sich der Souverän. Deshalb bringen solche Rahmenbedingungen für den Souverän zahlreiche Vorteile:

Der Handlungsfreiraum von Regierung und Parlament wird nur begrenzt, wo sich in der Vergangenheit Nachteile für den Souverän ergaben. Die Regierung wird unabhängiger von der Lobby, erfolgreicher, genießt dadurch mehr Vertrauen und dadurch stärker,

- die Vereinfachung der Zusammenhänge erleichtert eine Kontrolle durch den Wähler.

- die Mitglieder der Wirtschaftskommission treffen sachgerechte Entscheidungen, da ihre Egologik auf die Abwendung wirtschaftlicher Fehlentwicklungen ausgerichtet ist,

- die Determinanten des wirtschaftlichen Erfolges werden konsequenter beachtet. Es ist damit eher eine leistungsfähigere langfristig orientierte Wirtschaftspolitik zu erwarten,

- das Mitwirken der besten Fachleute in wirtschaftlichen Entscheidungsprozessen erhöht die Erfolgswahrscheinlichkeit und schützt damit vor allem ärmere Schichten vor später notwendigen harten Eingriffen,

- die institutionellen Regelungen helfen, belastende innere Reibungsverluste abzubauen, da die härtesten Streitereien um die Verteilung der Ressourcen entstehen, die Diskussionen auf wirtschaftlichem Gebiet sich eher versachlichen und die Politik leichter auf die Grenzen verweisen kann,

- das Gremium kann die jeweilige Ausgangssituation flexibler berücksichtigen als alle starren schriftlichen Regelungen in Gesetzen,

- wie schon nach vielen Entscheidungen des Verfassungsgerichtes wird sich auch hier zeigen, dass dies die Diskussion vereinfacht und versachlicht.

Dass sich der Gesetzgebungsprozess durch die geänderten Rahmenbedingungen verlangsamt, kann kein Argument sein, da Deutschland eher an zu vielen als an zu wenigen Gesetzen leidet. Die politische Langsamkeit der Schweiz auf Grund des direktdemokratischen Systems hat sich für die Qualität der Gesetze nicht als Nachteil erwiesen.

Es entspricht der Egologik, dass sich Menschen gegen Vorschläge wenden, die ihre Macht begrenzen. Fast immer waren Änderungen deshalb nur unter starken Zwängen zu erreichen. Deshalb benötigten viele Ideen, die heute selbstverständlich sind, lange Zeit, bis sie umgesetzt wurden. Führen aber die Rahmenbedingungen der Demokratie zu deutlich verbesserter Wettbewerbsfähigkeit und reduzierter Kompliziertheit, so erhöht dies den Wohlstand und die Lebensqualität. Das sichert wiederum auch die Demokratie, die Marktwirtschaft und die Freiheit, machen sie weniger anfällig gegen Zweifel und ist gerechter gegenüber zukünftigen Generationen. Diese Vorteile für den Souverän sollten auch die Politik veranlassen, dieses oder ein ähnliches Konzept zu überdenken.

Literaturverzeichnis

Bach, Hans-Uwe, Spitznagel, Eugen (2003): Was kostet uns die Arbeitslosigkeit? Gesamtfiskalische Modellrechnungen. IAB-Kurzbericht 10/2003, Nürnberg

Becker, Gery Stanley (1993): Der ökonomische Ansatz zur Erklärung menschlichen Verhaltens. 2. Aufl., Tübingen

Biedenkopf, Kurt (2006): Die Ausbeutung der Enkel. Plädoyer für die Rückkehr zur Vernunft, Berlin, 2. Aufl.

Bredt, Stephan (2006): Die demokratische Legitimation unabhängiger Institutionen. Tübingen

Buchanan, James M. (1984): Die Grenzen der Freiheit. Tübingen

Buzzell, Robert D., Gale, Bradley T. (1989): Das Pims-Programm. Strategien und Unternehmenserfolg, Wiesbaden

BWV-Gutachten. Band 13. Probleme beim Vollzug der Steuerrechts. Schriftenreihe des Bundesbeauftragten für Wirtschaftlichkeit und Verwaltung vom 3.8.2006

Clever gemacht. Der Wechsel zwischen Politik und Wirtschaft ist in Deutschland eine selten befahrene Einbahnstraße, FAZ 30.6.2007

Csikszentmihalyi, Mihaly (2007): Flow. Das Geheimnis des Glücks. 13. Aufl., Stuttgart

Cube, Felix von (2006): Lust an Leistung. Die Naturgesetze der Führung. 13. Aufl.

Deal, Terrence, Kennedy, Allan (1987): Unternehmenserfolg durch Unternehmenskultur. Bonn

Deutsche Bundesbank (2005): Die Wirtschaftslage in Deutschland im Herbst 2005. Monatsbericht, 57. Jg. Nr. 11, Frankfurt

Deutsche Bundesbank (Juli 1995): Berechnungen der Produktivitätsunterschiede durch die Deutsche Bundesbank. Monatsbericht, 47. Jg. Nr. 7, Frankfurt

Dilger, Alexander (Hg.) (2007): Betriebliche Familienpolitik. Potenziale und Instrumente aus multidisziplinärer Sicht, Wiesbaden

Enste, Dominik H., Schneider, Friedrich (2006): Welchen Umfang haben Schattenwirtschaft und Schwarzarbeit? Zeitschrift für Wirtschaftspolitik, 86. Jg., Nr. 3

Erhard, Ludwig (2000): Wohlstand für Alle. Düsseldorf

Eucken, Walter (2004): Grundsätze der Wirtschaftspolitik. 7. Aufl., Tübingen

Fraser Institute: Economic Freedom Report, http://www.fraserinstitute.org

Friedman, Milton und Rose (1983): Chancen, die ich meine. Frankfurt

Geneen, Harold, Moscow, Alvin (1990): Manager müssen managen. 2. Aufl., München

Hamburgisches WeltWirtschaftsInstitut (2006): Grundeinkommen sichert die Nachhaltigkeit des Sozialstaats und sorgt für mehr Beschäftigung in Deutschland. Pressemitteilung, 20.04.2006

Hax, Arnoldo C., Majluf, Nicolas S. (1991): Strategisches Management. Frankfurt/Main; New York

Hayek, Friedrich, A. (2007): Der Weg zur Knechtschaft. München

Heinemann, Friedrich, Jonas, Eva, Frei, Dieter (2007): Psychologie, Wachstum und Reformfähigkeit. Schlussbericht, Forschungsauftrag 15/05 des Bundesministeriums für Finanzen

Heritage Foundation: Index of Economic Freedom, http://www.heritage.org/index

Höhn, Reinhard (1970): Das Harzburger Modell in der Praxis. 3. Aufl., Bad Harzburg

Höhn, Reinhard, Böhme, Gisela (1979): Der Weg zur Delegation von Verantwortung im Unternehmen. 5. Aufl., Bad Harzburg

Humboldt, Wilhelm von (1995): Ideen und Versuch, die Grenzen der Wirksamkeit des Staates zu bestimmen. Stuttgart

Identity Foundation (2003): Glücksdefinitionen und -erfahrungen der Bevölkerung. Ergebnisse einer qualitativen und quantitativen Befragung, Düsseldorf

IMD Lausanne: World Competitiveness Yearbook. http://www.imd.ch/research/centers/wcc/index.cfm

Issing, Otmar, Pöhl, Karl Otto: Notenbankpolitik ist auch Kunst. Über die wachsende Bedeutung der Kapitalmärkte sowie der Wissenschaft für die Geldpolitik, FAZ 14.7.06. http://www.innovations-report.de/html/berichte/studien/bericht-49242.html

Karl-Bräuer-Institut, Rundschreiben vom 29.01.2007

Kirchhof, Paul (2007): Das Gesetz der Hydra, Rheda-Wiedenbrück.

Kirchhof, Paul (2005): Der Weg zu einem neuen Steuerrecht – klar, verständlich und gerecht. München

Kirchhof, Paul (2004): Der sanfte Verlust der Freiheit. München, Wien

Köcher, Renate (2006): Wachsende Distanz zwischen Bürgern und Wirtschaft. Institut für Demoskopie Allensbach Dokumentation Nr. 296 vom 20.12.2006

Lechner, M. und Wunsch, C., "What did all the Money do? On the general ineffectiveness of recent West German Labour Market Programms". Discussion Paper Series. No. 6306

Lucke, Jörn von (2008): Hochleistungsportale für die öffentliche Verwaltung. Schriftenreihe Wirtschaftsinformatik, Band 55, Lohmar und Köln

Maslow, Abraham H. (1999): Motivation und Persönlichkeit. Reinbek

Merz, Friedrich (2004): Nur wer sich ändert, wird bestehen. Das Ende der Wohlstandsillusion – Kursbestimmung für unsere Zukunft. Freiburg, Basel, Wien

McKinsey(1993): Einfach überlegen. Stuttgart

Mohn, Reinhard (1995): Freiheit für den kreativen Menschen. Gütersloh

Momberg, Robert (2003): Nachhaltiger Bürokratieabbau in Deutschland. Konzeption für eine Generallösung. http://www.familienunternehmer.eu, pdf-Datei vom 07.05.2003

Montequieu, Charles de (1994): Vom Geist der Gesetze. Stuttgart

Peters, Thomas J., Waterman, Robert H. jr. (2006): Auf der Suche nach Spitzenleistungen. Was man von den bestgeführten US-Unternehmen lernen kann. Heidelberg

Pilny, Karl. (2005): Das asiatische Jahrhundert. China und Japan auf dem Weg zur neuen Weltmacht. Frankfurt/Main

Porter, Michael E. (1999): Wettbewerbsstrategie. Methoden zur Analyse von Branchen und Konkurrenten. 10. Aufl., Frankfurt/Main; New York

Porter, Michael E. (2000): Wettbewerbsvorteile. Spitzenleistungen erreichen und behaupten. 6. Aufl., Frankfurt/Main; New York

Prognos-Zukunftsatlas: http://www.prognos.com/zukunftsatlas/

Rehbinder, Manfred (Hg.), Usteri Martin (Hg.) (2002): Glück als Ziel der Rechtspolitik. Bern

Reutner, Friedrich (1997): Der effiziente Staat – Fiktion oder Vision. 3. Auflage, Wiesbaden

Reutner, Friedrich (1995): Die Strategietagung. Strategische Ziele systematisch erarbeiten und Maßnahmen festlegen. 2. Aufl., Wiesbaden

Reutner, Friedrich (1991): Turn around. Strategie einer erfolgreichen Umstrukturierung. 3.Aufl., Landsberg/Lech

Rommel, Günter (2006): Einfach überlegen. Das Unternehmenskonzept, das die Schlanken schlank und die Schnellen schnell macht. Heidelberg

Röpke, Wilhelm (1979): Die Gesellschaftskrisis der Gegenwart. 6. Aufl., Bern, Stuttgart

Röpke, Wilhelm (1979): Jenseits von Angebot und Nachfrage. 5. Aufl., Bern, Stuttgart

Rüstow, Alexander: Freie Wirtschaft, starker Staat. (1932) Rede auf der Jahrestagung des Vereins für Socialpolitik

RWI Rheinisch-Westfälisches Institut für Wirtschaftsforschung, Essen: Projektbericht. Wider den Staatsbankrott. Stellungnahme zur Anhörung des Haushals- und Finanzausschusses des Landtags Nordrhein-Westfalen am 10.5.2007

Schoeck, Helmut (1992): Der Neid und die Gesellschaft. Frankfurt / Main

Schoeck, Helmut (1990): Das Recht auf Ungleichheit. Frankfurt / Main

Schwarz, Gerhard (Hg.), Habermann Gerd (Hg.), Aebersold-Szalay Claudia (Hg.) (2007): Die Idee der Freiheit. Zürich

Slater, Robert: Das Jack-Welch-Strategiebuch. Die Praxisanleitung für Ihren Unternehmenserfolg. Landsberg/Lech 2000

Slater, Robert (2002): 29 Leadership Secrets from Jack Welch. New York

Stalk, George jr., Hout, Thomas M. (1992): Zeitwettbewerb. Schnelligkeit entscheidet auf den Märkten der Zukunft. 3. Aufl., Frankfurt/Main, New York

Statistisches Bundesamt Deutschland: Lange Reihen, Insolvenzen

Stern, Volker (2006): Die Entwicklung der Steuer- und Abgabenbelastung. Entlastungsbedarf vorrangig bei mittleren Einkommen. Karl-Bräuer-Institut des Bundes der Steuerzahler, Heft 100, Berlin

Stern, Volker (2000): Steuer- und Abgabenbelastung in Deutschland. Karl-Bräuer-Institut des Bundes der Steuerzahler, Heft 91, Berlin

The Strategic Planning Institute (1977): The PIMS-Letter on Business Strategy No. 1. Nine Findings on Business Strategy, Cambridge Massachusetts

Tietmeyer, Hans (1999): Eine stabile Währung als Grundlage für die Soziale Marktwirtschaft (Marktwirtschaftliche Reformpolitik, Band 3), Stuttgart

Transparency International: Corruption Perception Index, http://www.transparency.org

Voigt, Kai-Ingo (1998): Strategien im Zeitwettbewerb. Optionen für Technologiemanagement und Marketing. Wiesbaden

Welch, Jack, Welch, Suzy (2007): Winning. Die Antworten auf die 74 brisantesten Managementfragen. Frankfurt/Main; New York

Welch, Jack, Welch Suzy (2005): Winning. Das ist Management. Frankfurt/Main; New York

World Bank: Doing business, http://www.doingbusiness.org

World Economic Forum: Global Competitiveness Report, http://www.weforum.org

Wunsch, Conny, Lechner, Michael (2007): What Did All the Money Do? On the General Ineffectiveness of Recent West German Labour Market Programmes. Discussion Paper Series No. 6306, Universität St. Gallen

Zoche, Hermann-Josef (2002): Die Jesus AG. Ein Unternehmensberater analysiert die älteste Firma der Welt. München

Stichwortverzeichnis

A

Abgaben, steigende 25
- Egologik 27
- Interessengruppen 25
- Macht 25
- Politiker 25
- Rahmenbedingungen 26
- Subventionierung 26
- Transfereinkommen 25
- Wohltaten 25
Administration 33
- Holding 34
- Leistungssteigerung 34
- Motivation 34
- Verwaltung 34
- Zentralisierung 33
Analysen 113
- China 114
- Doing Business 115
- Economic Freedom Report 114
- Fraser Institute 114
- Freiheit 113, 114
- Friedrich Naumann-Stiftung 114
- Global Competitiveness Report 115
- Heritage Foundation 113
- IMD Lausanne 115
- Index of Economic Freedom 113
- Kennziffern 113
- Korruptionsindex 116
- Signale 113
- Transparency International 116
- Türkei 114
- Vietnam 114
- Weltbank 115
- World Competitiveness Yearbook 115
- World Economic Forum 115
Ängste 73
- Eingriffe, politische 73
- Freiheit 73
- Neid 73
- Sicherheit 74
- Überlastung 74
- Vertrauen in die Demokratie 74
- Zweifel an der Demokratie 74
- Zweifel an der Marktwirtschaft 74
Anreize 20, 45, 116
- China 22
- Entscheidungsfreiheit 45
- Existenzdruck 45
- Freiheit 45
- Größe der Entscheidungsgremien 21
- öffentliche Hand 21
- Staatsanteil 21
- Wettbewerb 21, 45
- World Economic Forum 45
- Ziele 45
- Zwänge 21
Anreizsituation, optimierte 120
Appelle 79
Arbeitskampf 131
Arbeitslosigkeit 62
- Armut 62
- Differenzierung 62
- Innovationen 65
- Instrumente, arbeitspolitische 63
- Know-how 62
- Signale 62
- Sozialleistungen 63
- Verlagerung 65
- Wachstum 63
Auswanderer 61

B

Bedürfnisse 10
- Egologik steuern 11
- Gewaltenteilung 10
- innere Kündigung 10
- Macht 10
- Nordkorea 11
- verheimlichen 11
Behörden, leistungsfähige 127
- Betriebsvergleiche 127

– Einfachheit 127
– Holding 127
– Schnelligkeit 127
– Wirtschaftlichkeit 127
Beschäftigung, innere 69
– Administration 71
– Hemmnisse 69
– Kompliziertheit 69
– Kosten 69
– Lobby 70
– Regelungsdichte 69
– Reibungskonflikte 71
– Reibungsverluste 69
– Zeitwettbewerb 71
Betriebsvergleiche 119
– Beförderung 119
– Gegenargumente 120
– Prämien 119
– Prognos-Zukunftsatlas 120
– Rangreihe 119

C

Chancen 113
– China 114
– Doing Business 115
– Economic Freedom Report 114
– Fraser Institute 114
– Freiheit 113, 114
– Friedrich Naumann-Stiftung 114
– Global Competitiveness Report 115
– Heritage Foundation 113
– IMD Lausanne 115
– Index of Economic Freedom 113
– Kennziffern 113
– Korruptionsindex 116
– Signale 113
– Transparency International 116
– Türkei 114
– Vietnam 114
– Weltbank 115
– World Competitiveness Yearbook 115
– World Economic Forum 115

D

Demokratie 2
– Freiheit 3
– Gewaltenteilung 3
Demokratie, alternde 99
Demokratie entwickeln 132
Disharmonie 75
– Anreiz 76
– Druck, wirtschaftlicher 76
– Interessenharmonie 75
– Kündigung, innerliche 75
– Motivationsprobleme 75
– Störungen, psychische 76
– Ziele 76
Doppik 119
Druck, wirtschaftlicher 22
– Kreativität 23
– Verwaltungen 23

E

Effizienz 116
– Anreize 116
– Fehlstruktur 117
– Haftung 116
Egologik 10, 12, 14, 17
– Bedürfnisse 13
– Befriedigungsgrad 13
– Einsatzbereitschaft 14
– Intensität der Egologik 14
– Neid 14
– Nutzen des Wohlstands 13
– Prioritätenänderung 13
– Solidaritätsaufforderungen 14
Egologik, harmonisiert 97, 117
– Finanzgeflecht 117
– Steuerung 118
– Tantiemen 118
Eingriff, später 77
– kurzfristig 78
– mittelfristig 78
– Rahmenbedingungen 77
– Strukturprobleme 78
Entscheidungsprobleme 103
– Gremium, Größe eines 103

Erfolgsformel der Nation 88
– Freiheitsgrad 88
– Hemmnisse 88
– Wertschöpfung 88
– Wettbewerbsfaktoren 88
Erfolgsformel der Unternehmen 6
– Erfolgsfaktoren 6
Erfolgsnationen, Rahmenbedingungen
   der 107
Erfolgsvoraussetzungen 79
– Arbeitsplatzprogramme 80
– Fehlentwicklungen 79
– Machbarkeit, politische 79
Ergebnisse, kurzfristige 8
– Alarmzeichen 8
– Fehlentwicklung 9
– langfristig 8, 9
– Maßnahmen 8
– Rahmenbedingungen 9
– Strukturänderung 9
– Subventionierung 9
– Trend 9
– Ursachen 9
– Verschuldung 9

F

Führung, Egosteuerung der 89
– Beratergremien 90
– Erfolgswahrscheinlichkeit 90
– Führung, Vertrauen in die 91
– Führungsqualität 89
– kurzfristig 89
– langfristig 89
– Managementweisheit 90
– Politiker 90
– Politikverdrossenheit 91
– Strategic Planning Institute, Camb-
   ridge 89
– Vorstandsvorsitzende 90
Führung, Qualität der 89
– Beratergremien 90
– Erfolgswahrscheinlichkeit 90
– Führung, Vertrauen in die 91
– Führungsqualität 89
– kurzfristig 89

– langfristig 89
– Managementweisheit 90
– Politiker 90
– Politikverdrossenheit 91
– Strategic Planning Institute, Cam-
   bridge 89
– Vorstandsvorsitzende 90

G

Gehaltsanpassung 123
– Wertschöpfung 123
Gemeinden, Anreize für 118
– Beziehungsnetze 118
– Egologik harmonisieren 118
– Zielvereinbarungen 118
Gesamtleistung 83
– Anforderungen an die Politik 84
– Belastungsgrenzen 84
– Deutschland AG 83
– Unternehmen, erfolgreiche 83
– Wettbewerb, globaler 84
Gesetze 29, 79
– Kompliziertheit 32
Gewaltenteilung 39
– Gesetzesübertretungen 40
– Grundgesetz 40
– Kontrollen 39
– Kreativität 39
– Kündigung, innere 40
Gleichgewicht 110
– Arbeitsplätze 110
– Einkommen anderer Berufe 111
– Ginikoeffizient 110
– Leistungssteigerung 113
– Optimum 112
– Politik der mäßigen Unzufrieden-
   heit 112
– Strukturänderungen 112
– Struktur verbessern 110
– Wachstum 111
– Wähler, Verführbarkeit der 111
– Wertschöpfung 111
– Wohlstand 110
Glück 114

H

Harmonisierung 123
Hierarchie von Anreizen 23
– Existenzbedrohung 23
– Zentralisierung 24
– Zwänge 24

I

Inkubationszeiten 7
– Relation von Schwächen 8
– Standorte 8
– Verlagerungen 7
Investitionen 59

K

Kapazität 38
– Dokumentationspflichten 39
– Mittelständler 38
– Normenkontrollrat 39
– Produktivitätsverzicht 38, 39
– Unternehmen, kleines 38
Kompliziertheit 27
– Anreize 29
– Bürokratieabbau 30
– Dirigismus 31
– Economic Freedom of the World 31
– Einfachheit 27
– Kernkompetenzen 28
– Kürze 27
– Regelungsdichte 32
– Schlupflöcher 31
– Werteverzehr 32
– Wohlstand 31
– Ziele 27
– Zwänge 29
Kontrollprobleme 104
Konzentration 56
– Effizienz 57
– Geldumlenkung 57
– Investitionen 56
– Steinkohlebergbau 57
– Wettbewerbskraft 57
Konzepte, langfristig verfolgte 91
– China 92

– Dubai 92
– langfristig 91
– mittelfristig 91
– Politik, nachhaltige 93
– Singapur 91
– Trend 92
– Ziele 91

L

Langfristerfolg 93
– Ausbildung 93
– Chance 93
– Kündigung, innere 94
– Motivation 93
– Umwelt subjektiv 93
– Unternehmenskultur 94
Leistungsbereitschaft 93
– Anreize 93
– Ausbildung 93
– Chance 93
– Kündigung, innere 94
– Motivation 93
– Umwelt subjektiv 93
– Unternehmenskultur 94
Leistungskraft 22
– Kreativität 23
– Verwaltungen 23
Leistungskultur 95
– Bundesrepublik Deutschland 96
– Japan 96
– Korea 96
– Kündigung, innere 96
– Reibungskonflikte 96
Leistung und Lust 41
– Bedürfnisstruktur 42
– Bequemlichkeit 42
– Hochlohnländer 43
– Innovationsvorsprung 43
– Kundennutzen 42
– Lebenskurve 43
– Lernkurven 42
– Neid 42
– Preise, sinkende 42

M

Managementfehler 45
Marktkräfte 79
Mobilität 4
– Kapital 4
– Standorte 4
Modifikation, Ziele der 107
– Egologik, fehlgesteuerte 107
– Frage, zentrale 107
– Gefahrensignale 108
– Grundwerte 108
– Lobby 107
– Macht 107
– Potential, wirtschaftliches 107
– Reaktionen 108
– Regierungschef 107

N

Nation, Erfolgsfaktoren der 124

O

öffentliche Hand 35
– Egologik 37
– große Gremien 36
– Indien 35
– Vorschriften 37
– Wachstum von Verwaltungen 36
– Wertvernichtende Administration 36

P

Parlamente, Anreize für 120
Politik, Rahmenbedingungen der 128
– Chancengerechtigkeit 128
– Erfolgsfaktoren 128
– Gesetze 130
– Gesetzesänderungen, nachträgliche 131
– Kernkompetenzen 129
– Lernen, lebenslanges 129
– Rahmenbedingungen für eine Steuerung
  der Unternehmen 130
– Rechtssicherheit 132
– Spitzenleistungen 129
– Steuer 129

– Subventionen 129, 131
– Verschuldung 130
Prämien 122
– Gegenargument 123
– Nationen, Vergleich mit 122
– Regierungsmitglieder, Pension für 122
– Versprechen 122
Probleme, eigene 17
– Gruppenzwang 19
– Kuba 19
– Partei 19
– Regierung 17
– Schulden 19

R

Rahmenbedingungen 99
– Arbeitslosigkeit 99
– Einkommensstagnation 99
Rahmenbedingungen, effiziente 120
Regierungen, Anreize für 120
Reibungsverluste 39
– Gesetzesübertretungen 40
– Grundgesetz 40
– Kontrollen 39
– Kreativität 39
– Kündigung, innere 40
Relation zu Wettbewerbern 80
– Armut 83
– China 80
– Einfuhrzölle 80
– Freiheit 82
– Globalisierung 81
– Hochlohnländer 82
– Indien 80
– Know-how 81
– Marktwirtschaft, soziale 82
– Marktwirtschaften, gelenkte 82
– Niedriglohnländer 81
– Parteien, radikale 83
– Politik, intelligentere marktbezogene 81
– Qualifizierung 81
– Schutzzölle 80
– Verlagerung 81
– Verteilungskämpfe 83
– Vietnam 80

– Wettbewerbsintensität 80
– Wettbewerbsnationen 83

S

Sachentscheidungen 132
– Geldpolitik 133
– Wirtschaftsweise 133
Schattenwirtschaft 59
Schwächen 99
Sektor, tertiärer 69
– Administration 71
– Hemmnisse 69
– Kompliziertheit 69
– Kosten 69
– Lobby 70
– Regelungsdichte 69
– Reibungskonflikte 71
– Reibungsverluste 69
– Zeitwettbewerb 71
Signale 72, 108
– Behandlung, verspätete 109
– Egologik 109
– Global Competitiveness Report 109
– Insolvenzen 72
– Krisen, kommende 109
– Rahmenbedingungen 72, 109
Souverän 137
– Demokratie sichern 138
– Erfolgswahrscheinlichkeit 137
– Rahmenbedingungen 137
Staatsformen 97
– Bundesbank, Unabhängigkeit der 98
– China 98
– Demokratie, Rahmenbedingungen
  der 98
– Geheimnisse für Fortschritt und Wohl-
  stand 99
– Geldwertstabilität 98
– Inhaber großer Staatsgewalt 97
– Interessengruppen 97
– Macht, begrenzte 97
– Sozialismus 97
– Stabilitätspakt 98
– Steuerung, marktnahe 98
– Verfassungen, bewährte 97

– Vietnam 98
Städte, Anreize für 118
– Beziehungsnetze 118
– Egologik harmonisieren 118
– Zielvereinbarungen 118
Steuer 50
– Flat-Rate 53
– Kompliziertheit 51
– Kündigung, innere 53
– Leistungsträger 50
– Rahmenbedingungen 54
– Tätigkeit, wertvernichtende 52
– Überblick 50
– Wachstumshemmnis 50
– World Economic Forum 54
Steuerungsinstrumente 54
– Berichtssysteme 55
– Doppik 55
– Hochleistungsportale 55
– Ziele 55
Streitkultur 56
– Reibungskonflikte 56
Strukturprobleme 45, 59
– A. T. Globalisierungsindex 2006 60
– Arbeitsplätze 60
– Innovationskraft 60
– Managementfehler 60
– Schattenwirtschaft 61
– Signal für Fehlentwicklungen 59
– Standortbarometer 60

T

Tantiemen 11, 122
– Gegenargument 123
– Gewinn 12
– Gewinnzuwachs 12
– Nationen, Vergleich mit 122
– Regierungsmitglieder, Pension für 122
– Umsatzzuwachs 12
– Versprechen 122
– Wertschöpfung 12
– Ziel 12

U

Überforderung
- Egologik 27
- Interessengruppen 25
- Macht 25
- Politiker 25
- Rahmenbedingungen 26
- Subventionierung 26
- Transfereinkommen 25
- Wohltaten 25
Umsetzung 38
- Dokumentationspflichten 39
- Mittelständler 38
- Normenkontrollrat 39
- Produktivitätsverzicht 38, 39
- Unternehmen, kleines 38
Umsetzungsprobleme 104
- eiserner Besen des Wettbewerbs 105
- Erfolgsfaktoren 104, 105
- Marktkräfte 105
- Rahmenbedingungen 105
- Wettbewerbsregierungen 105
- Widerstände 104
- Ziele 104
Unternehmen, Leistungsfähigkeit der 124
- Ausbildung 127
- Beschäftigung, unproduktive 124
- Innovation 124
- Leistungskultur 126
- Made in Germany 126
- Marktanteil 125
- Marktführer 125
- Monopole 125
- Motivation 126
- Preise 124
- Qualität 126
- Qualitätsimage 126
- Rahmenbedingungen 126
Urkräfte, fundamentale 10

V

Verlagerungen 59
Verschuldung 65
- Juliusturm 68
- Länderhaushalte 67
- Nebenhaushalte 67
- Rahmenbedingungen 67
- Reserven 66
- Stabilitätspakt 68
- Verschuldungsabbau 68
- Verschuldungsregeln 68
- Währungsreserven 68
Verwaltungen, große 33
- Holding 34
- Leistungssteigerung 34
- Motivation 34
- Verwaltung 34
- Zentralisierung 33
Vorteile, direkte 14
- Effizienz 15
- Eigenkontrolle 15
- Haftung 15
- Macht 14
- Risikoübernahme 15
- Unternehmer 15
Vorteile, indirekte 15
- Agenturen 16
- Lobby 16
- Staat 15
- Strukturänderungen 16
Vorteile, kurzfristige 17
- Rahmenbedingungen 17

W

Wachstum 84
- Alarmzeichen 85
- Beschäftigung, innere 87
- Erfolgsfaktoren 86
- Erfolgsunternehmen 85
- Freiheiten 86, 87
- Hierarchie der Zwänge 86
- Hochlohnland 84
- Nachfrageseite 85
- Signale 86
- Spitzenunternehmen 85
- Transferleistungen 87
- Wachstumsraten 87
- Wettbewerbsfähigkeit 87
- Wohlstand 85

– Zahl der Beschäftigten 86
Wähler 120
– Glück 121
– Pressefreiheit 120
– Zufriedenheit 121
– Zusammenhänge verstehen 120
Wertschöpfungstreiber 5
– Zwänge 5
Wettbewerb 1
– Globalisierung 2
– Standortverlagerungen 1
Wettbewerbsbedingungen 3
– Entscheidungsfreiheit 4
– Handlungsfreiraum 3
– Monopol 4
– Produktionsverlagerungen 4
– Staat, machtloser 4
Wettbewerbsfähigkeit 5
– Differenzierungen 6
– kurzfristige Wirkungen 5
– langfristige Wirkungen 5
– Wohlstand 5
Wettbewerbsintensität 4
– Kapital 4
– Standorte 4
Wirtschaftskommission 133
– Maßnahmen der 136
– Rechte und Pflichten der 135
– Vetorecht 135
– Vorschläge der 136

Z

Ziele 46, 121
– Behörden 47
– Erfolgsfaktoren 47
– Teamarbeit 46
– verständliche Ziele 46

Zufriedenheit 114
Zwänge 45, 116
– Entscheidungsfreiheit 45
– Existenzdruck 45
– Freiheit 45
– Wettbewerbe 45
– World Economic Forum 45
– Ziele 45
Zwänge, motivierende 20, 121
– China 22
– Größe der Entscheidungsgremien 21
– öffentliche Hand 21
– Staatsanteil 21
– Wettbewerb 21
– Zwänge 21
Zwang zu unwirtschaftlichem Verhalten 100
– Berater 101
– Fehlstrukturen 101
– Führungsqualität 100
– Informationen, notwendige 101
– Orientierung, kurzfristige 101
– Politiker 100, 102
– Rahmenbedingungen 101, 102
– Reformmonitor 102
– Signale 100
– Wählerprobleme 102
Zweifel 73
– an der Demokratie 74
– an der Marktwirtschaft 74
– Eingriffe, politische 73
– Freiheit 73
– Neid 73
– Sicherheit 74
– Überlastung 74
– Vertrauen in die Demokratie 74

Prof. Dr. Friedrich Reutner

Lebenslauf

Studium der Betriebswirtschaft in München und Köln, u. a. Schüler von Müller-Armack
Wissenschaftlicher Assistent an der Universität zu Köln

Manager in der **BASF-** und **Hoechst-Gruppe,** alleiniger Geschäftsführer und Alleinvorstand eines großen Mittelständlers. Nach der Sanierung wuchs das konkursreife Einzelunternehmen zu einer Gruppe mit 6 Sparten, 42 Gesellschaften und weiteren 20 Vertriebsbüros weltweit. Nach zweimaligem Verkauf der Aktienmajorität zerschlugen die neuen Hauptaktionäre den Konzern.

Mitglied in Aufsichts- und Beiräten, erster Vizepräsident der IHK, Verbandspräsident, Vorstand der Aktionsgemeinschaft Soziale Marktwirtschaft (ASM)
Wirtschaftsmedaille des Landes Baden-Württemberg
Ehrensenator der Ruprecht-Karls-Universität Heidelberg
Goldene Ehrennadel der Mittelstands- und Wirtschaftsvereinigung

Vorlesungen von 1989–2002 an der Technischen Universität Darmstadt über das Thema „Strategische Unternehmenspolitik", Honorarprofessor

Zahlreiche naturwissenschaftliche, volkswirtschaftliche und absatzwirtschaftliche Aufsätze und Buchbeiträge

Buchveröffentlichungen, u. a. „Turn around – Strategie einer erfolgreichen Umstrukturierung", 3. Auflage, Landsberg 1988,
„Die Strategie-Tagung – Strategische Ziele systematisch erarbeiten und Maßnahmen festlegen", 2. Auflage, Wiesbaden 1992,
„Turn around – Strategies for Successful Restructuring", Cambridge 1993,
„Der effiziente Staat – Fiktion oder Vision", 3. Auflage, Wiesbaden 1996 (vom Bund Deutscher Unternehmensberater zum „Buch des Jahres 1997" gewählt)

Marktwirtschaftliche Reformpolitik

Schriftenreihe der Aktionsgemeinschaft Soziale Marktwirtschaft

Herausgegeben von Rolf Hasse und Joachim Starbatty

Band 5

Michael Kläver

Die Verfassung des Marktes

F. A. v. Hayeks Lehre von Staat und Markt im Spiegel
grundgesetzlicher Staats- und Verfassungsrechtslehre

2000. IX/320 S., geb. € 36,-. ISBN 978-3-8282-0114-9

Der Staatskonzeption Hayeks und der des Grundgesetzes ist gemeinsam, daß sie
beide Verfassung der Freiheit sein möchten.

Die große Leistung Hayeks besteht darin, daß ihm gelingt, Staat und Markt gleichzeitig im Auge zu behalten. Die freiheitliche Begründung von Markt und Staat bei
Hayek vermittelt die Erkenntnis, daß das Grundgsetz als Verfassung der Freiheit
gleichzeitig Verfassung des Staates und Verfassung des Marktes ist.

Band 6

Lüder Gerken / Joachim Starbatty

Schlesien auf dem Weg in die Europäische Union

Ordnungspoliik der Sozialen Marktwirtschaft und
Christliche Gesellschaftslehre

2001. XVI/253 S., geb. € 32,-. ISBN 978-3-8282-0155-2

Schlesien muß sich in einem gewaltigen Umstrukturierungsprozeß von den traditionellen Industrien Kohle und Stahl lösen; investitionsbereite Ersatzindustrien stehen
kurzfristig nicht zur Verfügung. Wer mit offenen Augen durch diese Industrieregion
fährt, dem bleibt nicht verborgen, daß erwirtschaftete Mittel nicht in die Erhaltung
der Infrastruktur reinvestiert wurden. Bei dem Sprung aus abgeschotteter sozialisti-
scher Ordnung in die Weltwirtschaft ist natürlich auch der Strukturwandel abrupt;
das sozialistische Planungssystem hat über Jahrzehnte hinweg eine – an weltwirt-
schaftlichen Maßstäben gemessen – unwirkliche Effizienz vorgespiegelt.

Wenn Wissenschaftler, Politiker und Unternehmer nach einer geeigneten Trans-
formationsstrategie suchen, dann steht natürlich ein Konzept wie das der Sozialen
Marktwirtschaft auf dem Prüfstand. Die Skepsis fällt gerade bei informierten polni-
schen Staatsbürgern ihr gegenüber auf. Daher haben die Herausgeber auf eine klä-
rende ordnungspolitische Diskussion großen Wert gelegt. Aus unterschiedlichen
Perspektiven sind Einsichten zusammengetragen worden, die sich als Bausteine zu
einem politischen Programm zusammenfügen. Auf jden Fall machen sie klar, was
das Konzept leisten kann und was es nicht leisten darf.

 *Stuttgart*

Band 7:

Tamara Zieschang

Das Staatsbild Franz Böhms

2003. XII/273 S., geb. € 29,-. ISBN 978-3-8282-0240-5

Der Liberalismus klassischer Prägung ist gekennzeichnet von seinem Einsatz für die Freiheit des Individuums und der Bekämpfung ihrer Einschränkung, unabhängig davon, ob diese vom Staat oder von Privaten ausgehen. Aus klassisch liberaler Sicht erscheint der Staat als notwendiges Übel.

Der Ordoliberale und Mitbegründer der Freiburger Schule, Franz Böhm, weist dem Staat eine ordnungssichernde Funktion zu. Ihm fällt die Aufgabe zu, der Beschränkung von Freiheit durch private Macht in Wirtschaft und Gesellschaft wirksam entgegenzutreten. Dabei soll der Staat Hüter des Rechts unter dem Gesetz sein.

Die Autorin skizziert die Grundvorstellungen der Freiburger Schule und erläutert Franz Böhms Konzepte für eine freiheitliche Wirtschaft-, Gesellschafts- sowie Staatsordnung.

Band 8:

Philip Plickert

Wandlungen des Neoliberalismus
Eine Studie zu Entwicklung und Ausstrahlung der "Mont Pèlerin Society"

2008. XII/516 S., geb. € 34,-. ISBN 978-3-8282-0441-6

Ein Gespenst geht um in Europa: der Neoliberalismus. So allgegenwärtig das Wort ist, so wenig bekannt sind meist die Hintergründe jener Wirtschaftspolitik, die als "neoliberal" bezeichnet wird. Der "Neoliberalismus" ist mithin zu einem, meist negativ konnotierten Schlagwort verkommen.

Dieses Buch möchte einen Beitrag zur Versachlichung der Debatte leisten und die geistes- und zeitgeschichtlichen Ursprünge des Neoliberalismus erhellen. Dazu eignet sich der Blick auf und in die Mont Pèlerin Society, das intellektuelle Zentrum der neoliberalen Debatten. Mitglieder und Sympathisanten dieser Gesellschaft konnten in den nun sechzig Jahren seit ihrer Gründung zum Teil erheblichen Einfluss auf die Politik nehmen, zugleich zeigt diese Studie jedoch auch, wie relativ die Erfolge jeweils waren.

 *Stuttgart*

ORDO
Jahrbuch für die Ordnung von Wirtschaft und Gesellschaft

Begründet von WALTER EUCKEN und FRANZ BÖHM

Herausgegeben von
Hans Otto Lenel, Clemens Fuest, Walter Hamm, Ernst Heuß,
Wolfgang Kerber, Martin Leschke, Ernst-J. Mestmäcker, Wernhard Möschel,
Josef Molsberger, Peter Oberender, Ingo Pies, Razeen Sally, Alfred Schüller,
Viktor Vanberg, Christian Watrin und Hans Willgerodt

Band 58

2007. XII/293 S., geb. € 72,-. ISBN 978-3-8282-0391-4

Inhaltsübersicht:

Ernst-Joachim Mestmäcker
Europäische Prüfsteine der Herrschaft und
des Rechts

Egon Görgens und Karlheinz Ruckriegel
Zentralbanken zwischen staatlichem
Machtanspruch und Stabilitätsinteresse

André Schmidt und Stefan Voigt
Bessere europäische Wettbewerbspolitik
durch den "more economic approach"?
Einige Fragezeichen nach den ersten
Erfahrungen

Wolf Schäfer
Europäische Union: Erweiterung cum
Vertiefung?
Erweiterung versus Vertiefung!

Renate Ohr
Clubs im Club - Europas Zukunft?

Hans Willgerodt
Der Staat und die Liberalen

Christian Müller
Neoliberalismus und Freiheit - Zum
sozialethischen Anliegen der Ordo-Schule

Roland Vaubel
Ökonomische Ethik

Gerd Habermann
Drei Typen von Familienpolitik

Christian Müller
Frühkindliche Bildung und Betreuung in
Tageseinrichtungen als Staatsaufgabe

Manfred E. Streit
Das Wissensproblem der Ökonomik aus
Hayekscher Sicht

Chrysostomos Mantzavinos
Zur Verteidigung des institutionen-ökono-
misch-evolutionären Wettbewerbsleit-
bildes

Charles B. Blankart und Gerrit B. Köster
Theoretischer und empirischer wissen-
schaftlicher Fortschritt.
Eine kritische Analyse des Buches von
Alesina und Spolaore: "The Size of
Nations"

Hardy Bouillon
Von der spontanen Ordnung zur geordne-
ten Anarchie.
In memoriam Gerard Radnitzky

Reinhold Veit
Karl Friedrich Maier (1905 - 1993)
Theoretiker des allgemeinen Gleich-
gewichts und der Mikro-Ökonomie

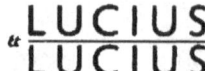 *Stuttgart*

Zeitfracht Medien GmbH
Ferdinand-Jühlke-Straße 7
99095 Erfurt, Deutschland
produktsicherheit@kolibri360.de